Rashid, Sohn einer libanesisch-palästinensischen Familie, ist weder Deutscher noch Libanese oder Palästinenser, er ist ein »Arabboy«, so nennt er sich in den einschlägigen Chaträumen, die er und seine Kumpel mit selbstgemachten Gewalt-Clips versorgen. Sie gehorchen dem Gesetz der Straße, auf der sich jeder sein Recht nehmen muss. Wer das nicht kann, wird zum »Opfer« – er ist dem Lebenskampf nicht gewachsen. Mit Hilfe von Nabil, der es vom Flüchtlingsjungen zum »Mega-Checker« im Rotlichtmilieu gebracht hat, macht Rashid kriminelle Karriere, bis er durch seine Drogensucht die Kontrolle über sein Leben verliert. Ihn rettet seine Verhaftung. Im Gefängnis wartet er auf seine Abschiebung – und Deutschland, das so verhasste Land, wird für ihn zum Inbegriff aller Sehnsüchte.

Güner Yasemin Balci, deren Eltern in den sechziger Jahren als Gastarbeiter aus der Türkei nach Deutschland kamen, ist 1975 in Berlin-Neukölln geboren und aufgewachsen. Sie hat Erziehungs- und Literaturwissenschaft studiert und im Modellprojekt »Kiezorientierte Gewalt- und Kriminalitätsprävention« im sozialen Brennpunkt Neuköllns, im Rollbergviertel, und im Mädchentreff MaDonna mit vielen Jugendlichen aus türkischen wie arabischen Familien gearbeitet. Heute ist sie Redakteurin für das ZDF-Magazin Frontal21.

GÜNER YASEMIN BALCI

ARABBOY.

Eine Jugend in Deutschland oder
Das kurze Leben des Rashid A.

S. Fischer

Satz: Pinkuin Satz und Datentechnik, Berlin
Umschlaggestaltung: Hißmann, Heilmann, Hamburg/
Imke Schuppenhauer
Umschlagabbildung: Marty Nascimento/REA/laif
Druck und Bindung: CPI – Clausen & Bosse, Leck
Printed in Germany 2008
ISBN: 978-3-10-004813-4

Für Fatma und Mahmut

Inhalt

Arabboys. Ein Vorwort

Manchmal treffe ich sie noch zufällig auf der Straße im Berliner Rollbergviertel – Sami, Hussein, Yussuf und Farid, die inzwischen alle älter geworden sind. Ich treffe sie immer dann, wenn sie gerade einmal wieder aus dem Gefängnis entlassen wurden oder wegen guter Führung Freigänger geworden sind, die für den Rest ihrer Haftstrafe nur abends eingesperrt werden. Nur Rashid fehlt, die Hauptperson der Geschichte, die ich hier erzähle, und der Anführer der Clique von »Arabboys«. Ich kenne sie alle, die Jungen und Mädchen, die in dieser Geschichte unter verändertem Namen eine Rolle spielen. Ich bin mit ihnen aufgewachsen, mit manchen von ihnen war ich vor vielen Jahren einmal befreundet.

Als ich mit meinen Eltern und meinen drei älteren Geschwistern 1978 aus einer kleinen Gartenlaube ins Berliner Rollbergviertel zog, konnte noch keiner ahnen, dass sich diese Gegend in den darauffolgenden Jahren zu einem Problemkiez mit hoher Arbeitslosigkeit, Kriminalität und Gewalt entwickeln sollte. Ich hatte damals viele deutsche, aber auch türkische, jugoslawische, griechische Freunde – mein Vater ermunterte mich und meine Geschwister zu vielfältigen Kontakten. Sie waren ihm wichtig, er sah in ihnen den notwendigen sozialen Kitt, um hier in Deutschland wirklich anzukommen. So dachten nicht alle in der türkischen Nachbarschaft, viele mieden besonders die Deutschen, sie hatten Angst, ihre Herkunftskultur zu verlieren, sie wollten lieber unter sich bleiben, ihre Muttersprache pflegen.

Als Kind habe ich mich oft über meinen Vater geärgert, der immer so nett zu den Deutschen war, so freundlich über sie sprach und mich in den katholischen Kindergarten schickte, der für mich ein angstbesetzter Ort war. Hier – wie auch später in der Schule – galt ich als »Türkin«, dabei sprach ich damals kaum Türkisch, meine Muttersprache war Deutsch. In der Grundschule war das mein Glück, sonst wäre ich noch in der »Türkenklasse« gelandet und die galt unter uns Schülern als Looser-Verein. Für diese Klasse wurde eigens ein türkischstämmiger Lehrer abgestellt, der selbst kaum des Deutschen mächtig, dafür aber sehr autoritär war und seinen eingeschüchterten Schülern laut brüllend Befehle erteilte. Ich weiß nicht, was sich die zuständige Schulbehörde dabei gedacht hat – vermutlich entsprach das der damals immer noch vorherrschenden Erwartung, »die Türken« würden eines Tages wieder zurück in die Türkei gehen. Sie sind aber geblieben. Wenn ich heute Schüler aus der »Türkenklasse« treffe, dann sind diese meist Gemüsehändler geworden oder betreiben eine Dönerbude, haben früh geheiratet und sprechen zu Hause Türkisch mit ihren Kindern. Sie haben es nicht anders gelernt und so geben sie an ihre Kinder weiter, was schon ihr eigenes Ankommen in Deutschland verhindert hat.

Die ersten Jahre in der Grundschule dachte ich auch, wir seien Türken. Meine Eltern redeten miteinander oft in einer Sprache, die ich nicht verstand. Erst als ich anfing, Fragen zu stellen, erfuhr ich, dass es nicht Türkisch war, was sie sprachen, sondern dass meine Eltern weder türkisch noch kurdisch, sondern *zaza*, eine bis in die 1980er Jahre in der Türkei verbotene Sprache, pflegten, zu der eine ganz eigene Kultur gehört. Um uns zu schützen, sprachen sie mit uns Kindern nicht darüber.

Meine Eltern waren in den 1960er Jahren als Teil der ersten Gastarbeitergeneration aus einem kleinen ostanatolischen Dorf nach Deutschland gekommen. Mein Vater war Ende zwanzig, als er, den Verlockungen der modernen Welt folgend, die neue Heimat betrat. Meine Mutter, die ein Jahr später mit meiner älteren Schwester nachkam, war gerade zwanzig geworden. Ihre Gastarbeiter-Karriere, die in Bayern begonnen hatte, wo sie wie so viele andere in verschiedenen Fabriken arbeiteten, brachte sie eines Tages auch nach Berlin-Neukölln, wo mein Vater als Fahrer eines Krankenwagens und meine Mutter als Raumpflegerin arbeitete. Als sie ihre Arbeit nach 25 Jahren aus gesundheitlichen Gründen aufgeben musste, schenkte man ihr einen Blumentopf.

Auch meine Eltern dachten lange Jahre daran, eines Tages wieder zurückzukehren in die Türkei. Sie wollten hier, in Deutschland, Geld verdienen, um sich dort, in der Türkei, eine eigene Existenz aufzubauen. Als ich 1975 in Berlin als Letztes von vier Kindern auf die Welt kam, war von Rückkehr nicht mehr die Rede, auch wenn die Sehnsucht nach der Heimat, in der sie aufgewachsen waren, ein Leben lang blieb. Als mein Vater vor sieben

Jahren plötzlich starb, entschieden wir, ihn nicht in die Heimat zu überführen, sondern hier beizusetzen. Er hatte die meiste Zeit seines Lebens in Deutschland verbracht, seine Kinder lebten hier und seine Enkelkinder würden sich kaum auf den Weg zu einem Friedhof in den Bergen Ostanatoliens machen.

Die Entscheidung, hierzubleiben, hing auch mit der mangelnden Qualität des staatlichen türkischen Schulsystems zusammen, das meine Eltern ihren Kindern nicht zumuten wollten. Mein Vater hatte nur vier Jahre lang die Grundschule besuchen können, meine Mutter hatte nie die Möglichkeit erhalten, lesen und schreiben zu lernen. Der Schulerfolg ihrer Kinder war beiden wichtig. Mein Vater erschien zu jedem Elternabend in seinem besten Anzug und meine Mutter ließ uns nie ohne Frühstück und ein großes Paket Butterbrote in die Schule. Ihre ganze Hoffnung galt uns Kindern, wir sollten studieren, um es einmal besser zu haben als sie. Schon als Schulmädchen fiel mir auf, dass es in meinem Freundeskreis Kinder gab, deren Eltern sich weitaus weniger um sie kümmerten. Kinder, die oft bis spät in den Abend vor dem Briese-Eck, der Stammkneipe ihrer Eltern, warteten – so wie Bea in dieser Geschichte – und morgens zu spät und unausgeschlafen in die Schule kamen, meist ohne Frühstück und ohne Pausenbrot.

Anfang der 1980er Jahre veränderte sich die soziale Mischung in unserem Viertel. Viele arabische Familien zogen zu. Ein großer Teil von ihnen kam aus dem Libanon, sie waren vor dem Krieg geflohen, der das Land zerstörte. Viele von ihnen lebten in einem heruntergekommenen Altbau in der Kopfstraße, das im Sprachgebrauch der anderen bald das »Araberhaus« hieß. Sie waren arm, das konnte man ihnen schon an der Kleidung ansehen, und sie waren zahlreich. Jede Familie hatte mindestens vier Kinder, oft mehr, und die waren den ganzen Tag auf der Straße. Zumindest die Jungen.

Ihre Schwestern bekam ich kaum zu Gesicht, erst später erfuhr ich, dass die arabischen Mädchen mit Beginn der Pubertät nicht mehr allein auf die Straße, erst recht keine Freundschaften pflegen durften – daran hat sich bis heute nichts geändert. In vielen türkischen Familien war das nicht anders. Unter meinen Freundinnen gab es nur wenige türkische Mädchen, die mussten zu Hause bleiben, und viele von ihnen flüchteten in die Ehe und in die Mutterschaft. Nur wenigen gelang es, sich über den Bildungsweg von ihren Familien und den patriarchalischen Geboten zu emanzipieren – die aber kamen fast nie aus Arbeiter- oder Flüchtlingsfamilien. Ihre Brüder hingegen flohen vor den engen Verhältnissen zu Hause, in denen die Frauen das Regiment hatten, auf die Straße.

Die arabischen Familien waren lange Jahre nur geduldet, als Flüchtlinge erhielten sie keine Arbeitserlaubnis. Ihre Söhne, die in einer Umgebung aufwuchsen, die im Verhältnis dazu geradezu wohlhabend war, schufen Abhilfe. Sie wollten haben, was andere Jugendliche auch hatten. Die Mittel dafür wussten sie sich zu beschaffen. Anfangs war es der Griff in die Kasse eines Zeitschriftenkiosks, der Handtaschenraub oder der Überfall auf kleinere Kinder, denen sie das Taschengeld »abzogen«. Aber im Laufe der Jahre entwickelte sich aus den gelegentlichen Diebstählen immer stärker eine organisierte Kriminalität. Den Status des Einzelnen konnte man an seinem Auto ablesen, wer das teuerste Fahrzeug fuhr, stand in der Rangordnung am höchsten. Ihre Eltern schauten weg – sie waren mit anderen Problemen beschäftigt, mit der dauernden Erneuerung der Aufenthaltsgenehmigung, mit den Bittgängen zum Sozialamt, um endlich eine menschenwürdige Wohnung zu erhalten, mit den kleinen Schwarzarbeiten, um die Familienkasse aufzubessern. Ihre Söhne entglitten ihnen mehr und mehr – solange sie sich nicht mit einer »Deutschen« einließen, keine Drogen nahmen, abends zu Hause waren, dem für die Moschee zuständigen Hoča ehrerbietig begegneten und sich auf den Familienfesten anständig zu benehmen wussten, wurden keine Fragen gestellt, was sie den Tag über machten.

Meine älteren Brüder passten auf mich auf, aber nie hat mich einer von ihnen – so wie ich es von anderen Mädchen kannte – beleidigt oder geschlagen, sie haben mit mir geredet, wenn ich mal wieder zu spät nach Hause kam oder mit den falschen Leuten herumhing. Dafür bin ich ihnen bis heute dankbar, es hätte auch anders kommen können. Denn ich wusste oft mehr von den kriminellen Machenschaften im Viertel, als ich wissen sollte. Ich bekam viel aus erster Hand mit – wer weswegen verhaftet wurde, wo sich gerade eine Fehde zwischen den arabischen Clans anbahnte. Ich erfuhr im Dönerimbiss, warum jemand halb totgeschlagen worden war und weshalb der Palästinenser von nebenan seinen Schwager mit einem Küchenmesser abgemetzelt hatte. Im Kiez brodelte die Gerüchteküche, aber nach außen hielt man dicht, aus Furcht vor Rache oder auch aus Sympathie mit den Tätern, die ohnehin oft aus dem eigenen Verwandtenkreis kamen.

Mein großes Vorbild war meine Schwester. So wie sie, die als Erste unter den Balcis und Mirzanlis das Abitur in der Tasche hatte, wollte ich auch werden. Nach dem Abitur fing ich an, Erziehungswissenschaft zu studieren und mit Kindern und Jugendlichen im Rollbergviertel zu arbeiten. Ich wollte dazu beitragen, dass besonders die Mädchen mit mehr Selbstbewusstsein auftreten konnten. Wie sie – auch unter den Jugendlichen selbst – oft behandelt wurden, die vulgären Kellergeschichten, die man herumerzählte, und die erniedrigenden Rufmorde, die betrieben wurden und für die Betroffenen den sozialen Tod bedeuteten, hatten mich schon während der Schulzeit verstört. Dagegen wollte ich etwas tun.

Für viele meiner Schützlinge war ich sowohl Vertraute wie Vorbild – eine, die es »geschafft« hatte und die in diesem Viertel aufgewachsen war und damit immer noch direkten Zugang zu ihrem Milieu hatte. Ich kannte ihre Väter und Mütter, ich kannte die Orte, an denen die Jungen sich trafen, und ich wusste von den Problemen innerhalb der Familien, von der physischen Gewalt, der manche Kinder und Jugendliche ausgesetzt waren. Die Jugendlichen hatten großes Vertrauen zu mir, sie kannten mich seit Jahren und für viele war ich eine Art Brücke zur Außenwelt. Es kam immer wieder vor, dass sich Mädchen und Jungen an mich wandten, wenn sie Hilfe oder nach einer Möglichkeit suchten, von zu Hause wegzukommen, weil ihre Väter und Mütter sie brutal prügelten oder eine Zwangsehe drohte. Dann habe ich ihnen professionelle Hilfe vermittelt und sie ein Stück auf ihrem Weg begleitet.

Über die Jahre konnte man in dem Viertel beobachten, dass die Jungen aus den arabischen und türkischen Familien zunehmend die öffentlichen Plätze besetzten. Die meisten deutschen Familien zogen weg. Sie kapitulierten vor dem Faustrecht, das hier die Straße beherrschte, vor den Machtkämpfen, durch die schwächere Jugendliche, die keinen Familienclan hinter sich hatten, verdrängt wurden. Eine Clique von hauptsächlich arabischen Jungen tyrannisierte die Anwohner und organisierte ihre kriminellen Machenschaften immer unverhohlener. Wer keinen Stress mit ihnen wollte, machte einen großen Bogen um die Plätze, an denen sie sich aufhielten.

Ich war eine von zwei jungen Frauen in einer Jugendeinrichtung, die damals auch für die arabischen Jungen offen war. Zusammen mit zwei männlichen Mitarbeitern, die wie ich als Honorarkräfte dort arbeiteten und ebenfalls im Rollbergviertel aufgewachsen waren, und meiner Kollegin, die als Einzige von uns eine bereits abgeschlossene pädagogische Ausbildung hatte, hielten wir die Einrichtung aufrecht. Von Zeit zu Zeit arbeiteten wir mit Sozialarbeitern und Streetworkern zusammen, die in dieses Viertel kamen und oft bald auch wieder gingen. Viele von ihnen hatten allzu romantische Vorstellungen, wie man mit den Jungen reden und umgehen müsse, um sie »von der Straße zu holen« und von ihren kriminellen Geschäften abzubringen. Ihre Schützlinge dankten es ihnen nicht – für sie waren solche »Gutmenschen« einfach nur »Opfer«, die man wunderbar für eigene Zwecke instrumentieren konnte. Sie verachteten diese hilflosen Helfer, die aus Angst über vieles, was hinter ihrem Rücken vorging, den Mund hielten – auch um ihren eigenen Ruf als erfolgreiche Streetworker nicht zu gefährden. Die meisten Sozialarbeiter verschwanden wieder, ohne etwas zum Besseren gewendet zu haben, einige von ihnen – wie Oliver und seine beiden Kollegen in dieser Geschichte – am Rande des Nervenzusammenbruchs.

Wir in der »Waschküche« blieben einige Jahre. Die Front der gewalttätigen Jungen mit ihren sexistischen Übergriffen, die auch uns die Arbeit schwer machten, schweißte uns zu engen Verbündeten zusammen. Gerade für die kleineren Jungen im Viertel war die »Waschküche« oft der einzige Rückzugsort vor der Gewalt zu Hause und auf der Straße. Wir spielten und malten mit ihnen – die Möglichkeit, mit Pinsel und Farbe umzugehen, kannten die meisten höchstens aus der Schule. Sie kamen immer pünktlich und hatten große Freude am Malen. Manche brauchten auch einfach nur ein warmes Glas Tee und ein Toastbrot und waren damit glücklich. Heute sind die meisten dieser »Kleinen« im Knast. Weder der Malkurs noch das Toastbrot haben sie davor bewahren können.

Was aus ihnen im Laufe der Jahre werden würde, konnte man an den Lebenswegen der älteren arabischen Jungen zwischen 14 und 19 Jahren studieren. Sie waren für uns schon verloren, als wir mit der Arbeit anfingen. Sie konnten wir nie erreichen, sie folgten dem Vorbild ihrer großen Brüder, die sich im Viertel bereits einen kriminellen Ruf erworben hatten, oder einem wie Aabid, der es vom armen Flüchtlingsjungen zu einer kriminellen Kiezgröße gebracht hatte und unter ihnen als »Mega-Checker« galt. Für den Jungen, den ich in dieser Geschichte »Rashid« nenne, war er das große Vorbild.

Nach vier Jahren in der »Waschküche« kapitulierte ich. Die eigenen Ansprüche an unsere Arbeit waren im Laufe der wachsenden Aggression im Viertel immer bescheidener geworden. Wir atmeten schon auf, wenn die Jungen den Jugendtreff nicht überfielen und sich nicht, wie so oft, einen Schwächeren, ein »Opfer« schnappten, um es heimlich oder auch offen zu quälen. Irgendwann sah ich keinen Sinn mehr darin, durch zwanzig Stunden Freizeitgestaltung in der Woche einen Entwicklungsprozess aufhalten zu wollen, der seinen unvermeidlichen Gang nahm. Der Endpunkt war für mich erreicht, als meine Kollegin eines Tages angegriffen wurde und ich selbst Gewalt anwenden musste, um Schlimmeres zu verhindern. Dieser Vorfall beschäftigte mich lange. Ich hatte keine Lust mehr auf die Gewalt, die ständig in der Luft lag, auf die Zerstörungswut von Jungen ohne Zukunftsperspektive, die sich wie geprügelte Hunde benahmen und jeden bissen, der ihnen nahe kam. Ich zog mich zurück.

Ein Jahr später wurde die »Waschküche« geschlossen, die Finanzierung eingestellt.

Verlorene Jahre waren es für mich bei aller Frustration nicht gewesen. In meiner Zeit im Rollbergviertel habe ich mehr über das Leben gelernt als an irgendeinem anderen Ort. Ich habe gelernt, wie Macht entsteht und wie Menschen sich entrechten lassen, wie subtil und variantenreich die Formen von Gewalt sein können, und ich habe mit angesehen, wie Menschen zerstört werden. Aber ich habe auch gesehen, wie zerbrechlich zuweilen selbst die härtesten Typen sind, wenn man hinter ihre Fassade schaut.

So einer war auch Rashid, den ich kennenlernte, als er zehn Jahre alt war. Rashid war ein auffällig schöner Junge, einer, der bei den Mädchen ankam, sich sorgfältig kleidete und smarter war als die meisten seiner Freunde. Er stammte aus einer palästinensisch-libanesischen Familie, die zeitweilig im Araberhaus wohnte. Ein Junge wie er hätte es vielleicht auch in der deutschen Gesellschaft zu etwas bringen können, für seine Familie und sein soziales Umfeld aber war alles Deutsche verachtenswert. Seine Eltern waren Fremde in diesem Land geblieben. Sich mit den Deutschen gemeinzumachen, galt und gilt auch heute noch als »haram«, als Sünde. Nie hätte Rashid es gewagt, seine deutsche Freundin Bea mit nach Hause zu bringen. Vor den Eltern musste er diese Beziehung ebenso geheim halten wie seine Drogensucht, die ihn immer tiefer ins kriminelle Milieu verstrickte. Ich wusste, mit welchen Schwierigkeiten er zu kämpfen hatte. Eine

Hilfe konnte ich ihm dennoch nicht sein. Denn je tiefer Rashid fiel, desto mehr Lügen musste er verbergen. Zuletzt wurde er durch seine Drogensucht selbst für Aabid, seinen Chef, zum unkalkulierbaren Risiko. Er betrog ihn um Geld. Vor der Rache des Zuhälters rettete Rashid die Verhaftung und die anschließende Abschiebung.

Ich habe mich entschieden, die Geschichte von Rashid und seinen Freunden wie einen Roman zu schreiben. Alle Namen der hier auftretenden Personen habe ich geändert; manche habe ich mit anderen äußerlichen Attributen ausgestattet; Schauplätze habe ich in andere Straßen von Neukölln verlegt. In Rashids Geschichte habe ich einige wenige Episoden aus dem Leben anderer Jungen hineinmischen müssen, um andere nicht zu gefährden oder die, die inzwischen anderswo ein neues Leben aufgenommen haben, wie auch Rashids Familie, nicht noch wieder mit der Vergangenheit zu konfrontieren. Diese Verfremdungen waren notwendig, um die Beteiligten und auch mich selbst zu schützen.

Verhaftet

21 Uhr, die Lichter gehen aus. Rashid hört sein Herz wummern. Er presst sein Ohr auf die Pritsche und hört es immer lauter und schneller schlagen. Es ist dunkel in der kleinen Zelle der Jugendvollzugsanstalt. Er hat Angst.

Es ist Ende Januar, in einigen Tagen wird er 18. Vor wenigen Stunden hat man ihn verhaftet, beim Bruch in die Apotheke in der Niemetzstraße, gemeinsam mit zwei anderen. Rashid wurde erwischt, als er gerade die vielen Medikamentenpäckchen in seine Reisetasche stopfte. Er war der Einzige, der sich in der Apotheke aufhielt, Hamudi und Sami standen draußen Schmiere. Damit galt er als der Hauptschuldige, obwohl die anderen zwei die Anstifter waren.

Sie hatten den Laden schon einmal ausgeräumt. Ein zweites Mal wollte Rashid dort nicht mehr mitmachen, aber Sami hatte ihn getreten, beschimpft und gedroht, Fuad, Rashids Vater, zu erzählen, dass sein Sohn Drogen nimmt. Sami und Hamudi hatten ihn so lange terrorisiert, ihn erpresst, bis Rashid keinen Ausweg mehr sah. Jetzt war er Samis Handlanger und Sami genoss diese Macht, schließlich war es früher einmal umgekehrt gewesen, damals, in Rashids Glanzzeit, als er der Chef im Kiez gewesen war. Ein kleiner Teil der Beute sollte für Rashid sein, schließlich brauche er doch das Zeug, hatten die beiden gehöhnt. Mindestens 50 Milliliter Tilidin musste er nehmen, um den Tag zu überstehen und abends schlafen zu können. Ohne den Stoff kam er auf Entzug, hatte Schweißausbrüche und Schmerzen im ganzen Körper. Dann musste er sich im Keller verstecken, damit die Eltern nichts merkten. Erst wenn alle schliefen, schlich er in sein Zimmer.

Wie konnte das nur passieren? Er hatte doch aufhören, die Drecksarbeit anderen überlassen wollen, das hatte er sich geschworen auf alles, was ihm heilig ist!

Mit kleinen Diebstählen hatte alles angefangen. Als Rashid zehn war, hatte er bei »Kaiser's« zum ersten Mal eine Tüte Haribo eingesackt. Er wurde zum Wiederholungstäter, bis ihn der Filialleiter erwischte und Rashid von der Polizei nach Hause gebracht wurde. Später spezialisierte er sich auf Zigaretten und Alkohol, an guten Tagen kam er auf zwei Stangen. Er zog sich einen extragroßen Pulli an und schob sich die Schachteln mit einer Hand in den ausgeleierten Ärmel, während er mit den Augen die Kassiererin scharf beobachtete. Aber der Erfolg machte ihn nachlässig: Als die Frau an der Kasse ihn eines Tages am Ärmel packte, um ihn zu überführen, rammte Rashid ihr die Faust ins Gesicht. Ihr trug das eine schwere Prellung ein, Rashid die erste Anzeige wegen Körperverletzung.

Als er mit anderen die ersten »Schlecker«-Filialen überfiel, war Rashid 15, Raub und schwere Körperverletzung waren sein Markenzeichen geworden. Immer wieder bekam er Strafarbeiten aufgebrummt, immer wieder wanderte er für einige Monate in den »Kieferngrund«, eine Jugendarrestanstalt mit der Möglichkeit, tagsüber die Schule zu besuchen oder einer Ausbildung nachzugehen. Nach jeder Strafe bezog er zu Hause Prügel von seinem Vater, mal mit dem Besenstiel, mal mit einem nietenbesetzten Gürtel, den Fuad gern als Peitsche einsetzte.

Der Knast war für Rashid das Schlimmste, lieber ließ er sich schlagen. Nie wieder wollte er in einer Zelle landen, das hatte er sich vorgenommen. Aber jetzt ist es zu spät. Jetzt haben sie mich am Arsch, denkt er. Seinen linken Arm kann er nicht bewegen, so sehr schmerzt er, so heftig hat er mit der Faust auf den Boden geschlagen, vor Wut und Verzweiflung seinen Hinterkopf gegen die Zellenwand gehämmert, immer wieder, bis ihm das Blut aus der Nase geschossen ist.

So elend wie jetzt hat er sich nur vor vielen Jahren gefühlt, als er mit Leila, seiner Mutter, und den drei kleinen Geschwistern vor dem Jähzorn des Vaters auf die Straße flüchten musste. Sein Vater hatte mit dem Gürtel auf ihn eingedroschen, weil Rashids Schneeball dem Nachbarn das Fenster zerschossen hatte. Die Mutter war dazwischengegangen, während seine zwei Schwestern und der kleine Ibrahim zitternd in der Ecke neben dem Dielenschrank hockten und sich weinend aneinanderklammerten. Rashid und seiner Mutter Leila war das Blut aus Mund und Nase gelaufen, so hart hatte der Vater zugeschlagen, immer wieder. Seine Augen waren weit aufgerissen und rot vor Zorn gewesen, sein Gesicht grimmig verzogen. »Ihr Ungläubigen, wollt ihr mein Verderben sein?«, hatte er geschrien, ausgeholt und mit dem Lederriemen das Fleisch der Mutter getroffen. Klatsch, klatsch, klatsch. Rashid kann diesen Tag nicht vergessen, die Bilder dieser Nacht ziehen wie in der Endlosschleife eines Films an seinen Augen vorbei.

Damals hat er sich so geschämt, als die Mutter, die Geschwister und er fast nackt, barfuß und nur mit dünnen Nachthemden bekleidet, hinaus in die dunkle Berliner Nacht auf die Straße flüchteten. Es war Winter, das Blut gefror ihnen in den Mundwinkeln und an den Fingern wie dickflüssige Erdbeermarmelade, der Wind peitschte ihnen Schneeflocken ins Gesicht und überzog die langen Wimpern der Kinder mit kleinen Eiskristallen. Sie hatten Zuflucht in der nächsten Kneipe gesucht, wo die Alkoholiker des Viertels ihre Zeit absaßen. »Können Sie uns helfen, können Sie die Polizei rufen?«, hatte die Mutter atemlos gefleht. Wortlos hatte ihr der Kneipenwirt das Telefon rübergereicht, fast widerwillig, ohne sie auch nur anzublicken. »Immer diese Ausländer, die ihre Frauen verprügeln«, hatte jemand aus einer dunklen Ecke gemurmelt. »Man müsste sie alle nach Hause schicken.«

Rashid hatte die neugierigen Blicke auf seinem durchgefrorenen Körper gespürt und vor Verlegenheit und Unbehagen die Kacheln auf dem Boden gezählt, um die vielen Augen der Gäste ausblenden zu können – ausgerechnet hier, bei diesen Pennern, mussten sie um Hilfe bitten. Je länger er zählte, desto schneller müsste dieser demütigende Augenblick wieder vorbei sein, dachte er, und drückte dabei ganz fest die Hand seiner kleinen Schwester Sara.

Es war das erste Mal gewesen, dass Leila die Polizei gerufen hatte, um sich und die Kinder vor ihrem Mann in Sicherheit zu bringen. Rashid war zehn gewesen, und immer, wenn er an diesen Tag zurückdachte, überfiel ihn dieses Gefühl der Hilflosigkeit und Ohnmacht. So wie jetzt auch.

Nun liegt er hier. Im Dunkeln. Auf einer Pritsche. Im Gefängnis. Noch spürt er nichts vom Entzug, noch wirken die Tropfen, die er sich noch schnell auf die Zunge geträufelt hatte, bevor er die Tür der Apotheke aufbrach. Aber die Hochstimmung, in die ihn Tilidin sonst immer versetzte, war heute im Nu verflogen. In seinen Händen bildet sich eine kleine Tränenpfütze. Er denkt an Amal. Alles steht ihm vor Augen, als wäre es erst gestern oder vor einer Woche geschehen.

Vor zwei Wochen hatte ihm seine Mutter Fotos seiner hübschen Cousine Amal aus dem Libanon gezeigt und sein Vater hatte stolz und ein bisschen feierlich zu ihm gesagt: »Junge, du bist jetzt alt genug. Du solltest endlich heiraten, eine Familie gründen und dein eigenes Leben führen. Dein Onkel Karim will dir seine Tochter geben. Ein gutes Mädchen, sie kümmert sich um den ganzen Haushalt. Sie ist nicht nur schön, sondern auch tüchtig. Mashallah.« Rashid war ein wenig mulmig zumute gewesen bei dem Gedanken, eine Fremde zu heiraten, aber schließlich war es üblich, dass die Eltern auf

Brautschau gingen. Und dann wurden Hochzeitspläne gemacht, noch bevor sich das Paar zum ersten Mal gesehen hatte. Es wurde schnell geheiratet und ohne lange zu überlegen, eine Heirat war fast so etwas wie ein überstürzter Friseurbesuch. Und mit einer schlechten Frisur lebte man schließlich auch weiter. Und wenn man erst verheiratet ist, das sagten alle, würde sich der Rest schon ergeben. Blut ist immer dicker als Wasser, hatte Rashid alle Zweifel beiseitegefegt, und ein deutsches Mädchen wie Bea wäre für seine Mutter ohnehin nie in Frage gekommen. Selbst manche türkischen Mädchen aus dem Viertel waren ihr zu freizügig – eine Deutsche aber wäre für sie das Allerletzte. Aber Bea war für ihn ohnehin erledigt, auch wenn er manchmal noch ein leichtes Ziehen verspürte, eine unbestimmte Sehnsucht, wenn er an sie dachte.

Schon als er noch ein kleiner Junge war, hatte seine Mutter ihn damit aufgezogen, ihn einer seiner Cousinen zu versprechen. Am Anfang hatte er sich noch gewehrt. Die meisten seiner Cousinen konnte er nicht ausstehen. Doch im Laufe der Zeit gewöhnte er sich an den Gedanken, so wie alle jungen Leute in seiner Verwandtschaft. Die Eltern unterbreiteten so lange Vorschläge, bis die Richtige dabei war. Und als Junge hatte er es besser als die Mädchen, er konnte häufiger nein sagen. Seine Schwestern würden nicht so wählerisch sein können, schließlich waren fleißige Männer, die eine Familie ernähren konnten, Mangelware unter den arabischen Clans. Es gab zu viele Mädchen. Leila würde schon dafür sorgen, dass er eine gute Hausfrau und Mutter bekam. Und wenn er heiratete, würde er seine Eltern glücklich machen.

Aber jetzt ist an Hochzeit nicht mehr zu denken, er hat andere Probleme. Sein Bewährungsverfahren läuft noch und unter drei Jahren Gefängnis wird er nicht davonkommen. Wenn er während des Vollzugs eine Ausbildung macht, darf er vielleicht nach einem Jahr guter Führung sogar in den offenen Vollzug; manche seiner Freunde, die schon einsaßen, haben das geschafft. Im schlimmsten Fall muss er die Strafzeit absitzen und wird danach womöglich abgeschoben.

Rashids Eltern zählen zu den vielen tausend geduldeten Kriegsflüchtlingen, die hier, in Deutschland, Aufnahme fanden, nachdem Israel 1982 Teile des Südlibanons besetzt hatte und bis West-Beirut vorgedrungen war, der Heimatstadt von Rashids Eltern. Sein Vater ist libanesischer Kurde, die Mutter Palästinenserin. Leila war dabei gewesen, als israelische Soldaten bei einem Massaker in den Flüchtlingslagern Sabra und Schatila in Beirut zwei ihrer fünf Brüder auf offener Straße hinrichteten. Ihr selbst war ein solches Schicksal nur erspart geblieben, weil ein Nachbar sie geistesgegenwärtig ins Haus gezogen hatte. Als die Soldaten abgezogen waren, sah sie Bashir und Amin in einer Blutlache am Boden liegen, ihre Augen waren offen, ihre Blicke leer. Leila rannte zu ihnen, warf sich auf den Boden und umarmte beide so lange, bis die letzte Lebenswärme aus den toten Körpern gewichen war. Nur mit Gewalt gelang es dem Nachbarn, sie von den beiden loszureißen.

Rashid selbst kennt den Libanon gar nicht, er war noch nie dort. Der Vater hatte damals die Flucht nach Deutschland organisiert, während die Großeltern mit den übrigen Familienmitgliedern aus Beirut in den Osten der Türkei flüchteten, wo sie inzwischen in einfachen Verhältnissen am Rande der Stadt Iskenderun leben. Heute ist Fuad froh, einen anderen Weg gewählt zu haben als die übrige Familie – ihnen gehe es hier in Deutschland doch viel besser als den Verwandten in der Türkei. Und doch bleibt Beirut, bleibt der Libanon seine Heimat. Ständig schwärmt er seinen Söhnen vor, der Libanon sei das schönste Land auf Erden, ein Land, in dem verschiedene Religionen und Kulturen friedlich nebeneinander leben könnten, wenn es nicht die israelisch-jüdischen Unruhestifter gebe. Im Libanon gingen die Menschen viel herzlicher miteinander um als in Deutschland, behauptet auch Leila. Doch Rashid hat das nie überzeugt – warum sind seine Eltern denn nicht dahin zurückgekehrt? In seinen Ohren klangen solche Schwärmereien verlogen, der Libanon schien ihm keine Alternative zu seinem Leben in Deutschland. Die Erinnerungen seiner Eltern nervten ihn.

Für Rashid gibt es nur eine Heimat und das ist Berlin, genauer gesagt der Berliner Bezirk Neukölln. Hier ist er geboren, hier ist er aufgewachsen, hier hat er sein ganzes Leben verbracht. Und nun muss er ernsthaft darüber nachdenken, was aus ihm werden soll, wenn er für immer gehen muss. Eine schreckliche Vorstellung, Rashid wird ganz übel bei dem Gedanken, so übel, dass er Brechreiz verspürt. Vorsichtig stützt er sich mit dem rechten Arm auf den Boden, lässt den schmerzenden linken Arm von der Pritsche gleiten und schleppt sich langsam auf allen vieren zum Klo, das links neben der Zellentür steht. Ein niedriges Klo ohne Brille. Noch bevor er es erreicht, übergibt er sich auf den Boden, seine Knie schleifen durch sein Erbrochenes, bis er endlich den Kopf in die Kloschüssel schieben kann. Ätzender Uringeruch steigt ihm in die Nase.

Rashid hat das Gefühl, er müsse sich die Seele aus dem Leib kotzen, all den Dreck, der in ihm steckt, seine Speiseröhre hochquillt und ihn zu ersticken droht. Er will es loswerden, möglichst schnell, damit er endlich gereinigt ist und erleichtert einschlafen kann.

Als er noch klein war, wurde er einmal von einem schlimmen Fieber erfasst; da hielt ihn sein Vater, als er brechen musste. Die warmen, schützenden Hände auf seinem kleinen Kreuz hatten ihm so gutgetan. Er will kotzen, damit alles wieder gut wird, damit dieser Albtraum bald vorbei ist.

Ein Ruck geht durch seinen Körper und schleudert seinen gesamten Mageninhalt auf einmal nach draußen. Rashid umklammert mit dem rechten Arm krampfhaft das Klo, um das Gleichgewicht nicht zu verlieren, und drückt sein Kinn ganz fest an den inneren Rand der Keramikschüssel. Nach einigen kurzen Krämpfen im Bauch ist sein Körper bis auf den bitteren Magensaft endlich entleert. Seine Nase blutet wieder stärker und in seinem Mund vermischt sich der Geschmack von Kotze und Blut. Rashid stöhnt, lässt die Kloschüssel los und krümmt sich auf dem Boden vor Ekel und Schmerz.

Im schwachen Mondlicht, das durch die kleine Luke am Kopfende der Zelle fällt, kann er seinen linken Arm erkennen, er scheint gebrochen zu sein. Er tastet ihn vorsichtig ab und fühlt, dass er geschwollen ist. Rashid lässt sich neben der Toilette auf den Boden gleiten und dreht sich erschöpft auf den Rücken. Seine Zähne klappern, so kalt ist der Betonboden. Doch er hat keine Kraft mehr, um sich wieder auf die Pritsche zu ziehen, sein Körper ist ihm fremd, sein Kopf dröhnt und er ringt nach Luft. Er könnte versuchen aufzustehen, sich das Gesicht waschen, den Notknopf drücken und einen Wärter rufen, um seinen Arm überprüfen zu lassen. Aber Rashid fühlt sich so elend, so hundeelend, dass er nichts mehr kann, außer auf dem Boden liegen und wimmern. Er spürt den Entzug in seinem Körper, er braucht Tilidin.

Er erinnert sich nicht mehr, wann er die Droge zum ersten Mal genommen hat, bis vor kurzem belog er sich noch, jederzeit wieder damit aufhören zu können. Inzwischen weiß er, dass es nicht so ist. Er liegt noch eine ganze Weile so da, auf dem Boden. Wie schön es jetzt wäre, zu Hause im Bett zu sein, in seinem Zimmer, das er sich mit seinen Brüdern teilt. Was die jetzt wohl machen? Er träumt von dem heißen Tee, den seine Mutter ihm früher abends immer gemacht hat, und von Amal, dem zarten Mädchen, das er nicht kennt und das seine Frau werden sollte, nun wohl aber doch nicht werden wird. Die Glückliche, denkt er noch, mit so einem Penner wie mir hätte sie ohnehin kein gutes Leben gehabt, als er endlich mit der rechten Hand unter seiner Wange einschläft.

Als die Kälte ihn wenig später aus dem Schlaf reißt, dämmert es draußen schon. Er streicht sich eine dicke Haarsträhne aus dem Gesicht, seine Augenringe sind jetzt noch dunkler als sonst, aber die Schönheit seiner großen schwarzen Augen können sie dennoch nicht mindern. Umgeben von dichten Wimpern und zwei sanft geschwungenen Brauenbögen, die wie gemalt wirken, haben sie immer schon die Mädchen betört. Obwohl ihm sein schlechter Ruf als »Mädchenschläger« vorauseilte, bekam er regelmäßig Handynummern zugesteckt. Mit seinen hohen Wangenknochen, dem gleichmäßigen ovalen Gesicht und dem leichten Irokesen-Haarschnitt wirkte er einfach anmutiger als die meisten arabischen Jungen in seiner Klasse.

Sein gutes Aussehen hätte ihm vor knapp zwei Jahren fast einen Werbevertrag mit »Nike« eingetragen; die Firma entdeckte ihn bei einem Straßencasting, als sie auf der Suche nach »echten Gesichtern« für eine neue Street-Soccer-Kampagne war. Wäre Rashid damals rechtzeitig zum Fotoshooting erschienen, hätte sein Konterfei auf Tausenden von Werbeplakaten das Land geschmückt. Aber er verpasste das Casting, weil er vollauf damit beschäftigt war, die vielen geklauten Motorrollerteile, die sein Freund Sami ihm anvertraut hatte, in einem seiner angemieteten Keller zu verstecken.

Sein sonst so starker, in Aabids Fitnessstudio trainierter Körper, die mit Anabolika aufgepumpten Muskeln, alles an ihm ist jetzt schwach. Ganz in sich zusammengesunken, sitzt er zitternd da – als habe man aus einem prall gefüllten Ballon plötzlich die Luft herausgelassen. Als er sich aufzurichten versucht, kann er die Tränen und Flüche über die Schmerzen in seinem Arm nicht mehr zurückhalten. Es fällt ihm schwer zuzugeben, dass er Schmerzen hat, die er nicht erträgt und die ihn zum Heulen bringen. Mühsam schleppt er sich zum Waschbecken, das gleich neben der Toilette hängt, und hält seinen Kopf unter das fließende kalte Wasser. Dann lässt er sich auf die Pritsche fallen, starrt einen Moment lang in die dunkle Zelle, bis er schließlich doch den Notknopf drückt. Er will vor den Bullen keine Schwäche zeigen – diese Hurensöhne sollen mich nicht weinen sehen, denkt er. Hastig bemüht er sich, die Tränen mit seinem schmutzigen Pulliärmel aus dem Gesicht zu wischen. Er ist aufgeregt, sein Herz klopft ihm bis zum Hals, er überlegt, was er sagen soll, wenn sie kommen. Soll er zugeben, dass er Schmerzen hat? Oder soll er so tun, als sei der Arm zufällig angeschwollen, und behaupten, er wisse auch nicht, warum, habe aber vorsichtshalber Bescheid geben wollen?

Noch bevor Rashid sich einen Satz zurechtlegen kann, öffnet sich das Schloss der Stahltür, das Licht geht an und ein gedrungener älterer Mann mit rundem Kopf steht vor ihm: »Na, mein Junge, was haben wir denn für ein Problem?« Ehe Rashid antworten kann, hat der Wärter den geschwollenen Arm entdeckt. »Was ist denn mit dir passiert?« Rashid bleibt stumm. Eigentlich wollte er den

Bullen beleidigen, wollte ihm sagen, dass er, Rashid, keine Angst vor ihm habe. Jetzt sitzt er da auf seiner Pritsche und findet den Wärter gar nicht so unsympathisch. Er kann ihm gegenüber nicht wütend werden, so wie er es vorhin war, als er festgenommen wurde. Hätte er ein Maschinengewehr gehabt, hätte er sie alle niedergemäht, diese Schweine. Ohne zu zögern, hätte er sie getötet, da war er sich sicher. Jetzt aber kann er nicht hassen und auch das macht ihn wütend. Die Wut schnürt ihm die Kehle zu, er hat einen Druck im Kopf, als würde der gleich explodieren. Damit hat Rashid nicht gerechnet. Trotzdem will er es nicht zulassen, den älteren Herrn sympathisch zu finden. »Das ist auch nur so ein deutscher Bulle, dem ich egal bin«, denkt er. Der Wärter reicht Rashid wortlos ein Taschentuch und ruft einen Sanitäter.

Das Röntgenbild zeigt einen glatten Bruch. Gab es eine körperliche Auseinandersetzung bei der Festnahme? Nein. Dann habe er sich den Arm wohl selbst gebrochen, stellt der Arzt fest. Rashid lässt das kalt, er bekommt eine Spritze gegen die Schmerzen und dann wird sein Arm eingegipst. Trotzig sitzt er auf der Pritsche, seine Augen wandern immer wieder zu dem kleinen Medizinschränkchen. Ob da wohl Tilidin drin ist?, schießt es ihm durch den Kopf, der Stoff, den er jetzt so dringend bräuchte, dringender als alles andere. Das Mittel, das ihn die letzten Monate glücklich und high, schmerzunempfindlich und aggressiv gemacht hat. Wenn nur der Arzt einen Augenblick lang unaufmerksam sein und sich so eine Möglichkeit bieten würde, in den Schrank zu gucken! Rashid würde die Gelegenheit sofort beim Schopfe packen, ohne lange zu überlegen, auch wenn die beiden Wärter, die an der Tür stehen, ihn dabei packen könnten. Das ist ihm egal, das Risiko wäre es wert. Er hat schon andere Dinger gedreht, um sich seine Glückstropfen zu beschaffen – sogar seine eigene Mutter beklaut. Warum sollte er davor zurückschrecken, einen Knastarzt zu beklauen? Im Gegenteil: Diese blöden Wichser hier im Knast zu verarschen, gibt ihm einen Adrenalinschub und das Gefühl, überlegen zu sein. Aber bevor sich auch nur die kleinste Chance auftut, an den Schrank zu kommen, sitzt Rashid schon wieder in seiner Zelle.

Die Vögel zwitschern, Sonnenlicht dringt durch das winzige Fenster, Blut und Kotze sind beseitigt. Der Geruch von Citrus-Putzmittel erfüllt die Luft. Rashid legt sich auf die Pritsche, gleich soll er dem Haftrichter vorgeführt werden, im Schnellverfahren. Das ist so üblich bei »jugendlichen Intensivtätern«. Das sind solche wie er, die meist schon vor ihrer Strafmündigkeit straffällig geworden sind, ein ganzes Register an Vorstrafen haben und in ihrem sozialen Verhalten keine Besserung erkennen lassen. In den Augen der Justiz sind sie wegen ihrer hohen kriminellen Energie und ihrer Gewaltbereitschaft so etwas wie tickende Zeitbomben – Rashid weiß das, er hat sich diesen Sermon schon wiederholt anhören müssen.

Er hat alten Damen die Handtasche geraubt, den Kindern auf dem Schulweg das Taschengeld abgezogen, in die Kasse des Zeitungsladens neben seiner Schule gegriffen und immer wieder gegen seine Bewährungsauflagen verstoßen. Mit jedem Delikt, das er sich zuschulden kommen ließ, wurde er »professioneller« und gewalttätiger. Alle, die Rashid kannten, wussten das und hatten Angst vor ihm. Dabei war er nicht immer so gewesen. Aber es gab einen Tag in seinem Leben, an dem er auf den Geschmack gekommen war. Rashid erzählt gern davon. Damals spürte er, welchen Genuss es ihm bereitet, anderen Menschen wehzutun, ihnen Leid zuzufügen. Einfach so.

Das Araberhaus

Es war ein schulfreier Frühlingstag vor vier Jahren gewesen, die Sonne schien durch die verdreckten Scheiben des langen Flures im fünften Stock, tanzte an den beschmierten Wänden entlang und tauchte alles in ein freundliches, warmes Licht. Dichte grüne Hecken, Vogelbeersträucher und blühende Bäume ließen die klotzigen Sozialbauten der Rollbergsiedlung wie eine Ferienanlage für Langzeitarbeitslose aussehen. Mit den ineinanderverschachtelten Wohnungen, den unzähligen roten und blauen Stahltüren und tunnellangen Fluren wirkten die Gebäude wie riesige Irrgärten aus Beton, Glas und Stahl, durchzogen von dem aufdringlichen Geruch von angekohltem Linoleum. Die Siedlung bestand aus fünf dieser mäanderförmigen Wohnklötze mit jeweils fünf Etagen, Platz für 5000 Menschen. Hier war Rashid zu Hause.

Es war die erste richtige Wohnung, die die Familie zugewiesen bekam, nachdem sie jahrelang in einem tristen Flüchtlingswohnheim, dem sogenannten »Araberhaus«, untergebracht war, einem heruntergekommenen Altbau mit kaputten Fenstern, Ofenheizung und einer Gemeinschaftstoilette. Nicht einmal eine Dusche gab es in dem Haus. Und dennoch, für Rashids Eltern war es ein Segen, sie waren dem Krieg entkommen und in Sicherheit, sie mussten keine Angst mehr vor nächtlichen Granateinschlägen haben und lebten in der Gewissheit, dass sie auch morgen noch genug zu essen haben würden. Das reichte ihnen, um zufrieden zu sein. Leila war auf der Flucht im dritten Monat schwanger und wurde in Deutschland zum ersten Mal in ihrem Leben kostenlos ärztlich versorgt. Rashid war der erste Sohn, der in Berlin zur Welt kam. Im »Araberhaus« mussten sie sich mit sieben Personen anderthalb Zimmer teilen. Immer wieder suchte der Vater das Bezirksamt auf und bettelte um eine Wohnung; immer wieder lud er die Sozialarbeiterin ein, sich selbst von den unzumutbaren Verhältnissen zu überzeugen, unter denen er mit seiner Familie leben musste. »Ja, Herr Al-dar, ich kann Sie ja verstehen, aber im Moment gibt es keine anderen Wohnungen für Flüchtlinge«, hatte sie von Mal zu Mal beteuert, hatte ihren Mocca ausgetrunken und war gegangen, nicht ohne das Versprechen abzugeben, alles zu tun, um der Familie zu helfen.

Rashid kannte jeden Winkel in dem Gründerzeitaltbau mit seiner vom letzten Weltkrieg zerschossenen Fassade. Den Hausflur des Flüchtlingswohnheims in der Kopfstraße durchzog der Geruch nach feuchtem Keller und Bratenfett, die maroden Treppen wiesen große Lücken im Geländer auf, sodass Tante Djumanas Baby Jad Allah, was auf Deutsch soviel bedeutet wie »Geschenk Gottes«, eines Tages vom dritten in den zweiten Stock purzelte, sich das Nasenbein brach und nach dem Sturz irgendwie anders war. Jad Allah sei ein so ruhiges Kind, erzählte Tante Djumana immer ganz stolz, wenn sie sich mit anderen Frauen traf. Jahre später stellten die Ärzte bei einer Routineuntersuchung fest, dass ihr Sohn durch den Sturz einen bleibenden Hirnschaden erlitten hatte.

Für Rashid machten diese und andere Vorfälle das Leben im Flüchtlingshaus erst spannend. Immer wieder zog es ihn dahin zurück, auch nachdem seine Familie längst ausgezogen war. Von den Männern der Familie Amar aus dem vierten Stock war er schon als kleiner Junge beauftragt worden, jeden fremden – nicht zur Nachbarschaft gehörenden – Eindringling sofort zu melden, besonders Polizisten in Zivil oder Vertreter des Sozial- oder Jugendamtes, die hier von Zeit zu Zeit nach dem Rechten schauten. Die Amars, eine dreizehnköpfige syrische Familie, waren gefürchtet. Zwei ihrer Söhne, Zafir und Zafar, so erzählte man sich im Haus hinter vorgehaltener Hand, hätten einen Mann bei lebendigem Leib zerstückelt. Rashid machte das keine Angst, er glaubte das nicht so recht. Er fand die Brüder sehr nett. Als er einmal von einem älteren Jungen im Haus verprügelt wurde, waren es die Amar-Brüder, die schlichtend eingriffen und mit Worten statt mit Schlägen für Frieden sorgten, bis der ältere Junge sich schließlich sogar reumütig bei Rashid entschuldigte. Für ihn waren die Amar-Brüder gut gekleidete junge Männer, die sich nichts gefallen ließen. Er stand gern Schmiere für sie, strich das Geld ein, das sie ihm dafür gaben, und freute sich über die Schreckschusspistole, die er von ihnen zu Weihnachten geschenkt bekam. Er bewunderte, wie die Amars das Jugendamt, das Sozialamt und die Polizei an der Nase herumführten. Sobald eine Amtsperson auftauchte, warnte Rashid die

Familie durch einen Pfiff – eine Vorsichtsmaßnahme, um rechtzeitig alles Wertvolle ins Geheimzimmer zu bringen.

Das Geheimzimmer war ein hinter einer schweren Schrankwand versteckter riesiger Raum, die Schatzkammer der Amars. Ein mit blauen Marmorplatten ausgelegtes Herrenzimmer mit einer verspiegelten Bar und samtblauen Sitzgelegenheiten, die an den Wänden aufgestellt waren und die 70 Quadratmeter große Fläche prunkvoll einrahmten. Die hohen Decken waren mit geschnitzten Holzkassetten geschmückt. In der Mitte des Zimmers stand ein Springbrunnen, verziert mit allerlei kitschigen Plastikblüten, der den ganzen Tag vor sich hinplätscherte. Einer der Spiegel an der Bar war zugleich die verborgene Tür zu einer weiteren kleinen Kammer, hier lagen Waffen, Geld und manchmal auch kleinere Mengen Drogen, die großen Portionen wurden sicherheitshalber außerhalb der eigenen vier Wände verwahrt. Außer den Familienmitgliedern wusste nur Rashid davon. Und Rashid hielt dicht. Hätte er je über dieses geheime Zimmer geplaudert, hätte ihn das wohl seine Zunge gekostet. Spaß verstanden die Amars nicht.

Rashid verbrachte viele Stunden im Treppenhaus vor den verbeulten namenlosen Briefkästen, um rechtzeitig Bescheid zu geben, wenn sich ein Fremder dem Haus näherte. Die Sozialarbeiterin, die seine Familie betreute, traf ihn oft dort an, strich ihm im Vorbeigehen über den Schopf und fragte jedes Mal: »Was machst du hier, Rashid? Ich werde euch helfen, du wirst sehen. Bald seid ihr in einer richtigen Wohnung und habt es schöner.« Rashid antwortete nie etwas. Er spürte, dass sie gar nicht wissen wollte, was er tat.

Nach acht Jahren bekam die Familie endlich einen Brief, der ihr eine der großen Neubauwohnungen in der Rollbergsiedlung zubilligte. Endlich eine eigene Toilette, eine Badewanne, eine Einbauküche und in jedem Zimmer eine Heizung – Leila weinte vor Freude und steckte die Kinder gleich in die Wanne, noch bevor alle ihre Habseligkeiten in die Wohnung getragen hatten. Zum ersten Mal in ihrem Leben hatten sie eine Badewanne. Aber Rashid vermisste die Amar-Brüder.

Kurz nach dem Umzug kam eine ehemalige Nachbarin aus der Kopfstraße, die immer noch im Flüchtlingswohnheim wohnte, aufgeregt zu Rashids Mutter gelaufen und berichtete, dass Zafir und Zafa ihre eigene Schwester im Park erschlagen und angezündet hätten. Während die Nachbarin erzählte, schlug sie sich wie eine Wahnsinnige immer auf ihre dicken Schenkel, ihr Körper bebte vor Schrecken. Eine Spaziergängerin hatte die verkohlte Leiche von Darin im Schillerpark entdeckt, unweit der Liegewiese, auf der sich die muslimischen Familien des Viertels an den Sommerwochenenden zum Picknick trafen. Jemand hatte Darin mit einem deutschen Jungen gesehen, angeblich Hand in Hand; die Brüder hatten davon erfahren – das wurde Darins Todesurteil. Nach diesem Tag hielt Rashid sich doch lieber von den Amar-Brüdern fern und nahm sogar Umwege in Kauf, um nicht durch die Kopfstraße laufen zu müssen.

In der neuen Wohnung teilte er sich ein Zimmer mit seinen zwei älteren Brüdern Yusuf und Hussein. Seine jüngeren Schwestern Selma und Sara bewohnten zusammen das kleinste Zimmer und den schönsten Raum, von dem aus man auf den Spielplatz blickte, bekam Ibrahim, der Kleinste. Die Eltern schliefen auf einer Matratze hinter der Couch im Wohnzimmer.

An dem Tag, an dem Rashid Gefallen daran fand, einem anderen Menschen Schmerz zuzufügen, hatte er schulfrei. Er konnte ausschlafen, erst am Nachmittag kam er aus dem Bett. Am Abend vorher hatte er Videos geguckt, die Yusuf stapelweise besorgte, wenn am nächsten Tag keine Schule war. Die Brüder saßen dann bis in die frühen Morgenstunden vor dem Bildschirm, auch der fünfjährige Ibrahim war so lange dabei, bis er einschlief. »Menace II to Society«, der in einem amerikanischen Schwarzenghetto spielte, war Rashids Lieblingsstreifen, er mochte besonders die Szene, in der zwei schwarze Jugendliche in einem Supermarkt den Verkäufer abknallten, einfach so. Rashid imitierte diese Szene gern, er stellte sich aufs Bett, streckte seinen Arm steif im 45-Grad-Winkel nach unten und tat so, als halte er eine Waffe in der Hand und würde gleich den Abzug drücken. Sein Gesicht verzog sich dabei zu einer Grimasse und seine Augen blickten starr zu Boden, als liege dort ein Mensch, den er gerade erschossen hatte. »Ey, Mann, ey, die sind so krass in dem Film, wie die den Typen abknallen, voll brutal, buuum!«, kommentierte er seine kleinen szenischen Nachstellungen. Sein Lieblingsschauspieler war Jean-Claude van Damme. Er schwärmte von der Kraft dieses kleinen Mannes und versuchte, die Tritte und Schläge, die van Damme an seine Gegner austeilte, vor dem Spiegel im Bad nachzumachen. Einmal stieß er dabei so heftig an das Waschbecken, dass es aus den Fugen riss. Es hagelte Schläge von seinem Vater.

Hussein, sein ältester Bruder, lachte ihn aus, fuhr mit der Hand über Rashids Blutergüsse und höhnte: »Du Vollidiot, du Scheißefresser, denkst wirklich, du bist ein Killer, was? Du Opfer! Das Waschbecken war schon lange locker, du könntest doch nicht einmal ein Mädchen umhauen!« In solchen Momenten explodierte das Blut in Rashids Adern, schoss ihm wie eine glühende Fontäne ins Hirn und ließ Rachegelüste aufsteigen. Doch die warnend erhobene Hand des Vaters genügte und Rashid zog sich ins Bad zurück, schloss die Tür und weinte geräuschlos, während er seinen Kopf unter den kühlen Wasserstrahl hielt.

Einige Tage später traf er Hussein an der »Sonne«, der großen Bronzeskulptur, die sich in der Mitte der Siedlung befand und für die Jugendlichen der wichtigste Treffpunkt war. Hier war immer irgendwer da. An der »Sonne« kamen alle aus dem Viertel zusammen, niemand konnte sich mit seinen Freunden zu Hause treffen, zu streng waren die Eltern, zu heikel die Gespräche der Jungs. Schließlich ging es meist um Dinge, die zu Hause tabu waren – Mädchen, Schlägereien und ihre kleinen kriminellen Geschäfte. Eine richtige Clique gab es nicht, nur lose Freundschaften, die je nach Interessenlage mal länger und mal kürzer anhielten. Die Jungs vom Platz trauten einander nicht besonders. Schwächen durften nicht gezeigt werden. Als »Schwäche« galt, wenn jemand auf seine Lehrer hörte, regelmäßig zur Schule ging, anstatt wie die anderen im Einkaufszentrum herumzulungern, oder abends zu Hause blieb, weil die Eltern es verlangten. Wer sich so verhielt, wurde verhöhnt und wer sich dagegen nicht zu wehren verstand, getreten oder bespuckt. »Dazugehören« konnte jeder, der sich den Stärkeren unterordnete und bereit war, bei allem mitzumachen, ohne groß Fragen zu stellen. Eine Blousonjacke, ein paar teure Turnschuhe und Karotten-Jeans, das war die Uniform der Jungs. Wer ernst genommen werden wollte, musste dazu noch ein besonders teures Handy haben. Mit dem Handy konnte man schnell jemanden organisieren, der Zeit hatte, den Hermes-Transporter mit auszurauben oder bei einer Schlägerei für Verstärkung zu sorgen. In solchen Fällen gab es einen kurzen Anruf: »Lass mal in fünf Minuten treffen. An Sonne.« Von hier aus wurden Raubzüge organisiert, Informationen ausgetauscht und Geschäfte gemacht. Und hier wurde viel Unsinn geredet.

Auch Hussein redete Unsinn an diesem Tag und wäre es nicht Ali gewesen, von den anderen auch »Killer« genannt, über den er Unsinn redete, wäre alles nicht so schlimm gekommen. Ali aber ließ nichts ungesühnt. Wer schlecht über ihn sprach, verletzte seine Ehre und die ließ sich nur wiederherstellen, wenn er dem Verursacher eine Lektion erteilte. Irgendeine der vielen »Hyänen«, die immer sofort alle Gerüchte verbreiteten, traf Ali vorm »Bogazici Dönerparadies«, einer kleinen Imbissbude mit fettigen Kacheln an den Wänden und drei aneinandermontierten Spielautomaten, die 24 Stunden blinkten und rotierten und ständig von spielsüchtigen türkischen Männern aus der Nachbarschaft belagert wurden. So erfuhr Ali, was Hussein über ihn erzählte.

Hussein hatte Ali am vergangenen Wochenende, als man gemeinsam im Einkaufszentrum herumhing und keinen Euro für eine Cola hatte, den Tipp gegeben, doch mal bei Frau Treskow, der Hauswartsfrau aus dem Fünften, den Keller aufzuräumen, sie habe dort das antike Silberbesteck ihrer verstorbenen Mutter in Kisten gelagert. Ali schnappte sich den Bolzenschneider, um den ihn viele beneideten und den er für solche Zwecke in der Nähe seiner Wohnung gut versteckt hielt. Er ging in den Keller und machte sich an die Arbeit. Aber statt großer Silberschätze hob er alte Damenwäsche in die Höhe und musste darüber, auch wenn er verärgert war, doch lachen. In den vielen Kisten, die bei Frau Treskow im Keller standen, fanden die Jungs außer der alten, frisch gewaschenen und gebügelten Wäsche von Frau Treskows Mutter und einigen Fotoalben nur ein kleines unscheinbares Kästchen mit verbeulten Silberlöffeln. Der Trödler, ein entfernter Verwandter Rashids, der den Jungs die geklaute Ware abnahm, lachte sie aus, als sie damit bei ihm ankamen. Schließlich ließ er sich breitschlagen, 20 Euro dafür zu berappen, um Ali nicht als Lieferanten zu verlieren. Von diesen 20 Euro, so fand Hussein, stehe ihm die Hälfte zu, schließlich habe er den Tipp gegeben. Ali dachte gar nicht daran, mit Hussein zu teilen, und der fühlte sich um seinen Anteil betrogen. Seit Tagen jammerte Hussein im Kiez herum, was Ali normalerweise nicht weiter beachtet hätte, wäre nicht vor wenigen Minuten jemand aus der Bande zu ihm gekommen, um ihm zu stecken, Hussein nenne Ali überall einen »Hurensohn«. Das war zu viel.

Hussein stand an der »Sonne«, als das Geräusch eines Rollers ertönte und im durchbrochenen Kreis der Skulptur Ali sichtbar wurde, die Finger um den Lenker gekrallt, den massigen Körper in ein rosafarbenes Shirt gequetscht und das solariumgebräunte Gesicht vor Wut verzerrt. Mit quietschenden Reifen brachte er den Roller direkt vor Hussein zum Stehen. »Was hast du gesagt? Was bin ich, du Aidskrankenficker, du Schwanzlecker? Wer ist ein Hurensohn?« Noch bevor Hussein reagieren konnte, sprang Rashid Ali von hinten ins Kreuz, trat ihn vom Roller und immer wieder auf den Kopf, der bei jedem Kontakt mit den Pflastersteinen ein dumpfes Geräusch erzeugte. Hussein zog seinen Metallgürtel aus der Hose und peitschte auf den am Boden Liegenden ein. Teamwork unter Brüdern, so war es ungeschriebenes Gesetz auf dem Platz, nie dazwischengehen und schlichten, sondern draufhauen, bis einer reglos liegen bleibt. Rashid und Hussein hörten erst auf, als die Polizei im Anmarsch war. Die »Hyänen« hatten es ihnen rechtzeitig gesteckt, denn neben dem Gesetz des Stärkeren gab es im Viertel ein weiteres ungeschriebenes Gesetz und das hieß, gegen den gemeinsamen Feind, die Polizei, zusammenzuhalten. Wer die Polizei unterstützte, galt als Verräter der Ehre seiner Mutter und war vogelfrei.

Rashid und Hussein hetzten in den Hausflur und beobachteten aus dem fünften Stock, wie die Polizei kam und wieder ging, ohne jemanden mitzunehmen. Die Brüder gaben sich einen Handschlag und waren zufrieden. »Hast du gesehen, wie er geblutet hat, dieser Bastard? Ich hätte ihm seinen Kopf zertreten sollen!« Zu spät bemerkten sie, dass der kleine Musim, Alis Bruder, hinter ihnen auf dem Flur stand. Er hatte alles gehört. Musim war neun, er war Alis kleiner Schatz, durfte auf dem Roller mitfahren und hatte von seinem großen Bruder sogar schon ein Handy bekommen. Mit Zornestränen in den Augen trommelte er mit seinen kleinen Fäusten auf Hussein ein. Den ließ das kalt, er stieß den kleinen Jungen weg und beachtete ihn nicht weiter.

»Kommst du mit, ich geh jetzt, hab ’nen neuen Film gebrannt«, forderte Hussein Rashid auf. Doch der hatte sich anderes vorgenommen. »Ich bleib noch ein bisschen, komme später.«

Kaum war Hussein in dem langen dunklen Hausflur verschwunden, packte Rashid Musim am Arm und zog ihn in den Fahrstuhl. Er hatte den Knirps noch nie leiden können. Musim hatte Narrenfreiheit, weil er unter dem Schutz seines großen Bruders stand und alle vor Ali kuschten. Heute war das anders, Alis Zeit war abgelaufen, er hatte verloren, er lag am Boden. Rashid würde nie wieder vor Ali kuschen, das stand fest. Und der Knirps sollte es als Erster zu spüren bekommen. Rashid zerrte Musim mit sich, der Kleine schrie und wehrte sich vergeblich. Auf dem Weg begegnete ihnen Tanja, das schüchterne Mädchen aus dem Sechsten. Aber von ihr hatte Musim keine Hilfe zu erwarten. Er sah die Angst in ihren Augen. Das war das Letzte, was er sah, bevor Rashid mit ihm hinter der schweren Stahltür der Tiefgarage verschwand.

Rashid spürte die Angst in Musim, der wie versteinert vor ihm stand, den Blick starr auf die Stahltür geheftet. Er gab ihm ein paar schallende Ohrfeigen, doch Musim rührte sich nicht, nur Tränen rollten ihm die Wangen hinunter. Rashid war sich sicher, dass er sich jetzt alles erlauben konnte, Ali würde es nie wieder wagen, sich gegen ihn zu stellen.

Es blieb nicht bei zwei Ohrfeigen. Rashid demütigte den Kleinen und zwang ihn zu sexuellen Handlungen. Als er fertig war mit Musim, gab er ihm einen Tritt und drohte, ihn umzubringen, wenn er irgendjemandem davon erzählte. Musim schwieg, mehr noch, er ging nicht mehr auf die Straße. An jenem Tag hatte sich sein Leben für immer verändert. Rashid fühlte sich als Sieger, er hatte getan, was er wollte, und niemand hatte ihn daran gehindert.

Kellerliebe

Die Keller der Neubausiedlung waren Rashids kleines Reich. Gemeinsam mit Daniel und Sami hatte er sich von seinen Nachbarn ein Mietrecht erkauft, um gleich mehrere der Verschläge nutzen zu können. Er brauchte sie als Lagerraum für geklaute Motorroller und anderes sperriges Diebesgut, das nicht sofort in Bares umgesetzt werden konnte. Die Kellerräume lagen neben den großen Heizräumen und waren im Winter ein warmer Unterschlupf. Auf den acht Quadratmetern, die ein Keller in der Rollbergsiedlung normalerweise bot, konnte man sich sogar richtig einrichten. Yusuf, Rashids Bruder, hatte damit angefangen.

Yusuf hielt sich meistens fern von den anderen Jungen. Er tauchte nur selten an der »Sonne« auf, eigentlich nur, wenn er zufällig auf seinem Weg nach Hause dort vorbeikam. Er hatte andere Interessen, besser gesagt: er hatte keine außer Kiffen. Schon mit zehn Jahren, als andere sich ihre erste Zigarette reinzogen, baute er ansehnliche Joints. Einige Jahre später konnte er durch das Verticken der Droge seinen Eigenkonsum finanzieren und sogar noch ein paar Scheine zur Seite legen. Von diesem Geld kaufte er einen kleinen Fernseher und eine lilageblümte Schlafcouch und schleppte beides in den Keller.

Die Tür zum Keller war aus einfachen Holzleisten gezimmert und so besorgte Rashid einige »Playboy«-

Plakate, mit denen Yusuf und er die Lücken zuklebten. Rashid half seinem Bruder, die richtigen Kabel für Strom und Senderempfang anzuzwacken. Die Absprache der beiden, das kleine Versteck geheim zu halten, wurde beim ersten Damenbesuch schon hinfällig. Wie ein Lauffeuer sprach sich der Rückzugsort mit Fernseher und Schlafcouch unter den Jungen des Viertels herum. Im Nu wurde aus Yusufs »Kiffzimmer« ein »Fickraum«, in dem die beiden Brüder großzügig auch anderen Jungs Vergnügen gewährten.

Yusuf gefiel diese Entwicklung nicht, aber er war keiner, der sich mit anderen anlegte oder gar prügelte. Er zog sich zurück, beschränkte seine Besuche im Keller auf die nötige Dosis Marihuana, die er brauchte, und überließ das Feld denen, die sich, wie Aasgeier auf einen Kadaver, auf die lilageblümte Couch stürzten, um sie mit dem Dreck ihrer Schuhe, ihrem Schweiß und ihrem Sperma zu besudeln. Seit dieser Umwidmung von Yusufs Zimmer durften seine Schwestern Selma und Sara den Keller nicht mehr betreten.

»Warum hat dich dieser Hurensohn Aidskrankenficker genannt?« Hussein sah von seinem Teller Kuttelflecksuppe auf, ließ das Brot auf den Tisch fallen und blickte Rashid verwundert an. Fast täglich gingen die beiden Brüder im »Bogazici Dönerparadies« eine Suppe essen, das galt als cool unter den Jungs und diente der Kontaktpflege mit den erwachsenen Männern, die sich dort stundenlang zu einem Tee einfanden. Die meisten von ihnen hatten keine Arbeit, dafür aber endlos viel Zeit, die totgeschlagen werden wollte. »Ich meine Ali, der hat doch Aidskrankenficker zu dir gesagt, bevor wir ihn fertiggemacht haben«, insistierte Rashid.

»Ich weiß auch nicht, der meint doch diese, diese Silvia. Alle sagen, die soll krank sein.«

»Und du hast sie gepoppt.«

»Alle haben sie gepoppt, die sieht auch gar nicht krank aus. Ist doch auch scheißegal jetzt.« Hussein trank hastig seine Suppe, ging auf die Toilette und verließ, ohne dass Rashid es bemerkte, den Laden. Das tat er immer, wenn ihm eine Situation unangenehm war.

Silvia war das Mädchen aus den Gropiuspassagen. Wo sie genau wohnte, wusste keiner, vom Viertel war sie nicht. Aber die Jungen redeten viel über sie. Elf sei sie gewesen, so erzählte man sich, als ihr Stiefvater sie zu sich ins Bett gezogen habe. Als sie 15 war, hatte sie es endlich ihrer Mutter erzählt und flog daraufhin aus der elterlichen Wohnung. Sie war übergewichtig, hatte ein Puppengesicht, eine lange blonde Mähne und eine weiche Stimme, die selbst durch den starken Zigarettenkonsum nichts von ihrem warmen Klang eingebüßt hatte. Rashid lernte sie näher kennen, als er sich in den Gropiuspassagen zu einem Kampf verabredet hatte.

Silvia hatte sich mit einigen anderen deutschen Mädchen zur libanesischen Jungengruppe gesellt. Sie schäkerte gerade mit einem der größeren Jungen, als Rashid dazukam. Er hatte mit einem Blick registriert, dass sie ihn anziehend fand. Sofort ließ sie von den anderen ab und hörte stumm zu, wie Rashid die einzelnen Aufgaben verteilte.

»Du, Sami, passt auf, dass sein Scheißcousin mich nicht wieder von hinten angreift, sonst musst du ihn dir vornehmen. Und du, Daniel, hältst das Messer bereit, falls ich ihn doch abschlachten muss. Ich muss mich voll auf euch verlassen können, ihr anderen könnt filmen und, wenn es sein muss, auch zuschlagen, aber lasst mich das erst mal alleine machen. Das soll ein schöner Film werden.«

Auch Silvia zückte bei der letzten Aufforderung ihr neues Nokia aus ihrem rosa Mini-Rucksack und hielt es startklar vor Rashids Nase. Es war weniger der kokette Blick des Mädchens als vielmehr das superneue Handy, was Rashid dazu brachte, Silvia ein Lächeln zu schenken. Dann machte sich die Gruppe auf. Die Kampfarena war der Platz vor den Einkaufswagen einer großen Supermarktkette. Fluchtwege gab es genug, um sich rechtzeitig vor der Polizei in Sicherheit zu bringen, aber auch Platz für Zuschauer, um die Stimmung anzuheizen. Die Show konnte beginnen – eine kurze SMS an den Feind und Rashids Truppe bezog Stellung.

Der Gegner kam nach zwanzig Minuten. Es war Jakub, ein syrisch-orthodoxer Junge aus Rashids Schule. Mit ihm hatte Rashid eine Rechnung offen. In der letzten Schulpause hatte Jakub wiederum nicht den Blick gesenkt, wenn er an Rashid vorbeiging, obwohl der es ihm schon so oft befohlen hatte. Jakub bekam Magenschmerzen, wenn es zur Pause klingelte. Er würde am liebsten immer im Schulgebäude bleiben, um vor Rashid sicher zu sein. Aber selbst in den Fluren konnte es passieren, dass Rashid ihm auflauerte, um ihn zu beleidigen, zu treten und ihm ins Gesicht zu spucken. »Du bist ein Jude, du Hund! Du hast einen Judennamen«, beschimpfte Rashid ihn dann. Dass Jakub wieder und wieder beteuerte, er sei kein Jude, änderte nichts. Rashid hörte nicht, er war froh, in Jakub ein Opfer gefunden zu haben, an dem er seinen Hass auslassen konnte; Jakub versüßte ihm den Schulalltag, denn Schule war für Rashid ein Krampf, er ging eigentlich nur hin, um Freunde zu treffen und mit den muslimischen Mädchen abzuhängen, die er sonst selten zu Gesicht bekam.

»Ey, du Judensau, senk deinen Blick, wenn du vor mir stehst, senk deinen Blick!«, forderte er den syrischen Jungen auch jetzt wieder auf.

Jakub schaute verlegen auf seine Schuhspitzen. Sein Kopf lief rot an, seine Finger schienen sich im Innenfutter der schwarzen Bomberjacke festzukrallen. Stocksteif und mit leerem Blick stand er vor Rashids Clique, ganz allein, niemand war mitgekommen, um ihn zu verteidigen. Selbst sein Cousin hatte ihn im Stich gelassen, Jakub war Rashids Bande ausgeliefert. Die Jungen lachten irre, pressten sich das Lachen geradezu zwanghaft heraus, um Rashid anzufeuern. Sie wollten ihren Helden feiern. Wenn Jakub jetzt einfach unterwürfig wie ein geprügelter Hund, der sich dem Rudel ergibt, vor ihnen stehen blieb, dann wäre alles gelaufen, bevor es auch nur richtig angefangen hätte. Das aber war den Jungs nicht genug und Rashid schon gar nicht.

»Iiih, guckt mal diese Schwuchtel, er pisst sich gleich ein!«

Mittlerweile waren einige Besucher des Einkaufszentrums auf die Szene aufmerksam geworden. Immer mehr Menschen drängten sich um die beiden Jungen, schubsten und schoben einander sensationslüstern beiseite, um den besten Blick auf das Opfer zu ergattern. Rashid genoss die aufregende Spannung, schaute sich um, guckte fremden Menschen auffordernd in die Augen. Einige konnten seinem Blick nicht standhalten und wandten den Kopf zur Seite, als hätten sie Angst davor, das nächste Opfer zu werden. Niemand griff ein.

»Du wagst es noch immer, vor mir zu stehen?« Es war wie im Theater, Rashid war der Hauptdarsteller, der Monologe vor seinem Publikum hielt, alle anderen waren Statisten. Jakub bereute, hergekommen zu sein; er hatte gefürchtet, Rashid erst recht zu provozieren, wenn er nicht erschiene. Jetzt aber wäre er am liebsten davongerannt. Doch die Menschengruppe, die ihn und Rashid umgab, umschloss die beiden Jungen wie eine Mauer. Und noch während er regungslos dastand und verzweifelt überlegte, wie er dieser bedrohlichen Situation entkommen könne, spürte er plötzlich einen heftigen Tritt im Kreuz und stürzte zu Boden. Daniel, der einzige Deutsche in Rashids Libanesen-Clique, hatte die Spannung nicht mehr ertragen können. Die ganze Zeit schon hatte er erwartungsvoll auf Jakubs Kreuz gestarrt – so eine schwarz glänzende Bomberjacke, wie Jakub sie trug, hatte er immer schon haben wollen. Noch bevor Jakub sich wieder aufrappeln konnte, entriss Daniel ihm die Jacke und wie auf Kommando rannten die meisten Jungen in alle Himmelsrichtungen davon. Nur Rashid und die Mädchen waren geblieben. Zur Verwunderung aller reichte Rashid Jakub die Hand und zog ihn hoch.

»Ich bestrafe dich, wenn du nicht tust, was ich dir sage. Aber ich bin gerecht – am besten, du lässt dir von deiner Mama eine neue Jacke kaufen«, grinste er Jakub mit überlegener Miene an.

Silvia, die mit ihrem Handy noch immer auf Position stand und alles gefilmt hatte, bekam bei Rashids letztem Satz ganz weiche Knie. In ihren Augen war Rashid ein Held, stark und stolz, einer, der sich nichts gefallen ließ. Als könne Rashid ihre Gedanken lesen, trat er dicht an sie heran, packte sie am Arm und zog sie mit sich mit fort. Silvia lachte hysterisch, leistete aber kaum Widerstand und lief mit ihm Richtung Ausgang.

»Ist das dein Handy? Hast du gefilmt, wie er auf die Schnauze gefallen ist?«

Silvia zeigte ihm voller Stolz die Aufnahmen, wobei sie Schwierigkeiten hatte, mit ihren langen unechten Nägeln die richtigen Tasten zu finden. Rashid entriss ihr das Handy und schaute sich die Szene immer wieder an. Er war glücklich.

»So ein Handy ist nichts für dich mit deinen schönen Händen, ich besorg dir morgen ein Frauenhandy«, meinte er, blickte ihr dabei tief in die Augen und ließ das Telefon in seiner Jackentasche verschwinden. Silvia sagte kein Wort, knabberte sich die angeklebten Strasssteine von den Nägeln und tippelte in ihrer zu engen Hose mit ihrem rosa Täschchen neben Rashid her. Sie hatte jetzt einen Mann an ihrer Seite und fühlte sich geborgen.

Rashid steuerte den Keller an. Der war warm, während draußen ein eisiger Sturm um die grauen Häuser pfiff. Er hielt den Moment für günstig, Silvia in seinen Fernsehraum zu locken. Er wusste, dass es nicht schwer sein würde, sie herumzukriegen, dennoch fand er Spaß daran, so zu tun, als habe er ganz harmlose Absichten. Das machte das Spiel spannender und trainierte ihn im Umgang mit Frauen, schließlich hatte sein Onkel Malik einmal gesagt: »Junge, wenn du es richtig anstellst, bekommst du jede Frau ins Bett.« Onkel Malik war berühmt für seine Frauengeschichten. Er arbeitete als Aushilfskraft in einem Falafelladen und machte jede Kundin an, von der er freundlich angelächelt wurde. Er konnte weder lesen noch schreiben, aber selbst gebildete deutsche Frauen fanden seine dunklen großen Augen meist unwiderstehlich. »Glaub mir, die deutschen Frauen hassen ihre Männer, das sind alles Schwuchteln, die wollen einen richtigen Mann«, so waren seine Worte, wenn Rashid wissen wollte, warum er so viel Glück bei den Frauen hatte.

Silvia war zwar nicht die Schönste, aber sie roch sauber, nach Shampoo und Babycreme, und sie hatte große Brüste, so groß, dass man sich reinlegen konnte, eine Vorstellung, die Rashid erregte. Er schloss die Tür zum Keller auf, aber noch bevor er sie von innen wieder abschließen konnte, hörte er die Stimmen von Sami und Daniel. Rashid war genervt – statt mit Silvia Sex zu haben, würde er sich jetzt die dummen Sprüche seiner Freunde anhören müssen. Doch die Dinge entwickelten sich überraschend anders als erwartet. Noch während Sami und Daniel sich stritten, wer von ihnen den MP3-Player aus Jakubs geklauter Jacke behalten durfte, rutschte Silvia auf Rashids Schoß und drückte ihm ihre Zunge in den Mund, sodass er kaum Luft bekam.

»Ey, die Alte ist ja krass. Wir streiten hier, wer den abgezogenen MP3-Player kriegt, und die wird voll notgeil«, spottete Daniel und stieß Rashid in die Seite. Der aber ließ sich nicht aus der Ruhe bringen. Er schob Silvia ein Stück beiseite, beugte sich hinüber zu Daniel und flüsterte ihm ins Ohr: »Ihr könnt jetzt so tun, als ob ihr ohnehin gehen wolltet – dann dürft ihr später auch mal ran, wenn ich fertig bin.«

»Los, Sami, komm, lass nochmal schnell Sonne gehen, hab noch was zu erledigen.«

Ein Augenzwinkern und Sami verließ mit Daniel den Keller. Er wusste, wann es richtig war, einfach zu tun, was Rashid sagte und sich jede weitere Bemerkung zu verkneifen. Das war ihre gemeinsame Sprache – wenige Worte, einige Blicke und ein Augenzwinkern und schon wusste jeder der drei, was Sache war. Schließlich kannte man sich lange genug und hatte schon viel miteinander erlebt.

Seit Jahren schon lebten Daniel, Sami und Rashid im selben Wohnblock. Als Daniel noch klein war, hatte Rashid ihn häufiger auf dem Weg zur Schule abgefangen und ihm das Taschengeld und die Schulbrote abgezockt. Einmal hatte er ihn sogar mit dem Messer geritzt und gedroht, ihn abzustechen, wenn er es irgendjemandem erzählte. Später wurden sie Freunde. Bei einem Einbruch in den Kindergarten in der Friesenstraße wurden beide erwischt, aber keiner verpfiff den anderen und seit diesem Tag gingen sie oft gemeinsam auf Raubzüge.

Daniel Gärtner war ein Einzelkind, seine Mutter war Hausfrau, sein Vater ein arbeitsloser Maurer. Nie war einer von den beiden vor dem späten Abend zu Hause. Die Eltern saßen den ganzen Tag im Friesen-Eck, der Kneipe des Viertels. Daniel war ein Schlüsselkind. Wenn er aus der Schule kam, wirkte die Wohnung wie unbewohnt. In der schweren Mahagoni-Schrankwand standen stumm die Steckfiguren aus Hunderten von Überraschungseiern, Tische und Schrankvorsprünge waren mit weißen Plastikdeckchen versehen und die ursprünglich hellblauen Vorhänge vergilbt vom Nikotin der vielen Zigaretten. Jeder Winkel des Wohnzimmers war mit künstlichen Blumen und Porzellanpüppchen geschmückt, die wirkten, als hätte sie jemand dereinst mit Liebe und Bedacht aufgestellt, um sie dann für immer zu vergessen. Und über allem lag eine dünne feine Staubschicht.

»Ach Scheiß drauf«, meinte Daniel auf halbem Weg zur Sonne, »komm wir gehen zurück und beobachten die beiden, aber voll leise, Rashid darf uns nicht erwischen.« Sami fand den Vorschlag reizvoll und zückte schon mal sein Handy in der Hoffnung, einen aufregenden Film drehen zu können. Behutsam schlichen die beiden zurück in den Keller.

Es war dunkel in dem Gewölbe, kein Laut war zu hören. Vorsichtig tasteten sie sich zu Rashids Kellerraum vor, Sami biss auf den Kragen seiner Jacke, um sich das Kichern zu verkneifen. Beide drückten gleichzeitig ihr Ohr an die Tür des Fernsehraums und hörten ein leises Stöhnen. In der Dunkelheit konnten sie nichts erkennen, kein Spalt in der Tür, der ihnen einen Blick gewährt hätte. Sami schubste Daniel zur Seite, trat einen Schritt zurück und gab der Tür einen so heftigen Tritt, dass sie aufflog und in dem schummrigen Licht der blanke Arsch von Rashid zu sehen war.

»Hey, du kleiner Ficker, ist dein Schwanz zu klein oder warum schreit die Alte nicht?«, polterte Sami los. Rashid antwortete nicht, zu sehr war er damit beschäftigt, das Mädchen zu besteigen, er keuchte und schwitzte und musste sich immer wieder mit der einen Hand am Tisch abstützen, damit er nicht vom Sofa fiel. Bei diesem Anblick verstummten Sami und Daniel, sie blieben in der Tür stehen und waren völlig gebannt von dem Geschehen.

Der Mega-Checker

Ihr Mitschnitt auf dem Handy war eines der gefragtesten Videos im Netz. In Neukölln und Kreuzberg, im Wedding und im Schöneberger Kiez, alle hatten den Film gesehen. Rashid platzte fast vor Stolz. Silvia hatte alles mit sich machen lassen. Alle drei Jungen hatten Sex mit ihr gehabt. Jetzt saßen sie gemeinsam bei Mahmut im Internet-Café und schickten das Video um die Welt. Eine Schar von Spannern hatte sich um sie versammelt, jeder wollte den kostenlosen Porno sehen.

»Krass, die Nutte, guck mal, die stöhnt voll ab, kann nicht genug kriegen.«

»Ey, Mann, ey, die muss doch schon voll ausgeleiert sein.« Jeder gab einen Kommentar ab. Wie wild gewordene Affen sprangen sie dabei auf und ab, schubsten und traten sich gegenseitig, um möglichst nah am Bildschirm zu sein. Rashid ließ sich nicht beirren, hoch konzentriert lud er die einzelnen Clips ins Netz und schlürfte dabei ab und zu genüsslich an seiner Wasserpfeife. Der Geruch von Apfeltabak und neu verlegtem PVC-Boden lag in der Luft, hier und da verteilten sich Rauchschwaden wie kleine Schleier im Raum, als plötzlich die Ladentür aufschnarrte und eine Frischluftbrise von draußen die Gerüche vertrieb. Ein großer Mann mit schulterlangen Locken und knielangem Ledermantel trat in das Café, draußen lief der Motor eines 5er BMW.

»Rashid, komm mal her«, befahl der Mann mit düsterem Blick. Die anderen Jungen machten Platz. Wie scheue Hunde waren sie plötzlich ganz still. Sie waren verunsichert und trauten sich nicht, dem Mann in die Augen zu sehen. Aabid war eine Respektsperson. Es lag eine unheilvolle Spannung in der Luft, alle warteten auf Rashids Reaktion. Die kam unverhofft lässig daher – in den Augen der Jungen war Bewunderung, ja, sogar Neid zu lesen. »Ich komm sofort zu dir ins Auto«, versicherte Rashid und machte noch schnell einige hektische Klicks am Computer.

Jeder wäre gern Aabids Freund gewesen, jeder wollte einmal von ihm gegrüßt werden, in seinem großen Schlitten mitfahren oder für ihn arbeiten – allein der Gedanke daran ließ die kleinen, leeren Herzen der meisten arabischen Jungen aus dem Viertel schneller schlagen, mit Aabid hätte das Leben vielleicht doch einen Sinn.

Aabid war einer der meistgefürchteten Libanesen im Kiez, er betrieb zwei Puffs in Berlin, er war ein einflussreicher Mann im Rotlicht-, Drogen- und Schutzgeld-Milieu. Seine Familie, zu der neun Brüder und zwei verschleierte Schwestern zählten, war berüchtigt. Rashid war ihm beizeiten schon von den Amar-Brüdern empfohlen worden. Man kannte sich aus dem Flüchtlingshaus in der Kopfstraße.

Aabid war der »Mega-Checker«, das war die Bezeichnung unter den Jungen für einen besonders coolen Typen, der alles weiß, jeden kennt und gleichzeitig die Macht besitzt, alles mit jedem machen zu können. Seine Bestleistung als Checker erbrachte Aabid im vergangenen Sommer, als sich seine deutsche »Schnecke«, wie er seine Langzeitgeliebte Suse nannte, plötzlich unverschämt darüber empörte, dass Aabid seine Cousine aus dem Libanon heiraten wollte. Dabei hatte Aabid ihr bereits vor Jahren reinen Wein eingeschenkt – sie könne zwar gut blasen, aber seine Frau würde sie niemals werden, das könne und wolle er seinen Eltern nicht zumuten. Hinzu kam der unglückliche Umstand, dass Suse bei ihm schon als Nichtjungfrau ankam, allein das hatte ihn schon große Überwindung gekostet, sie dennoch bei sich zu behalten und nicht an seine Kollegen weiterzureichen, wie es eigentlich Sitte unter seinesgleichen war.

Suse, die attraktive und nicht besonders helle Tochter eines Kioskbesitzers, hatte sich damals, blind vor Begeisterung und Liebe, für das Leben an der Seite dieses angesehenen Arabergangsters entschieden. Auf dem Beifahrersitz in seinem großen Auto fühlte sie sich in ihren weißen Lackstiefeletten und den imitierten Gucci-Täschchen wie eine der Diven aus den Hip-Hop-Videos. Für Aabid und seine Crew war sie nichts als eine Ghettopussy – ein fleischgewordener Selbstbedienungsladen für Typen mit starken Hormonschwankungen und Goldkette.

Dass sie aus Verzweiflung über Aabids Hochzeitspläne heulte, herumschrie, die Möbel demolierte und einmal sogar sein Gesicht zerkratzte, ließ ihn unbeirrt an seinen Heiratsplänen festhalten. Er empfand Suse in solchen

Momenten als besonders erotisch. Doch nicht nur eine harmlose Kartoffel, dachte er dann, und musste bei Suses wilden Wutausbrüchen lachen, was Suse wiederum zur Weißglut trieb.

»Du Penner, ich dachte, du liebst mich. Du kommst doch sogar jedes Mal mit zum Frauenarzt, um zu prüfen, ob die Spirale noch sitzt.« Mit tränenverquollenen Augen und zerfließendem Make-up sah sie ziemlich unattraktiv aus, dachte Aabid und reichte ihr ein Taschentuch, weil er ihr verrotztes Gesicht nicht mehr ertragen konnte.

»Du bist so 'ne geile Braut, bleib jetzt mal schön artig, geh dich frisch machen und dann fahren wir 'n bisschen spazieren. Ist doch alles halb so wild, Baby«, versuchte er sie zu beruhigen. »Guck mal, die soll doch nur meine Kinder kriegen, damit die Familie weiterexistiert. Sie soll meine Söhne bekommen, sonst nix. Du weißt doch, dass ich nur geil auf dich bin, Schnecke«, flüsterte er ihr ins Ohr und griff ihr dabei unsanft mit der schweren Pranke zwischen die spindeldürren Beine.

Aber diesmal wollte Suse sich nicht beruhigen, sie wollte mehr sein als seine Geliebte. Sie wollte die Mutter seiner Kinder werden, die Frau an seiner Seite, die gemeinsam mit seiner weiblichen Kopftuch-Verwandtschaft in der Küche stand, um den Männern das Essen zuzubereiten. Das war ihr Traum, aber nun ahnte Suse in einem kurzen hellen Moment, dass sie für Aabid nichts anderes war als eine Ghettopussy. »Ich verlasse dich, ab heute bin ich nicht mehr deine Freundin, fick dich doch selbst.« Das waren ihre letzten Worte, bevor sie ihre Sachen packte und die eigens von Aabid für sie angemietete Wohnung verließ, um bei ihrem besten Freund Rolf Trost und Beistand zu suchen. Hätte ihr lichter Moment nur einige Sekunden länger angedauert, hätte sie Schutz bei der Polizei gesucht und Rolf wäre einiges erspart geblieben.

Aabid ließ sie gehen, er schlug sie auch nicht, das hatte er noch nie getan. Es war Zeit, sie gehen zu lassen, die jüngeren Pussys standen doch bereits Schlange, um ihm zu gehören. Deutsche Frauen waren so leicht zu bekommen wie eine Schachtel Zigaretten aus dem Automaten, dachte Aabid, nur mit dem Unterschied, dass der Automat auch mal streikte, eine Deutsche hingegen weigerte sich so gut wie nie. Aabid musste jetzt allerdings das tun, was ein Mann seines Standes tun muss, wenn ihn das, was ihm gehört, verlässt: Er musste einen Preis dafür verlangen, damit er bei hämischen Nachfragen seiner Kumpels sagen konnte: »Nein, ihr Penner, sie hat mich nicht verlassen. Ich hab sie verkauft, hatte sowieso die Schnauze voll von dieser Schlampe.«

Das Ende der Geschichte war, dass Rolf auf der Intensivstation des nächsten Krankenhauses lag und sein Konto mit 15000 Euro überzogen war. »Er hat sich und die Nutte freigekauft«, hieß es im Viertel. Suse kam in die Psychiatrie und Aabid, um einige Bewunderer reicher, heiratete seine Cousine. Zwei Jahre später war er Vater zweier Kinder.

»Los, Rashid«, drängte Aabid jetzt, »lass mich nicht warten, ich hab was Dringendes mit dir zu bereden, yallah,

yallah, mach schnell, du kleiner Pisser.« Rashid störte der Ton nicht, aus dem Munde Aabids klang diese Bezeichnung wie ein Kosewort. Er stand vom Computertisch auf, zog sich die schneeweißen Socken zurecht, in die er den Hosenbund seiner Diesel-Sattle-Hose gestopft hatte, und lief mit geschwollener Brust an den Jungs aus dem Chat-Café vorbei hinter Aabid her ins Auto. Die dralle Blonde auf dem Beifahrersitz, Suses Ablösung, setzte sich auf ein Zeichen von Aabid nach hinten, um den Platz für Rashid zu räumen.

»Hast du schon deinen Führerschein?«

Rashid schüttelte den Kopf: »Aber ich fahr auch ohne immer das Auto von meinem Vater.«

»Gut, dann bist du ab heute mein Fahrer, du holst die Frauen ab, du bist sozusagen ihr Beschützer. Wenn irgendwas nicht stimmt, rufst du gleich den Kollegen Abbas an, aber auf keinen Fall rufst du mich an, hast du verstanden?«

Rashid nickte heftig und konnte seine Augen nicht vom Rückspiegel lösen. Da sitzt die süße Maus, dachte er, und bald würde er sie durch die Stadt kutschieren und dafür sogar noch Kohle bekommen – ein reines Vergnügen.

»Du kriegst die ersten Wochen kein Geld, Abbas wird es bei Khaleds Fahrschule abgeben. Du machst damit deinen Führerschein, verstanden!? Hier hast du die Nummer von Abbas. Jetzt kannst du gehen, alles Weitere klärt er mit dir. Aber wenn du verkackst, dann treffen wir uns wieder und dann wirst du bereuen, dass deine Mutter dich geboren hat. Sei vorsichtig, yallah!«

Rashid gehörte jetzt zum Clan. Auch wenn er nicht blutsverwandt war, fühlte er sich mit diesem Tag Aabids Familie zugehörig. Solange er keinen Fehler machte und seinen Boss zufriedenstellte, stand er unter dessen Schutz und genoss die Privilegien der Mitgliedschaft in einer organisierten Verbrecherbande. Aabid war sein großes Vorbild. Der Mann, der es geschafft hatte, in zehn Jahren vom kleinen Flüchtlingsjungen aus der Kopfstraße zu einer Kiezgröße im Rotlichtmilieu aufzusteigen, hatte Rashid schon immer stark beeindruckt. Aabid war der Held der Kopfstraße, ein Profi, denn er hatte aus seinen kriminellen Ideen bares Geld gemacht und nicht von der Hand in den Mund gelebt, so wie die meisten anderen.

Rashid stieg aus dem Auto, seine Knie waren weich vor Aufregung und Freude, dieser Tag hatte ihm einen richtigen Job beschert, ein Job, der Ruhm und Anerkennung versprach. Er lief, die Hände in den Hosentaschen, fast tänzelnd die Karl-Marx-Straße entlang, vorbei an den bunten Ramschläden, fettigen Dönerbuden und Handyanbietern, und hätte die Welt umarmen können. Er war glücklich und malte sich aus, was er alles mit dem Geld machen würde. Er würde ein paar edle Herrenlederschuhe erstehen, dazu einen teuren Carlo-Carlucci-Pullover, wie ihn die älteren arabischen Jungs trugen, und er würde sich einen Traum erfüllen: eine Playstation kaufen, mit Lenkrad und allem Drum und Dran, um Autorennen zu fahren, so wie Michael Schumacher.

An Fathis »Bogazici Dönerparadies« legte er eine kleine Verschnaufpause ein, er war ziemlich lange gelaufen und wollte seine Energie sammeln, um das Treffen mit Aabid bis ins Detail und mit den richtigen schauspielerischen Einlagen wiederzugeben, wenn er die Jungs an der »Sonne« traf.

Die Schaufenster der mickrigen Dönerbude waren fast völlig zugeklebt mit Werbeschildern und riesigen Billigpreis-Tafeln, nur hier und da war ein kleines Loch hineingekratzt, um das Treiben auf der belebten Straße verfolgen zu können. Rashid verschlang seinen Döner und wischte sich gerade den Rest des Ayrans vom Mund, als er durch eines der kleinen Gucklöcher eine Frau erblickte, die ihm den Atem verschlug. Bea Blume, er kannte sie aus der Schule. Wie ein Jäger, dem unverhofft ein Reh vor die Flinte springt, presste er aufgeregt sein Auge ganz dicht ans Guckloch und hielt den Atem an, damit die Scheibe nicht beschlug. Wie ein Engel schritt sie leichten Fußes die Hermannstraße entlang. Der Wind wehte ihr die goldroten Haare ins Gesicht, unter der dünnen Kleidung zeigten sich die Konturen ihrer zarten Figur. Die Jacke hielt sie fest unter ihren verschränkten Armen an den Körper gepresst, sie fror.

Rashid überkam plötzlich der Wunsch, sie beschützen zu wollen, er konnte sich selbst nicht erklären, warum. Am liebsten wäre er in diesem Moment hinausgerannt, hätte sie in seine Arme genommen, sie gewärmt und begleitet. Bei diesem Gedanken wurde ihm heiß, so heiß, dass er nicht einmal merkte, wie die Dönersoße auf seine Hose tropfte.

»Ey, du Spasst, pass mal auf, guck, deine Hose!« Sami hatte sich an ihn herangeschlichen und anstatt ihn zu erschrecken, wie es eigentlich seine Absicht gewesen war, musste er über die komische Haltung Rashids, der an der Scheibe klebte und sich die Hose mit Soße besudelte, so lachen, dass er sein Vorhaben ganz vergaß. »Komm, lass mal Sonne gehen, die andern sind auch da.«

Rashid schlang den letzten Dönerbissen hinunter, schmiss dem Verkäufer drei Euro auf die Theke und verschwand mit Sami Richtung Bronzesonne. Dort hatten sich bereits Daniel und die anderen Jungs verabredet, sie hatten etwas zu besprechen. Es ging um den Keller.

»Rashid, die Jungs wollen auch mal in deinen Keller, so mit Mädchen und so, du weißt schon«, schrie Daniel den zwei Ankommenden entgegen und schob dabei seinen rechten Zeigefinger auf und ab durch den Kreis, den er mit dem Daumen und dem Zeigefinger seiner linken Hand gebildet hatte. Alle lachten, Rashid aber verzog keine Miene.

»Wer ficken will, muss bezahlen, im Puff müsst ihr auch löhnen«, war seine Antwort und die Jungs fingen an, ihn auszubuhen. »Dann leckt mich am Arsch und nehmt eure Schlampen doch mit nach Hause.«

Jetzt fühlten sich die Jungs provoziert und um einen Streit zu verhindern, schaltete sich Sami ein. Er packte Rashid am Ärmel und flüsterte ihm ins Ohr: »Ey, Mann, Alter, das kannste nicht machen, nimm das Geld, aber mach die nicht wütend, die fackeln uns sonst noch den ganzen Keller ab.« Und ohne Rashids Antwort abzuwarten, wandte er sich an die anderen: »Okay, fünf Euro von jedem, der zwei Stunden den Keller für sich allein haben will.«

Nachdem Sami ihnen dann wortreich verklickert hatte, dass auch ein Keller sauber gehalten werden muss und die Nutzung des Sofas auch nicht umsonst sein konnte und Rashid in der Zeit, in der der Keller besetzt war, ihn selbst gar nicht nutzen konnte, sahen die meisten ein, dass fünf Euro akzeptabel waren. Wer die nicht bezahlen konnte, hatte immer noch die kostenlose Tiefgarage als Alternative. Man einigte sich geschwind und auch Rashid war plötzlich begeistert von der Idee, mit seinem kleinen Keller Geld zu machen. Er griff in die Tasche, fischte einen Zehner heraus und schickte Daniel zum Schlüsseldienst, um einen Zweitschlüssel anfertigen zu lassen. Das Geschäft konnte starten.

Das Stundenhotel hatte sich bald über die Grenzen des Viertels hinaus herumgesprochen. Dank der Handyvideos verbreitete sich die Nachricht vom Sexkeller noch schneller als die letzte Massenschlägerei am U-Bahnhof Kottbusser Damm, der sogar in der Klatschpresse erwähnt worden war. Porno war interessanter als Prügel. Rashid hatte alle Hände voll zu tun, um nicht jeden in den Keller zu lassen, er musste seine Burg wie ein Ritter verteidigen und die Jungs aus dem Viertel halfen ihm dabei, ausgewogen zu vermieten. Schließlich hatte jeder einen Anspruch auf das Gemeinschaftsgut. Als irgendwann die Mädchen knapp wurden und der Ruf der Jungen es immer schwerer machte, noch ein williges weibliches Geschöpf in den mittlerweile stark versifften Keller zu locken, kam Rashid eine Idee.

Er suchte nach Silvia und fand sie schließlich im Einkaufszentrum, genau dort, wo er sie zum ersten Mal gesehen hatte. Sie stand mit ihren Freundinnen am Indoor-Springbrunnen, dessen Mitte eine Plastik-Meerjungfrau mit zu groß geratenen Brüsten zierte, und zog den Qualm einer Marlboro Light 100 in ihre Lungen, so genüsslich, als sei es die letzte Zigarette ihres Lebens. Ein auffordernder Blick, eine eindeutige Berührung genügten und Silvia war ihm erneut verfallen. Rashid hatte gewusst, dass Silvia wieder sein Opfer werden würde. Ein Opfer, das die Kellereinnahmen vervierfachte.

Samiras Hochzeit

Selma und Sara hatten sich herausgeputzt, sie trugen ihre Festtagskleidung, bonbonfarbene Tüllkleider mit langen Schleppen, und dazu passende Schleifen im Haar. Leila hatte ihren Schminkkasten auf den Esstisch gestellt und begann, ihrer großen Tochter Selma die Wangen mit Rouge zu bemalen. Das Kinn auf die Hände gestützt, verfolgte Sara aufmerksam die flinken Hände ihrer Mutter, die heftig und schnell, wie der Flügelschlag eines Kolibris, über die Wangen von Selma huschten. Immer wieder seufzte Sara wehmütig auf, sie war zu jung und durfte sich noch nicht schminken. Selma hingegen musste sich schminken lassen, die Mutter wollte es so. Dick und bunt wurde die Farbe auf ihrer ebenmäßigen Haut aufgetragen, die schwere Wimperntusche rutschte ihr dabei ins Auge, sie weinte still vor sich hin.

»Zier dich nicht so«, schimpfte die Mutter und zwickte ihre Tochter heftig in die Schulter. »Du bist ein junges Mädchen, die Männer sollen dich an diesem Tag sehen, dazu ist eine Hochzeit schließlich da.«

Die Vorbereitungen zu Samiras Hochzeit waren in vollem Gange. Die Männer schlitzten gerade den Hammel auf dem Balkon von Rashids Eltern auf, während die Frauen die Baklavas für das bevorstehende Festessen in der Küche vorbereiteten. Samira, Rashids Cousine, war vor einigen Monaten fünfzehn geworden. Ihre Eltern im

Libanon hatten die Papiere ihrer Tochter umschreiben lassen – nichts Ungewöhnliches. Man zahlte 1000 Dollar und dann konnte man sich von den Beamten ein neues Familienregister ausstellen lassen, in dem Samira jetzt als eins der Kinder von Fuad und Leila gelistet war. So galt Samira für die deutschen Behörden als Tochter von Rashids Eltern. Sie war erst seit einem Monat in Deutschland und hatte noch kaum einen Fuß vor die Tür gesetzt, das Einzige, was sie kannte, war der türkische Obst- und Gemüseladen, bei dem sie jeden Freitag mit den anderen Frauen gemeinsam einkaufen ging.

Sie sollte mit Omar, ihrem Cousin, der doppelt so alt war wie seine Braut, verheiratet werden. Samiras Vater in Beirut hatte schon seine Zustimmung gegeben, Samira selbst war gar nicht gefragt worden, sie hätte auch nicht zu widersprechen gewagt. Früher, als sie noch im Libanon zur Schule ging und Freunde hatte, da hatte sie ein großes Mundwerk gehabt – bis zu dem Tag, als ihr Vater sie wutentbrannt mit dem Kopf gegen die Heizung schlug. Wochenlang war sie danach mit einem schweren Schädelbasisbruch im Krankenhaus gewesen. Als sie nach Hause entlassen wurde, wartete dort schon Omars Großmutter mit einem großen Blumenstrauß und ein paar roten Plüschpantoffeln im Wohnzimmer auf sie. Sie hatte beschlossen, für ihren Enkel eine Frau zu finden und sich für Samira entschieden. Mit dem Verband um den Kopf und dem Blick eines geprügelten Hundes wurde Samira Omar als Frau versprochen, ihr Vater wollte es so.

Als sie noch klein war, hatte ihre Mutter ihr abends oft

Liebeslieder vorgesungen, die sie selbst einst von ihrer Mutter gelernt hatte, während sie das polange Haar der Tochter zu dicken Zöpfen flocht. In den Liedern ging es immer um eine unerfüllte Liebe, um zwei, die nicht zueinanderfinden konnten und manchmal sogar vor Kummer darüber starben. Wenn Samira dann fragte, ob es im wirklichen Leben auch so traurig zuginge, wenn zwei sich liebten, dann versicherte ihre Mutter mit sanfter Stimme: »Nein, meine kleine Prinzessin, wenn du einmal groß bist, wirst du einen Prinzen treffen, der für dich alles tun wird. Hab nur Geduld. Ich bete jeden Tag für dein Glück.«

Jetzt wusste Samira, dass die Gebete ihrer Mutter nicht erhört worden waren und sie begann, an einem Gott zu zweifeln, der zuließ, dass dieser Omar, der sie ständig lüstern anguckte, ihr Mann werden sollte. Sie war ein anständiges und fleißiges Mädchen, sie hatte immer auf ihre Eltern gehört. Vor Omar aber ekelte sie sich. Übelkeit und Aufregung versetzten ihren Körper und ihre Seele in Aufruhr. Sollte sie aus dem Fenster springen, sollte sie warten, bis die Zeremonie vorüber war und sich dann das Leben nehmen? Oder sollte sie es machen wie alle verheirateten Frauen in ihrer Familie – sich fügen, den Kummer hinunterschlucken, sich hingeben, ohne etwas dabei zu empfinden? Irgendwann gewöhnt man sich an alles, hatte ihre Mutter immer gesagt, und damit hatte sie wahrscheinlich sogar recht gehabt, dachte Samira jetzt.

Omar galt nicht gerade als Frauenversteher, er war

dafür bekannt, kein gutes Verhältnis zu dem anderen Geschlecht zu haben. In der ganzen Verwandtschaft gab es kein einziges Mädchen, das gut über ihn sprach. Nur seine Mutter lobte ihn ständig und bei jeder Gelegenheit – was er doch für ein feiner Junge sei, mit guten Manieren und sittsam wie ein Heiliger. Alles Lüge. Samira fand ihn hässlich, dumm und uncharmant – sie konnte nichts, aber auch gar nichts an ihm entdecken, was ihn auch nur ein bisschen liebenswert machte. Im Gegenteil. Immer mehr entdeckte sie an ihm, was ihr missfiel – wie er mit den Fingern hektisch in seinen Ohren pulte, auf der Couch unruhig von rechts nach links rutschte, ohne je den Blick von ihr zu wenden. Er war ihr ein Gräuel.

Zu Omar gingen alle auf Abstand, er zeichnete sich durch einen penetranten Mundgeruch aus. Auch Rashid hielt einen Meter Sicherheitsabstand, wenn Omar mal wieder eine der Keller-Storys hören wollte, um dabei verlegen zu kichern und sich die Eier zu reiben. Rashid hätte ihm niemals eine seiner Schwestern gegeben. Samira hatte keine Brüder, das Brautgeld war gut und ihre Eltern mittellos und zu gierig, um darauf zu verzichten.

Für Samira gab es keine Hoffnung, ihre kleinen Geschwister erhielten zur Feier des Tages ein Kilo Baklava und eine Runde Taschengeld vom zukünftigen Schwiegervater. Rashid hatte sich für diesen Tag seine neue Picaldi-Hose angezogen und war mit Omar den ganzen Tag unterwegs, um noch die letzten Besorgungen zu erledigen. Schließlich wurde die Feier von Fuad ausgerichtet und da wollte Rashid vor den Verwandten und Bekannten eine gute Figur machen, ein arabischer Vorzeigesohn sein, auch wenn es nur für ein paar Stunden war. Das war Familienehrensache!

Omar war unter den jungen Männern der Familie als Weichei verschrien, nicht nur weil seine Großmutter ihm, ohne ihn zu fragen, die Frau ausgesucht hatte, auch bei seiner Mutter hatte Omar in Wahrheit wenig zu melden. Er war und blieb ihr »Baby«, selbst jetzt noch fütterte sie den Dreißigjährigen vor den Augen der anderen und bekundete ihre Zuneigung mit den Worten »Ich werd noch dein Schwänzchen fressen, du süßer Bengel«. So machte sie es bei allen kleinen Jungen, außer bei Rashid, der hatte sich frühzeitig dagegen gewehrt und seither verschonte sie ihn mit solchen Zuneigungsbekundungen. Rashid hasste diese Hätschel- und Tätscheleien, die er als kleiner Junge lange genug über sich ergehen lassen musste, Frauen wie Omars Mutter grapschten einen überall an, drückten ihre fetten Leiber an zarte Jungenkörper oder pressten einem ihre feuchten Küsse ins Gesicht, mit Mündern so groß wie bei einem Lama, und benetzten die geröteten Wangen der Kinder mit Speichel. Für die Frauen galt das als Zeichen von Liebe, für Rashid war es Folter – einer seiner Albträume aus Kindertagen.

Omar hatte diese Art von Zuneigung ein Leben lang zu dulden und mit ihm bald auch seine künftige Frau Samira. Rashid bekam bei dieser Vorstellung Mitleid mit dem Mädchen. Er mochte sie zwar nicht besonders, sie war in seinen Augen eines dieser typischen Hausmädchen aus dem Libanon, schrubbte den ganzen Tag die Wohnung, half seiner Mutter in der Küche und war ansonsten so, wie eine Frau eben zu sein hatte, fleißig und stumm – für Rashid einfach langweilig.

Auf dem Weg zum türkischen Supermarkt trafen Rashid und Omar Sami und Daniel, beide eifrig damit beschäftigt, einen lädierten Motorroller wieder aufzupolieren. »Hey, Sami, lass mal stehen den Roller und komm mit, bisschen einkaufen für Hochzeit und so.«

Eine Einladung zur Hochzeit. Daniel wurde nicht gefragt. Rashid hätte auch ihn gern mitgenommen, aber das passte jetzt nicht. Schließlich war Daniel ein Deutscher und Deutsche hatten bei einem arabischen Familienfest nichts verloren, das waren die Worte seines Vaters. »Tut mir leid, Daniel, aber das ist Familie, weißt du, und sowieso ist das nichts für dich, ihr seid doch Christen.« Daniel nickte verlegen und gab sich seiner Polierbeschäftigung hin. Um der Situation die Peinlichkeit zu nehmen, fing er an, ein Lied zu pfeifen. Denn obwohl er nicht sonderlich erpicht war auf die Feierlichkeiten in Rashids Familie, kränkte ihn die Sonderbehandlung als Deutscher. Immer wieder wurde er von den anderen bei bestimmten Anlässen ausgeschlossen. Er sei nun mal kein Muslim, sagten sie dann, und könne gewisse Dinge einfach nicht verstehen. Und so blieb er oft allein unter der bronzenen »Sonne« zurück. Daniel wusste, dass er nie wirklich dazugehören würde; er war sich nicht sicher, ob das eher gut oder schlecht für ihn war.

Rashid, Omar und Sami gingen, ohne sich von Daniel zu verabschieden, zu dem kleinen Wasserpfeifenladen. Dort herrschte heute Hochbetrieb, sämtliche Caféhausbesitzer der Sonnenallee mussten sich Nachschub besorgen. Es war Wochenende und der Fahrer des Großlieferanten hatte am Abend zuvor die ganze Ladung Fruchttabak auf der Autobahn gegen die Leitplanken gesetzt. Die Cafébetreiber mussten jetzt zusehen, wie sie an Ware kamen. Es herrschte ein aggressives Gewusel und Gezerre an den Regalen, Männer in Pluderhosen, mit Gebetskappen auf dem Kopf, schimpften vor sich hin, junge Brecher in Lederjacken, das Handy am Ohr, agierten wie aufgeregte Börsenspekulanten, die sich durch Schnelligkeit der Konkurrenz entledigen müssen. Die Streitereien über die letzten Tabakreserven liefen auf Hochtouren, als Rashid den kleinen dicken Ladenbesitzer Walid beiseitenahm und ihm etwas ins Ohr flüsterte. Kurz darauf verließen die drei Jungen mit einer Tüte voll Apfeltabak den Laden.

»Ey, Rashid, was hast du dem Typen erzählt? Der ist ja gleich gesprungen!«, wollte Omar verwundert wissen.

»Also, der kleine Walid ist Stammkunde bei Aabid, das heißt, er ist jeden Tag im Puff und die Frau hängt mit den drei Kindern ohne Geld zu Hause ab. Und solange die nicht weiß, dass ihr Brotgeld bei den Nutten landet, glaubt sie noch immer die Story, dass der Tabakladen kein Geld bringt. So hat Walid kaum Stress mit seiner Alten und so soll es auch bleiben. Für mich heißt der Laden Wünschdirwas, kapiert?«

Omar war begeistert, Sami grinste. Er kannte die Geschichte schon und profitierte von den guten Kontakten, die Rashid durch seine Arbeit für Aabid hatte.

»Sag mal, Rashid, kann ich auch mal so ’ne Nutte ausprobieren, ich meine, so vor der Hochzeitsnacht, damit ich bisschen übe und so, weißt du?« Rashid und Sami brachen in schallendes Gelächter aus. Es war kein Geheimnis, dass Omar wenig Erfahrung mit Frauen hatte. Mit seinem blassgrauen Teint, seinen tiefen Augenringen und einer Nase, die fast das ganze Gesicht bedeckte, war er auch alles andere als ein Frauenschwarm. Sie gingen erst in Aabids Puff – Rashid hatte Omar ein junges Thaimädchen ausgesucht. Die junge Prostituierte wirkte zart und zerbrechlich und obwohl sie ganz bestimmt keine Jungfrau mehr war, sah sie, im Gegensatz zu den anderen Frauen, die müde und unfrisiert an der Bar hingen, noch unverbraucht aus. Sie war derzeit das Zugpferd im Puff, Aabid hatte zehn Fünfhunderterscheine hinblättern müssen, um sie bei einem Kollegen auszulösen, in der Regel bezahlte er sonst nur die Hälfte für eine Frau. Rashid nickte kurz und die junge Asiatin erhob sich von ihrem Barhocker, nahm Omar an die Hand und verschwand mit ihm in einem der Zimmer, die von einem kleinen Flur in alle Richtungen abgingen. Rashid und Sami warteten an der Bar, tranken Kaffee mit den Nutten und ließen sich von ihnen schräge Geschichten über eifersüchtige Freier und außergewöhnliche Sexpraktiken erzählen.

Es dauerte keine zwanzig Minuten, da stand Omar auch schon wieder vor ihnen, frisch geduscht und mit einem breiten Lächeln im Gesicht. »Muss ja gut gewesen sein«, kommentierte Sami trocken. Omar antwortete nicht, er wollte nicht preisgeben, dass eigentlich gar nichts gelaufen war, dass er nach einigen misslungenen Versuchen, mit der Frau zu schlafen, einfach aufgegeben und sich zehn Minuten unter die heiße Dusche gestellt hatte. Jetzt wollte er nur noch eins, möglichst schnell den Hoča für die Trauung herbeischaffen und seine Frau heiraten, er versprach sich bei Samira mehr Erfolg.

Hoča Hanif wohnte um die Ecke im selben Block. Jeder kannte ihn und er kannte jede Familie. Er schwang das Messer bei jeder Beschneidung, hielt Hochzeitszeremonien ab und verabreichte den Toten ihre letzte Ölung, bevor es im Pinienholzsarg Richtung Heimat ging. Er war klein und schmal, trug aber als religiöses Oberhaupt die Verantwortung für mehrere hundert Menschen. Er gehörte keiner Gemeinde an und galt als eine Art Hausprediger, der zur Stelle war, wenn nach ihm verlangt wurde. Seine groben haarigen Hände hielten stets einen Krückstock, der nicht nur als Gehhilfe, sondern manchmal auch als Schlagstock für ungezogene Kinder diente. Die Kinder fürchteten ihn, er behandelte sie wie lästiges Ungeziefer, scheuchte sie stets aus dem Zimmer, wenn er die Wohnungen der Familien betrat, oder fluchte auf sie. In seinen Augen waren sie Kinder einer verkommenen Zeit, in der Fernsehen, Internet, nackte Frauen und unmoralische Verlockungen an jeder Ecke für den Verfall von Sitten und Bräuchen sorgten. Die kleinen schwarzen

Augen in seinem hageren faltigen Gesicht nahmen jede unsittliche Bewegung war, er zürnte mit Mädchen, die beim Sitzen die Beine zu weit auseinanderhielten, mit Jungen, die laut lachten, denn Lachen hielt er für teuflisch. Nachdem seine vier Töchter die zehn Pflichtschuljahre absolviert hatten, bekam man sie nie mehr zu Gesicht. Es hieß, sie dürften das Haus nicht mehr verlassen und kämen nur noch zur eigenen Hochzeit oder auf der Bahre nach draußen.

In der arabischen Gemeinschaft war Hanif ein angesehener Mann. Mit seiner Frau Mariam hatte er schon manche Pilgerfahrt nach Mekka bestritten, zu deren Anreise und bei deren Rückkehr er sich von seinen arabischen Nachbarn gebührend feiern ließ. Er war durchdrungen von dem Glauben an Allah und von der Überzeugung, ein guter Muslim müsse nur stets alle Gebote des Islam befolgen, um nach dem Tod das Paradies zu erlangen. Und Hanif selbst fühlte sich dem Paradies schon sichtlich nahe. Seine Erziehungsratschläge hatten bei Rashids Eltern viel mehr Gewicht als die Empfehlungen von Rashids Lehrern, die man wegen der deutschen Schulpflicht zähneknirschend und falsch lächelnd immer wieder kopfnickend zur Kenntnis nehmen musste. »Wenn dein Sohn deine Worte nicht versteht, Bruder, so lass deine Hand zu ihm sprechen und du wirst sehen, Gott steht dir bei.« Das waren Hanifs Worte, wenn Rashids Vater wieder einmal am Ungehorsam seiner Söhne verzweifelte.

Rashid mochte den Hoča nicht sonderlich, der ihm

einmal bei einer religiösen Sitzung zum Ramadan vor versammelter Mannschaft eine schallende Ohrfeige verpasst hatte. Rashid hatte sich von ihm im Hausflur beim Rauchen erwischen lassen und Rauchen war für den muslimischen Geistlichen ein Laster, das es auszumerzen galt, zur Not mit Gewalt. Für Rashid war Hanif ein Scharlatan, ein Mann, der seine Stellung missbrauchte, einen Großteil der Spenden, die ihm seine Gläubigen am Ende des Fastenmonats für die hungernden muslimischen Brüder und Schwestern auf der ganzen Welt in die Tasche steckten, für sich einsackte und nie ein Wort der Milde und Güte fand, wenn er mit Rashid oder einem der anderen Jungen sprach.

Kaum trat der kleine Mann in seiner leuchtend weißen Galabea und mit diesem leicht wiegenden Gang, der so typisch für ihn war, auf die verstaubte Straße, wurden Sami und Omar ganz still. Sie waren beeindruckt und zugleich verunsichert von der Gestalt dieses Fast-Heiligen. Rashid hingegen ließ Hanifs Auftritt kalt. Er hatte mit dem Hoča im Auftrag seines Vaters zu sprechen und ihn um die Durchführung der Trauerzeremonie zu bitten. Der Hoča nickte stumm und folgte den drei Jungen in einigen Metern Abstand, als würde zu viel Nähe zu den dreien seiner Aura schaden.

Die Frauen waren in der Küche versammelt, sie stampften gerade eine Baby-Wanne voll Humus cremig, als der Hoča mit den Jungen eintraf. Sie nickten dem Geistlichen unterwürfig zu und schlossen schüchtern die Küchentür, um ungestört zu reden und zu lachen, während die Männer sich von ihren Plätzen auf der Wohnzimmercouch erhoben, um den Mann in der weißen Kutte, so wie es sich gehörte, mit einem Handkuss zu empfangen. Dann setzten sich alle wieder, redeten wild durcheinander und ließen sich vom Programm des arabischen Fernsehsenders berieseln.

Samira war im Badezimmer. Wenn Rashid an der Tür vorbeiging, hörte er sie leise aufstöhnen. Sie musste sich mit heißem Wachs einer Enthaarung unterziehen, Arme, Beine, Po und Scheide wurden bis in den kleinsten Winkel hinein mit der tatkräftigen Unterstützung von Leila und Tante Hatice von allen Körperhaaren befreit, damit Omar in der Hochzeitsnacht mit einem spiegelglatten Körper der Braut erfreut wurde. Samira sollte für ihn rein und sauber wie ein Baby sein.

Als Samira aus dem Badezimmer trat, funkelte ihr Dekolleté unter Hunderten von rosafarbenen Pailletten, die sich in großen und kleinen Häufchen über das eng geschnürte Tüllkleid mit Reifrock verteilten. Aus den offenen Lackschuhen blitzten ihre rot übermalten Zehen hervor. Ihre Lippen glänzten wie eine frisch blutende Wunde und in ihrem Gesicht klebte die gesamte Farbpalette aus Leilas Schminkkoffer. Wie sie so dastand, erinnerte Samira Rashid an die russische Nutte, die sein Bruder Hussein einmal mit ins Estrel Hotel geschleppt hatte, nachdem er mehrere Schlecker-Filialen ausgeraubt hatte und mit der Beute seine Freunde einlud, sich mit der Frau zu vergnügen. Am Ende der Sauerei, bei der alle einzeln ins Zimmer eintreten mussten und nach vollbrachter Leistung sofort wieder das Hotel verlassen sollten, um kein Aufsehen zu erregen, war die Schminke im Gesicht der Frau total verschmiert, und als Rashid an der Reihe war, hatte er den Eindruck, einen Clown zu besteigen. Samira wirkte jetzt schon wie ein Clown auf ihrer eigenen Hochzeit, ein Harlekin, der die Zähne zusammenbeißen musste, um nicht zu weinen. Wie ein gefangenes Tier irrten ihre Augen hektisch und ziellos durch den Raum. Rashid beobachtete sie eindringlich, sie registrierte das wohl und es war ihr unangenehm, aber das störte ihn nicht. Er konnte seine Augen nicht von ihr abwenden, ihn faszinierte die Angst, die sie bis in die kleinste Pore ihres Körpers erfasst hatte. Das Nylon-Kleid scheuerte an ihrer weichen, vom Enthaarungswachs geröteten, wunden und schmerzenden Haut. Rashid konnte in ihren Augen lesen, wie gern sie jetzt tot gewesen wäre – sie musste sich wie auf ihrer eigenen Toten-Zeremonie vorkommen und das bei vollem Bewusstsein.

Als das Essen fertig und die Hochzeitsgesellschaft bereit für die Party war, rief Hoča Hanif das Brautpaar und die Trauzeugen ins Kinderzimmer, um die »Imam Nikah«, die Eheschließung vor Gott, bezeugen zu lassen. Zu diesem Anlass durfte sich Omar zum ersten Mal ganz dicht neben seine Zukünftige setzen. Samira spürte seinen schlechten Atem an ihrem Hals, es war ein Albtraum, aus dem sie nicht aufwachen konnte. Sie hockten auf dem Teppichboden, dem Hoča zu Füßen und wiederholten im Chor die arabischen Gebete, die er ihnen vortrug; dann hielt der Hoča seine Handflächen über das Paar, säuselte noch einige unverständliche Sätze auf Arabisch und damit war die Trauung vollzogen. Samira war jetzt Omars Frau.

Die Hochzeit wurde in einem kleinen Festsaal neben den Garagen gefeiert, die zu Rashids Wohnblock gehörten. Der Raum war schmucklos, grell von Neonleuchten erhellt, einige triste Girlanden hingen von den lädierten Styroporplatten an der Decke herab, Überreste einer anderen Party. Omar rückte seinen Plastikstuhl immer wieder so dicht an Samira heran, dass seine Mutter ihn mehrfach zurechtweisen musste.

Der Raum war überfüllt und Fakir, der Alleinunterhalter, drehte die Boxen voll auf, damit seine verzerrten arabischen Rhythmen auch die Gäste der letzten Stuhlreihen erreichten. Es war eine Lautstärke wie auf dem Jahrmarkt und in der Mitte der Tanzfläche drehte sich Samira im Kreis, wie eine Puppe auf einem Karussell, angetrieben von heftigem Geklatsche ihrer Schwiegermutter. Die Männer saßen links, die Frauen rechts von der Tanzfläche, es schickte sich nicht, gemeinsam an einem Tisch zu sitzen oder gar zu tanzen. Das Tanzen war ausschließlich den Frauen vorbehalten. In Rashids Familie galt es als unmännlich, die Hüften kreisen zu lassen. Bei seinen türkischen Freunden kannte er es anders, dort tanzte auch er gern. Auf den Hochzeiten unter seinen eigenen Leuten aber fühlte er sich unwohl dabei, zu sehr fürchtete er, dass man später über ihn lästern könnte, zu groß war die gegenseitige Kontrolle.

So zog er es vor, gemeinsam mit Sami in einer Ecke zu stehen und die jungen Mädchen auf der Tanzfläche zu beobachten.

Die Frauen waren ausgelassen und laut. Wild und unbändig schüttelten sie ihre Körper im Takt der Musik, sangen aus vollem Hals mit, zwickten sich gegenseitig in den Po oder hakten einander unter und wedelten mit bunten Tüchern in der Luft herum. Auf Rashid wirkten sie wie eine Horde Irrer, die endlich einmal Ausgang haben, während sie sonst in ihren Küchen verschwinden mussten oder mit bleichen Gesichtern, schwer schleppend, mit dem Kinderwagen beim Einkaufen gesichtet wurden. Heute aber wirkten sie frei, sogar glücklich und waren der Braut dankbar. Die allerdings hatte nichts zu lachen.

Um neun Uhr wurden Samira und Omar auf die Bühne gestellt. Die Gäste bildeten eine lange Schlange vor dem Brautpaar, um endlich ihre Geschenke loszuwerden und bald nach Hause gehen zu können. Eine Hochzeit, das wusste jeder in diesem Kreis, war auch dazu da, gutes Geld und Gold einzunehmen. Bezahlt wurde vor allem die Braut, für ihre Jungfräulichkeit, deren Symbol das um ihre Taille geschlungene rote Satinband war.

Während die Gäste, einer nach dem anderen, an dem Brautpaar vorbeischritten, brüllte Fakir jede Gabe, jeden Armreif, jeden Ring, jede Kette und jeden Geldschein mit dem Namen des Schenkenden ins Mikrophon und bat um Applaus. Eine Stunde vor Mitternacht verließen alle Gäste die Feier. Das Brautpaar zog sich mit der Familie in die Wohnung von Rashids Eltern zurück, wo alle im Wohnzimmer beisammensaßen, bis Fuad bei seinen Gästen die ersten Ermüdungserscheinungen bemerkte. Er ging auf das junge Paar zu und ergriff das Wort: »Möge Allah euch beschützen und euch viele gesunde Söhne schenken, ihr könnt jetzt in euer Zimmer gehen.«

Danach ging alles sehr schnell. Samira wurde von Leila aus der Küche geholt und ins Schlafzimmer geführt. Die Frauen flüsterten dem Mädchen Ratschläge ins Ohr, Tante Hatice schubste Omar hinterher, schloss die Tür des Schlafzimmers, ließ sich einen Hocker bringen und setzte sich davor. Fünf Minuten später war alles vorbei, Omar reichte das Bettlaken mit dem Blutfleck aus der Tür und ging ins Badezimmer. Rashid konnte das leise Wimmern von Samira hinter der Tür vernehmen. Jetzt ist sie unrein, dachte er, und das Interesse, mit dem er sie noch auf der Hochzeit beobachtet hatte, das Mitleid, das er für sie empfunden hatte, weil sie so allein und zerbrechlich wirkte, waren mit einem Mal einem Gefühl der Verachtung gewichen.

Niemand wusste, was Omar in diesen fünf Minuten mit Samira gemacht hatte, aber am nächsten Tag musste sie zum Arzt und konnte tagelang weder sitzen noch laufen. Erst ein halbes Jahr später erfuhr Rashid, dass Omar impotent war und seinen Schwanz nie hochbekam. Die Nutte aus der Mainzer Straße erzählte es ihm, die er Omar am Hochzeitstag spendiert hatte.

Die Tage vor und nach Samiras Hochzeit bescherten Rashid – dank der offiziellen Entschuldigung seines Vaters bei der Schulleitung – einige freie Tage. Er dachte in diesen Tagen viel über die Liebe und über das Heiraten nach, während er die Arbeit für Aabid am Laufen hielt und die Nächte im Internetcafé als >arabboy44< im Flirtline-Chat verbrachte. Rashid hätte gerne eine Freundin gehabt, so wie Aabid und die anderen Männer. Eine Freundin war eine willkommene Abwechslung und man musste sich nicht immer mit den Nutten begnügen. Die Vorstellung, geliebt zu werden, gefiel ihm, aber wie das sein könnte, wusste er nicht. Verlieben wollte er sich nicht, das war etwas für Weicheier. Nein, er wollte ein Mädchen, das ihm nachlaufen sollte und das er – ganz nach Lust und Laune – irgendwann einfach wieder abservieren konnte. Selbst schuld, wer sich auf ihn einließ. Später einmal würde er ein reines Mädchen zur Frau nehmen, bis dahin aber wollte er sich mit denen vergnügen, die leicht zu haben waren, so machten es alle seine Freunde. Eine ernsthafte Beziehung zu einem Mädchen, das gab es in seinem arabischen Umfeld nicht, so machten es die Deutschen und so wie die Deutschen wollte er nicht sein.

Rashids Lehrer

Dass Rashid noch zur Schule ging, konnten seine Freunde nicht nachvollziehen; schließlich hatte er seine zehn Pflichtschuljahre mit der siebten Klasse schon abgesessen, denn in der Grundschule war er drei Mal sitzengeblieben. Schule war für die Jungen ein Ort, wo man sich mit Freunden traf und die Zeit absaß, bis sie hinter einem lag.

In Rashids Schulkarriere war eigentlich alles schiefgelaufen. Seit dem Tag der Einschulung hatte er sich unbehaglich an diesem Ort gefühlt. Am ersten Schultag waren die meisten Kinder, in Begleitung ihrer Eltern, Großeltern oder Tanten, in ihren besten Kleidern, frisch gescheitelt, mit bunten Spangen im Haar oder kleinen Krawatten um den Hals erschienen; Fotos wurden geschossen und zwei Väter fingen diesen besonderen Tag sogar mit einer Videokamera ein. Rashid, der ganz allein in die Schule geschickt worden war, stand halb verschlafen in seiner üblichen Straßenkleidung wie Falschgeld inmitten des Trubels auf dem Schulhof und konnte die Blicke der anderen regelrecht spüren. Während alle Kinder freudig ihre bunten Schultüten umarmt hielten, knisterte er mit seiner Hand in der Hosentasche verlegen an einem Hundertmarkschein herum, den sein Vater ihm zur Einschulung geschenkt hatte. Es war alles so fremd und anders.

Zwei Wochen später stellte sich seine Klassenlehrerin Frau Düppel an seinen Tisch, beugte sich in ihrer durchsichtigen Chiffonbluse so weit zu ihm hinunter, dass er ihre Brustwarzen sehen konnte, und stellte einen kleinen Wecker auf seinen Tisch. »Der ist für dich, Rashid! Es geht nicht, dass du immer zu spät kommst. Wir sind hier doch nicht im Orient!« Die anderen Kinder kicherten, Rashid nickte wortlos mit dem Kopf und warf das gut gemeinte Geschenk nach Schulschluss in die Mülltonne.

Es stimmte ja, dass er nie pünktlich zum Unterricht erschien, aber wie sollte er auch? Jeden Tag war das Haus voll bei ihnen, Besuch, der gern bis Mitternacht blieb. Die Frauen verzogen sich ins Kinderzimmer zum heimlichen Rauchen, wechselten dort vollgeschissene Babywindeln, tuschelten, tratschten und tauschten ihre Geheimnisse aus, von denen die Männer im Wohnzimmer nichts wissen durften.

Seine Mutter verkroch sich am liebsten in die Küche. Leila war bereits in ihren frühen Dreißigern eine müde Frau mit dunklen Augenringen und schmerzenden Gelenken. Ihre blond gefärbten Haare und die schlecht lackierten roten Nägel konnten nicht darüber hinwegtäuschen, dass ihre besten Tage schon hinter ihr lagen. Sie hatte als junges Mädchen in Beirut in einem kleinen Friseurgeschäft gearbeitet, bis Fuad sie entdeckte und kurz darauf zu seiner Frau machte. Sie kaufte gern Buntstifte in Billigläden und stapelweise Schreibpapier, das sie den Kindern für die Schule gab, aber wie es ihnen dort erging, darüber wusste sie nicht viel. Morgens zum

Frühstück steckte sie sich erst einmal eine Zigarette an und schmierte dann dicke Nutellabrote, die sie Rashid und seinen Geschwistern mit einem Glas Limonade oder schwarzem Tee reichte. Wenn die Kinder aus dem Haus waren, ging sie in den deutschen Zeitungsladen an der Ecke, um sich zwei Schachteln Marlboro, ihre Tagesration, zu holen. Sie liebte diese kurzen Besuche im Laden, dort traf sie Menschen, die sich nach ihrem Befinden erkundigten und ihr einen schönen Tag wünschten. Es war einer ihrer wenigen Kontakte zu Menschen außerhalb ihrer Familie.

Für Leila war das Leben eigentlich schon vorbei. Nichts von dem, wovon sie als junges Mädchen geträumt hatte, war in Erfüllung gegangen. Sie hatte einen Mann geheiratet, der sie in ihren besten Jahren oft betrogen und geschlagen hatte, der betrunken und mit einer Geliebten nach Hause kam, für die sie dann auch noch etwas zu essen bereiten oder einen Kaffee kochen musste. Leila ließ sich demütigen, um sich und ihre Kinder vor den Wutausbrüchen ihres Mannes zu schützen.

Dass Fuad sich herausnahm, was er seinen Söhnen strengstens verbot, nahm ihm jede Glaubwürdigkeit. Ein Vorbild war er nicht. Als Fuad zur Kenntnis nehmen musste, dass seine Söhne die Prügel, die er nach Lust und Laune austeilte, nicht bereit waren, noch länger zu erdulden, begnügte er sich damit, seinen Töchtern ab und zu einige Ohrfeigen zu verpassen oder seine Aggressionen bei seiner Frau auszuleben. Leila schaffte es oft nur mühsam, stumm zu bleiben, wenn Fuad sie im Bett malträtierte. Wenn er das Stöhnen seines Vaters hörte, ging Rashid immer schnell aus dem Haus und sorgte dafür, dass auch seine kleineren Geschwister mitkamen.

Nicht nur Fuad hatte bald keinen nennenswerten Einfluss mehr auf seine Söhne, auch Leila war mit der Erziehung ihrer Kinder komplett überfordert. Wenn sie sie maßregelte, benutzte sie auch schon mal ein Stromkabel als Peitsche. Einmal tat sie das unter den Augen von Frau Düppel. Die Klassenlehrerin hatte Rashid zum Ende seiner Grundschulzeit das Zeugnis mit einer Hauptschulempfehlung und einem knappen Lächeln überreicht: »Mit diesen Noten kannst du vielleicht in einer Dönerbude arbeiten«, hatte sie dabei gesagt. Sie war schon fast bei dem nächsten Schüler am Nachbartisch, als Rashid, der sie um einen halben Kopf überragte, aufstand und ihr wutentbrannt mitten ins Gesicht rotzte. Die Zeugnisse waren verteilt, alle Tadel vergeben und Lehrerkonferenzen wurden jetzt, am Ende der Grundschule, auch nicht mehr abgehalten. Und so hoffte Rashid, dass diese letzte Tat ungesühnt bleiben würde. Doch er irrte sich: Frau Düppel suchte zum ersten Mal nach sechs Jahren Rashids Eltern auf.

Als sie schellte, öffnete Leila mit geschwollenen Augen und einem misstrauischen Blick die Tür. Unsicher und ängstlich stotterte Frau Düppel: »Guten Tag, mein Name ist Düppel, ich bin die Lehrerin von Rashid. Ich muss mit Ihnen sprechen. Ihr Sohn hat etwas ganz Schlimmes gemacht – er hat mir ins Gesicht gespuckt.«

Leila antwortete nicht, sie hatte sofort verstanden,

worum es ging. Sie ließ Frau Düppel im Türrahmen stehen, ohne sie hineinzubitten und kramte aus der Garderobe ein dickes Stromkabel hervor. Dann versteckte sie das Kabel hinter ihrem Rücken und rief mit Engelszungen Rashid zu sich.

Und nun wurde Frau Düppel Zeugin eines Schauspiels, das sie lieber nicht mit angesehen hätte; lange noch bereitete ihr diese Szene schlaflose Nächte. Leila packte Rashid mit der linken Hand, drückte ihn mit dem Schädel gegen die Garderobentür und peitschte mit einer Kraft und Gewalt auf ihn ein, die man ihr gar nicht zugetraut hätte. Sie fluchte, spuckte und trat ihren Sohn, sie schreckte nicht einmal davor zurück, das Kabel selbst über sein Gesicht zu ziehen. Der Junge wehrte sich nicht. Er versuchte, sich notdürftig mit den Händen zu schützen, bettelte um Erbarmen und weinte laut.

Frau Düppel war wie gelähmt, ihr halbherziger Versuch, Leila an der Fortsetzung der Gewaltorgie zu hindern, scheiterte kläglich. Dann schlug Leila unerwartet die Tür zu – es war das letzte Mal, dass Frau Düppel Rashid zu sehen bekam. Die nächsten Tage blieb er zu Hause und überschminkte, so gut es eben ging, die Striemen im Gesicht mit dem Make-up seiner Mutter.

Jetzt war Rashids letztes Schuljahr angebrochen, die zehn Jahre Pflichtschulzeit hatte er absolviert und die Lehrer wollten ihn nicht länger an der Schule dulden. Entweder fehlte er oder er störte den Unterricht. Er wäre wohl schon früher von der Schule geflogen, wäre da nicht Herr

Bremer, Rashids Mathelehrer gewesen, der ihn immer wieder gegen das Kollegium verteidigte.

Herr Bremer, ein schlanker Mann, der stets in Anzug und Krawatte zur Schule erschien und seinen Unterricht bei schönem Wetter manchmal auch im Park abhielt, war der einzige Lehrer, den Rashid schätzte. Rashids Zuneigung hatte er mit einer einzigen Geste erworben: Zur Hofpause hatte Herr Bremer seine Tasche im Klassenzimmer gelassen und Rashid beauftragt, darauf achtzugeben. Das war ein besonderer Moment im Leben des Jungen gewesen, zum ersten Mal schenkte ihm ein Mensch Vertrauen, einfach so, ohne dass er es einfordern musste. Das war er nicht gewohnt. Seit jenem Tag war Herr Bremer eine Respektsperson für Rashid, eigentlich der einzige Mensch, zu dem er wirklich aufschaute.

Manchmal, wenn er abends im Bett lag und davon träumte, wie anders sein Leben aussehen könnte, dann stellte er sich vor, er wäre wie Herr Bremer. Ein gut sitzender Anzug, Schuhe, so teuer, dass man dafür gleich drei Paar Markenturnschuhe kaufen könnte, und eine edle Uhr am Handgelenk, so sah er sich den Schulflur entlangschlendern und den schönen Mädchen nachschauen. Doch da endete der Traum, er sah sich immer nur diesen Flur entlanglaufen, das Handgelenk mit der silberglänzenden Uhr lässig am Hosenbein liegend, die andere Hand in der Tasche. Oder er sah sich in einem alten Sportwagen eine kurvige Straße entlangfahren, in einem Sportwagen, weiß und offen, wie ihn Herr Bremer fuhr. Dann zog Rashid sich die Decke bis über die Ohren, schloss die Augen und versuchte sich vorzustellen, wie es sich anfühlen mochte, wenn einem der Fahrtwind das Haar zerzaust. Schon die Vorstellung war so aufregend, dass er für einen Moment richtig glücklich war, die Idee, frei und unabhängig zu sein, ließ das Blut in seinem Körper schneller pulsieren.

Wie es bei Herrn Bremer zu Hause aussah, wusste Rashid nicht. Bestimmt ganz anders als in Rashids Familie. Ob Herr Bremer Frau und Kinder hatte? Nie wagte er, den Lehrer danach zu fragen. Für ihn war Herr Bremer ein gebildeter Mann. Dass jemand jahrelang zur Schule ging und auch noch studierte, um dann am Ende so missratene Kids wie ihn zu unterrichten, das konnte Rashid gar nicht fassen. Studieren, das war ein Wort, das von seinem Leben so weit entfernt war wie der Mond. In seinem ganzen Bekannten- und Verwandtenkreis kannte er niemanden, der studiert hatte. Eine seiner Cousinen machte eine Ausbildung zur Bäckereifachverkäuferin und das galt in der Familie schon als etwas Besonderes. So blieben die Träume von einem anderen Ich immer nur kurz, dafür aber kehrten sie regelmäßig wieder, und solange Rashid zur Schule ging, hatte er ein Vorbild, von dem er wusste, dass es für ihn unerreichbar war.

Seine schulischen Niederlagen versuchte er mit Erfolgen bei den Mädchen wettzumachen. Er konnte zwar nicht gut lesen und schreiben, hatte aber immer einen coolen Spruch auf Lager und eine charmante Art, die Mädchen, die ihm gefielen, zum Lachen zu bringen. Dabei scheute er weder Mühe noch Geld. Er lud sie zum

Döner ein, verabredete sich mit ihnen im Eiscafé oder schenkte ihnen ein paar silberne Ohrringe – und schon hatte er die meisten erobert. Mädchen hingegen, von denen er nichts hielt, wurden von ihm wie Dreck behandelt. Muslimische Mädchen, die sich auftakelten und für seinen Geschmack den Frauen, die er von seiner Arbeit für Aabid kannte, zum Verwechseln ähnlich waren, hasste er geradezu. Er lauerte ihnen auf dem Schulhof auf, grapschte sie an Hintern oder Busen ab, beleidigte oder ohrfeigte sie. Besonders die türkischen Mädchen ohne Kopftuch waren ihm ein Dorn im Auge, er zweifelte an ihrer Keuschheit. Türkische Mädchen waren für ihn auf keinen Fall mit arabischen zu vergleichen. Sie trugen eng sitzende Hosen, hohe Stiefel, waren meistens perfekt geschminkt und mit ihren dünn gezupften schwarzen Brauen und den dick mit Kajalstift ummalten Mandelaugen in seinen Augen ehrlose Sexualobjekte. Wenn sie keinen großen Bruder hatten, der sie vor Rashid schützen konnte, waren sie ihm ausgeliefert.

Das Opfer

Devrim war so ein Mädchen ohne Bruder. Sami und Rashid hatten ihr schon häufiger aufgelauert, sie einfach mal getreten und bespuckt, um dann lachend davonzurennen, während Devrim weinend bemüht war, sich die Drecksspuren, die die Jungs mit den Schuhen auf ihrer weißen Hose hinterlassen hatten, wieder zu entfernen. Sie hatte niemanden, der sie beschützte, und niemanden, dem sie sich hätte anvertrauen können. Die Lehrer in der Schule sahen weg, aber mit ihnen hätte Devrim ohnehin nicht über solche Vorfälle gesprochen. Devrim war ein »Opfer«, jeder in der Schule wusste das. Sie war gerade sieben, als ihr Vater, ein stadtbekannter Koksdealer, von einem seiner vielen Konkurrenten vor den Augen seiner Frau und seiner Töchter erschossen wurde. Devrims Mutter war krank und die ältere Schwester seit vielen Jahren irgendwo in die Türkei verheiratet, wo Devrim selbst noch nie in ihrem Leben gewesen war. Von den anderen Mädchen in der Schule wurde sie gemieden, es kursierte das Gerücht, dass sie eine undefinierbare ansteckende Krankheit habe, sie wurde oft von einer Griebe am rechten Rand ihrer Oberlippe heimgesucht. Weil sie nach dem Sportunterricht vor Scham nicht mit den anderen gemeinsam duschte, sondern ihre verschwitzten Klamotten anbehielt, bis die Schule aus war, sagte man ihr auch noch mangelnde Hygiene und einen üblen Geruch nach, für Rashid nur ein Grund, sie noch mehr zu verachten.

»Schon mal ein Stück Seife gesehen?« Ein solcher Satz reichte und das Mädchen war bis auf die Knochen blamiert. Rashid wusste das. Ebenso wie er wusste, dass inzwischen jeder sich eine eigene Geschichte ausdachte, um Devrim fertigzumachen. »Die riecht nach Pisse. Und im Gesicht hat sie ein Kilo Make-up, damit man ihre Pickel nicht sieht.« Nie wehrte Devrim sich, nie beklagte sie sich über Rashids Ausfälle. Aber dennoch sollte sie der Grund dafür sein, dass Rashid schließlich von der Schule flog.

Rashid kannte Devrim aus gemeinsamen Kindergartentagen. Manchmal traf er sie auf dem Weg zur Schule. Dann gingen sie sogar ein Stück gemeinsam. Rashid fühlte sich dabei äußerst unwohl, er ertrug die Stille nicht, die zwischen ihnen herrschte, und er ertrug Devrim nicht, die eingeschüchtert neben ihm herlief. Es war, als mache sie ihm stumme Vorwürfe. Aber er wollte sich nicht verantwortlich fühlen für diese Person. Devrim war selbst schuld an ihrem Elend, wer sich nicht durchsetzt, hat es nicht verdient zu überleben – so lautete die schlichte Philosophie für ihn und seine Kumpel.

An einem dieser Sommertage, an denen die Ventilatoren in den Wohnungen der Rollbergsiedlung auf Hochtouren liefen, Väter die Familienkutschen vor der Tür polierten und die Mütter mit ihren unzähligen Kindern alle Freiflächen der Siedlung mit bunten Decken und

Thermoskannen belagerten, stieg Rashid zu Samis Bruder ins BMW-Cabriolet. Jassir war 22 und bereits einmal geschieden. Der Alkohol hatte dazu geführt, dass seine Frau ihn mit den zwei Kindern nach drei Jahren Ehe verlassen hatte. Selbst seine Eltern, mit denen die Schwiegertochter verwandt war, sahen ein, dass keine Frau es auf die Dauer mit einem Mann ertragen konnte, der kein Geld nach Hause brachte und den Kindern auch noch nach dem Kindergeld trachtete. Jassir zog wieder bei seinen Eltern ein, Kontakt zu seinen Kindern pflegte er kaum. Seine Liebe gehörte dem BMW, den er besaß.

Mit frisch gegelten Haaren und knallengen Muskelshirts wollten Rashid, Sami und Jassir eine kleine Spritztour durch Neukölln machen, um sich feiern zu lassen. Die Jungs drehten den CD-Wechsler richtig auf und ließen sich von den dreckigen Lyriks und »Arschficksongs« Berliner Aggro-Rapper aufputschen, während das Auto im Schneckentempo durch die Straßen glitt. »… Katrin hat geschrien vor Schmerz / mir hat's gefallen / ich hab experimentiert / Katrin war schockiert / … ihr Arsch hat geblutet / und ich bin gekommen / seit diesem Tag sing ich den Arschficksong … dadadaddada …«

»Ey Rashid, dieser Rapper ist doch ein Hurensohn, oder? Ey, Mann, ey, der macht voll die Kohle mit so was, das können wir doch auch. Hast du schon mal einer Braut in den Arsch gepimpt?«

Jassirs Frage ließ Rashid aus seinen Träumen aufschrecken, war er doch eben noch mit seinen Blicken über den

Körper einer jungen Frau gewandert, die an der roten Ampel stand und, peinlich berührt von dem durch die Straße dröhnenden Liedtext, auf den Boden blickte. Fast hätte er spontan mit Ja geantwortet, aber dann hätte er Details zum Besten geben müssen. So war das unter seinen Freunden, man berichtete gern und ausführlich von seinen sexuellen Praktiken. Rashids Problem war, dass er seine allerersten Erfahrungen nicht mit einer Braut gemacht hatte, sondern mit Musim, Alis kleinem Bruder. Und das sollte er besser für sich behalten.

»Ich fick den, ey, wir haben doch viel bessere Geschichten drauf. Was ist das schon, was der erzählt! Hat der doch selbst gar nicht erlebt, bestimmt war er selber diese Katrin.« Jassir und Sami klopften sich auf die Schenkel und konnten sich vor Lachen kaum einkriegen, der Name Katrin hatte jetzt eine besondere Bedeutung bekommen. Jassir drückte die »Replay«-Taste, als sie die Hermannstraße entlangfuhren. Die Einkaufsstraße schloss sich direkt an das Rollbergviertel an und war mit einem Lidl und einem Woolworth eine der beliebtesten Flaniermeilen unter den Bewohnern. Jassir fuhr die Straße schön langsam ab, man wollte schließlich sehen und gesehen werden und checken, welche leckere Schnitte sich leicht bekleidet auf die heißen Straßen Neuköllns gewagt hatte.

»Ich hab mal eine gehabt, die hatte so ein großes …, ey Mann, ich hab gar nicht gemerkt wie der reinging, so ausgeleiert war die.«

»Ach, erzähl nicht so 'ne Story, Alter, du hast eben

einen zu kleinen Schwanz«, unterbrach Jassir seinen jüngeren Bruder.

Die Stimmung war gereizt, Sex und Gewalt lagen für die Jungen sehr nah beieinander. Für sie war es fast das Gleiche. Sami schlug seinem Bruder mit der Faust von hinten auf den Schädel, Jassir machte eine Vollbremsung und fast hätten sich die Brüder mitten auf der Kreuzung im Auto geprügelt, wäre ihnen Devrim nicht plötzlich vors Auto gelaufen. Sie war auf dem Weg zum Kindergarten, um ihre kleine Schwester abzuholen. Jetzt blieb sie stehen, guckte die drei kurz an und wollte gerade weiterhasten, als Rashid ihr nachrief: »Bleib mal stehen, Devrim, komm mal her!«

Devrim wusste, wenn sie Rashid jetzt ignorierte oder ihm vielleicht sogar zickig antwortete, würden die Jungen sie verfolgen und einholen. Ginge sie auf die Aufforderung ein, wären die Folgen höchst ungewiss. Vielleicht würde sie eine Ohrfeige einfangen, vielleicht einen Tritt, vielleicht aber auch nur ein paar Beleidigungen. Die Hände vor dem Körper verschränkt, drehte sie sich noch unschlüssig auf den Absätzen ihrer weißen Plastikschuhe hin und her, als Rashid ausstieg, sie am Arm mit sich zerrte und ins Auto schubste.

Devrim wehrte sich, sie schrie und tobte, bettelte und flehte, sie in Ruhe zu lassen. Doch es half nichts, Rashid ließ nicht locker, sein Griff um ihr Handgelenk wurde nur umso fester, als wolle er ihr das Blut aus den Adern quetschen. Als sie ihn daraufhin mit der Spitze ihres Schuhs in die Wade trat, rastete er aus: Er schlug sie mit der flachen Hand ins Gesicht, gab ihr einen Tritt und Devrim lag, mit dem Kopf auf Samis Schoß, hinten im Auto.

»Genug rumgezickt, du Schlampe, du steigst doch sonst zu jedem ins Auto«, schrie er sie an. Sami hielt ihren Kopf unten. »Ey, du bist genau richtig gefallen. Warte, ich zieh die Hosen runter, dann musst du nur noch den Mund aufmachen.« Er lachte vor Freude über die leichte Beute. Fassungslos, starr vor Angst wimmerte Devrim auf Samis Schoß, ihre Tränen benetzten seine Hose und obwohl ihm der Fleck lästig war, machte es ihn an.

»Also, wir fahren jetzt hinten auf Parkplatz und ich bin zuerst dran!« Rashids klare Ansage wurde ohne Kommentar akzeptiert, er war der Macher, er durfte entscheiden. Als sie am Parkplatz des Supermarktes ankamen, war dieser wie ausgestorben. Die Menschen hatten sich vor der brütenden Hitze ins Schwimmbad gerettet oder waren zu Hause geblieben, die Läden waren leer, weit und breit war kein Mensch zu sehen. Rashid drehte die Musik leiser, niemand sollte sie hören. Dann stieg er aus, klappte den Beifahrersitz nach vorn und machte sich daran, Devrim die Stretch-Röhrenjeans runterzuziehen. Sami hielt sie währenddessen im Würgegriff und mit jedem Befreiungsversuch, den Devrim unternahm, drückte er nur noch fester zu. Devrim bekam kaum noch Luft.

Rashid zog ihr Hose und Unterhose aus und zückte sein Handy. Diesen Moment wollte er festhalten, für sich und für alle anderen, sozusagen ein Leckerbissen unter den

Handyfilmen. Jassir blieb am Lenkrad, er beobachtete die Vergewaltigung aus dem Rückspiegel, drehte sich ab und an zu dem Mädchen um, sah ihm in die Augen und lächelte teuflisch, als plötzlich eine ältere Dame auf den Parkplatz kam und sich dem Auto näherte. Da trat Jassir das Gaspedal durch und verschwand mit quietschenden Reifen in der Ausfahrt. Als sie um die Ecke gebogen waren, schmiss Rashid Devrim aus dem Auto und dann rasten die drei mit Tempo 100 durch die 30er-Zone davon. Devrim zog sich die Hose hoch, wischte sich die Tränen aus dem Gesicht und lief nach Hause.

Drei Tage später lag das Handy bei dem Direktor der Schule auf dem Schreibtisch – eine Routinekontrolle. Es gab regelmäßige Taschenkontrollen, seitdem der Schuldirektor einmal von einem Schüler mit dem Messer bedroht worden war und immer wieder Handyvideos mit Gewaltszenen unter den Schülern kursierten. Man wollte herausfinden, wer das Video im Computerunterricht ins Netz gestellt hatte. Ein gewisser »arabboy44«, so nannte sich der Verantwortliche im Videoportal des Internets, hatte sich erlaubt und die Aufnahmen, auf denen das angstverzerrte Gesicht von Devrim zu erkennen war, einer breiten Öffentlichkeit zugänglich gemacht.

Als Devrim im Zimmer des Schulleiters stand, konnte und wollte sie sich dazu nicht äußern. Sie hatte sich zurückgezogen in ihren Körper, was außerhalb dessen passierte, erreichte sie kaum noch. Sie hörte Herrn Richter etwas sagen, aber sie hörte nicht zu. Sie blickte ihn an wie ein wildes Tier, das im schützenden Dunkel einer Höhle sitzt, immer auf dem Sprung, sich von der kleinen Öffnung in der Höhlenwand wieder abzuwenden und sich ganz in die Dunkelheit zu flüchten. Herr Richter sah die Schürfwunden an ihren Unterarmen, er war hilflos und gab ihr einen Tag schulfrei.

»arabboy44« war unter den Usern von »Youandme-flirt-chat« einschlägig bekannt, Rashid war einer der Ersten, der sein Handy abgeben musste. Und doch hatte die Polizei große Mühe, alle betroffenen Personen auf den selbst gedrehten Gewaltvideos ausfindig zu machen. Zwei von den Videos waren von Rashid selbst gedreht worden – er war auch eindeutig als Beteiligter zu identifizieren. Selbst das Video mit Jakub hatte er nicht gelöscht, um es dem syrischen Jungen immer wieder unter die Nase zu halten und ihn vor anderen zu blamieren. Jakub und Devrim sagten nichts dazu. Rashid war sich sicher, dass sie keine Gefahr für ihn waren. Er wusste, welche Macht er über Menschen hatte, die sich vor ihm fürchteten und so blieb es bei einem Schulverweis ohne Anzeige.

An seinem letzten Schultag kam Rashid zu spät zum Matheunterricht, die Aufgabenblätter waren schon verteilt. Herr Bremer beachtete ihn gar nicht. Rashid saß allein an seinem Tisch. Mit gespreizten Beinen und den Händen in den Jackentaschen seiner Cordon-Jacke, wirkte er wie ein trotziger kleiner Junge, den man ungerecht behandelt hat. Herrn Bremer ließ das kalt, er sah nicht einmal zu

Rashid hinüber. Als Rashid aber zum Lehrerpult kam, um sich ein Aufgabenblatt zu holen, erhob Herr Bremer die Stimme und befahl ihm, sofort die Klasse zu verlassen. Die anderen Schüler blickten erwartungsvoll auf. Sie rechneten damit, dass Rashid ausrasten würde, gleich würde er einen Stuhl durch die Klasse schleudern, wie er es schon einmal bei Frau Jannsen, der Deutschlehrerin, gemacht hatte. Doch Rashid stopfte sich nur die Hose in die Socken, zog sich den Rotz in der Nase hoch und sagte leise: »Okay, Mann«. Niemand wusste so genau, ob es eine Drohung oder eine Kapitulation war. Und dann verschwand er aus der Klasse. Für ihn war die Schule vorbei. In Herrn Bremer hatte er sich wohl getäuscht, der hatte ihn einfach fallen lassen. Diese Schwuchtel, dachte er und schmiss seine ausgefranste Schultasche in den Müll. Er hatte jetzt Wichtigeres zu tun. Auf ihn wartete ein neuer Einsatzbereich, wo und wann, sollte er am Abend von Aabid erfahren. Bis dahin würde er noch ein bisschen die Clique an der bronzenen Sonne aufsuchen.

Rashids Fee

In kalten Wintermonaten verkleinerte sich der Bewegungsradius der Jugendlichen vom Kiez, ein warmes Plätzchen war jetzt Gold wert. Zu Hause hocken wollte keiner. Ein eigenes Zimmer hatte kaum einer, die Wohnungen der kinderreichen arabischen Familien waren überfüllt. Auch Rashids Eltern hätten gerne eine größere Wohnung gehabt, doch die Wohnungsbaugesellschaft wollte für die leer stehenden großen Wohnungen lieber deutsche Hartz-IV-Empfänger als muslimische Mieter haben. Immer wieder suchten junge arabische Mütter mit ihrem Neugeborenen auf dem Arm die Wohnungsbaugesellschaft auf, in der Hoffnung, endlich an eine eigene Wohnung zu kommen, um nicht länger mit den Eltern oder den Schwiegereltern auf engstem Raum zusammenleben zu müssen. Doch die Antworten, die sie zu hören bekamen, variierten nur: »Wir haben im Moment keine Wohnungen, die leer stehenden sind bereits vermietet.« Oder, ganz unverhohlen: »An Menschen mit arabischem Pass dürfen wir keine Wohnungen mehr vermieten.«

So blieb den vielen Kindern und Jugendlichen nur die Straße. Zum Glück gab es, umgeben von schönen Gründerzeitaltbauten und dem Charme typischer Berliner Mietskasernen, in einer kleinen Seitenstraße den Jugendtreff, von Rashid und den anderen kurz »Treff« genannt.

Mädchen hatten dort nur an einem Tag in der Woche Zutritt, an den anderen Tagen waren sie unerwünscht. Den Sozialpädagogen, die hier zuständig waren, ging es vornehmlich um die Arbeit mit den harten Jungs.

Der Jugendtreff war nicht viel komfortabler als Rashids Keller – eine Ladenwohnung mit vier Räumen und einer Küche. In der Küche klebten Essensreste am Boden, es roch nach Schimmel und saurer Milch. Die Mädchen hatten es längst aufgegeben, an dem einen Tag in der Woche, an dem sie Zutritt hatten, den Dreck der Jungen wegzumachen. An den fleckigen Wänden der Räume hingen beschmierte Poster von Hip-Hop-Stars, die dem Betrachter lässig ihren Mittelfinger entgegenreckten oder ihre Hand an das entblößte Hinterteil einer schwarzen Bikini-Schönheit hielten. Die Jungen liebten solche Gesten testosterongeladener Männlichkeit und sie hatten eine Vorliebe für willige Frauen mit scharfen Kurven.

Der Leiter des Jugendtreffs hieß Oliver (»Hey, Jungs, ihr könnt mich Olli nennen!«). Der etwas bleich aussehende Mittdreißiger mit seinen langen blonden Haaren und einer Kiffervergangenheit hatte ein Faible für Hanfklamotten und eine romantische Schwäche für die ihm anvertraute schwarzhaarige Truppe von Jungen mit ihren markanten Gesichtern. Für Rashid war Oliver ein »guter Mann«, brutaler gesagt: ein »Opfer«. Gute Menschen waren die Dummen dieser Welt, die dem Lebenskampf nicht wirklich gewachsen waren. Rashids Philosophie hieß: »Fressen, bevor die anderen dich fressen« und Oliver war einer, der immer kurz davor war, gefressen zu werden.

Der beliebteste Raum im Treff war der Computerraum, hier wurde den ganzen Tag gechillt. Im Unterschied zu Mahmuts Internetcafé, wo Rashid und seine Freunde oft herumhingen, kostete der Zugang zum Netz hier nichts und niemand regte sich auf, wenn mal eine Cola über die Tastatur vergossen oder vor Wut eine Maus zerschlagen wurde. Nur manchmal konnte selbst Oliver sich nicht bremsen: »Ey, Jungs, wer war das? Ich will wissen, wer schon wieder den Rechner kaputt gemacht hat! Hat irgendjemand von euch eine Ahnung, wer das war?« Einheitliches Achselzucken. Irgendeine Reaktion musste man dem »guten Dummen« schließlich zeigen. »Na gut, ihr wisst also nichts. Das ist nun schon das fünfte Mal, dass der Rechner kaputt ist. Das finde ich echt Scheiße! Besonders von dem, der es gemacht hat.«

Die Jungs störten seine Ausfälle nicht. Denn selbst wenn er empört war, achtete Oliver darauf, dass er niemandem auf den Schlips trat, keinen persönlich anging. Er vermied es auch, die Jungen kollektiv für solche Beschädigungen zur Verantwortung zu ziehen. Das hätte ihm den Zorn der Gruppe eingetragen und damit wusste er nicht umzugehen. Unkommentiert mochte er die Zerstörungen in der Gemeinschaftseinrichtung aber auch nicht durchgehen lassen. Das hätte in seinen Augen seine Autorität untergraben. »Wenn das so weitergeht, dann werden wir bald keinen Computer mehr haben. Ich finde das echt Kacke!«

Das war eine unterschwellige Drohung. Dabei hätte er es nie gewagt, die Computer ganz abzuschaffen oder was kaputt war, einfach nicht zu ersetzen – die Jungs würden aufmüpfig werden, wenn er ihnen ihr Spielzeug verweigerte. Es war nicht auszuschließen, dass sie dann den gesamten »Treff« auseinandernähmen und das wollte Oliver auf jeden Fall vermeiden. Rashid und seine Kumpel wussten genau, dass der Sozialarbeiter so dachte. Und so blieb alles beim Alten und schön friedlich.

Für Rashid und Sami war der Computer eine Droge, jeden Tag hockten sie mehrere Stunden davor und luden sich Porno- oder Gewaltvideos herunter. Oliver saß derweil an seinem Schreibtisch in der Kammer und schrieb seine Berichte fürs Jugendamt. Er erzählte davon, wie gut die Arbeit mit den Teenies lief, wie vielversprechend die Ergebnisse der letzten Konfliktmediation gewesen seien, wie erfolgreich er einen Streit zwischen Rashid und dem Neuzugänger Ali geschlichtet habe und er schrieb über die Verantwortung, die die Jungs entwickelten, wenn er ihnen immer mal wieder den Schlüssel überließ, damit sie lernten, ihren Treff »in Eigenregie« zu führen. Die Schlägereien und Zerstörungen, die dann meistens stattfanden, erwähnte er nicht, auch nicht – was ihm längst zu Ohren gekommen war –, dass im Treff geklaute Gegenstände gelagert und verkauft wurden. Solange es keine »handfesten Beweise« für solche Gerüchte gab, waren und blieben es für Oliver »Gerüchte«. Nach »Beweisen« fragte er auch, wenn es mal wieder Auseinandersetzungen mit den Anwohnern über verkohlte Mülltonnen oder zerschlagene Straßenlampen gab. »Das sind doch ganz normale Jugendliche, die müssen auch mal über die Stränge schlagen dürfen«, verteidigte er sie gern.

Schließlich kannte er die Lebensgeschichten seiner Zöglinge, er wusste von ihrer verlorenen Kindheit und den schwierigen Familienverhältnissen. Sie waren einfach in die falschen Familien hineingeboren worden. Dafür konnten sie schließlich nichts. Für Oliver waren sie nicht haftbar zu machen für das, was sie jetzt waren: gewaltbereite und gewalttätige Jugendliche. Ihr rücksichtsloses Verhalten war in seinen Augen »Rebellion«, Rebellion gegen die Zustände, in denen sie lebten, gegen eine verantwortungslose Politik und gegen eine mitleidslose Gesellschaft. In jeder geklauten CD, die seine Jungs anschleppten, sah er ein Aufbegehren gegen ihre soziale Ausgrenzung. Anderes wollte er in solchen kriminellen Verhaltensweisen nicht erkennen, es hätte ihn nur in tiefe Selbstzweifel gestürzt. Seine Jungs waren schon richtig. Sicher, nicht für alles, was sie taten, hatte Oliver Verständnis. Man musste eben dafür sorgen, dass sie auch mal anderes sahen, anderes erlebten als immer nur die schwierigen Verhältnisse des Rollbergviertels. Deswegen organisierte er immer mal wieder Geld vom Jugendamt, vom Quartiersmanagement oder anderen Institutionen, damit er und seine Kollegen mit den Jungs von Zeit zu Zeit etwas unternehmen konnten.

Rashid schätzte den Treff und die Sozialarbeiter, es war gut, dass es sie gab, und es war gut, wie sie waren. Das Einzige, was ihm auf den Geist ging, waren diese albernen bunten Klappstühle, mit denen die Räume möbliert waren. So organisierte er eines Tages eine schwarze Ledercouch – wo er die herhatte, blieb sein Geheimnis. Auch den Mädchentag fand Rashid störend. Die Mädchen, die kamen, waren die falschen. Und außerdem mussten die Jungen an diesem Tag draußen bleiben. So versuchte Rashid mit allen Mitteln, den Mädchentag zu verhindern, mindestens zu stören: Er organisierte kleine Überfälle auf den Laden, bei denen die Mädchen geschubst und betatscht, ihre Betreuerinnen belästigt wurden und die Jungen einen Höllenlärm machten, um dann mit lautem Gelächter ebenso schnell wieder zu verschwinden, wie sie gekommen waren. Ratlos und wütend blieben die Überfallenen zurück. Da sich solche Sabotageaktionen unter den Mädchen schnell herumsprachen, zogen viele es bald vor, zu Hause zu bleiben. Die Mädchentage blieben oft unbesucht.

Alles änderte sich, als eines Tages Bea im Treff aufkreuzte, die zarte Rothaarige aus Rashids Schule. Er hatte sie schon in den Schulpausen immer im Auge gehabt, sie war nicht nur schön, sondern auch das schüchternste Mädchen, das Rashid kannte. Sie wich seinen Blicken aus, wirkte dabei aber nie arrogant oder eingebildet. Er beobachtete sie gern, vom ersten Augenblick an. Bea war keine Tussi, keine von denen, die ihren Körper vorführten, um von den Jungs beachtet zu werden. Im Gegenteil: Ihr war es unangenehm, die Blicke der anderen auf ihrem Körper zu spüren. Dann stieg ihr die Schamröte ins Gesicht und sie bekam rote Wangen, was alles nur noch peinlicher machte. Für Rashid war sie eine Perle in diesem großen Haufen von ehrlosen Schlampen – obwohl sie eine Deutsche war. Rashid konnte seine Zuneigung zu Bea selbst nicht recht begreifen, schließlich hatte er eine klare Meinung von deutschen Frauen. Doch Bea war für ihn anders als alle anderen, Bea war rein, ein Engel. Und als ob sie das spürte, wurde sie in allem, was sie tat, diesem Bild auch gerecht. Seit Beas Erscheinen in dem Treff fanden an den Mädchentagen keine Überfälle auf die Einrichtung mehr statt. Bea stand unter Rashids Schutz, das wussten alle. Nur Bea nicht.

Im kahlen Hof der Jugendvollzugsanstalt steht ein Baum. Rashid weiß nicht, wie der Baum heißt, obwohl Bea ihm oft die verschiedenen Baumarten erklärt hat, wenn sie zusammen spazieren waren. Sie kannte sich damit aus, sie konnte eine Platane von einem Ahorn unterscheiden. Doch Rashid hat sich nie gemerkt, was Bea ihm erzählt hat. Immer wenn er an sie denkt, zieht ein Stich durch sein Herz. Er kann ihr Bild nicht auslöschen, immer wieder hat er das versucht. Sie steht ihm vor Augen, als sei sie tot und er verantwortlich dafür. Ganz deutlich hat Rashid ihr Gesicht vor Augen, die feinen Brauen, die Sommersprossen auf ihren blassen Wangen. Sie hat ihm vertraut. Die ganze Zeit. Die Zellenwand ist bekritzelt mit Buchstaben und Namen. Er streicht mit seinen Händen darüber und schließt die Augen, versucht blind, die Worte zu entziffern.

Die Erinnerungen drücken ihn. Er liegt auf seiner

Pritsche und wenn sein Blick an die Decke seiner Zelle wandert und seine Gedanken wild in der Gegend umherirren, dann überfallen die Bilder ihn regelrecht – von den vielen langen Spaziergängen, auf denen er zum ersten Mal die Erfahrung machte, wie gut es tut, ohne Ziel zu laufen, wie wohltuend die Stille in einem menschenleeren Park sein kann. Er traf Bea meistens spätabends, wenn sie auf dem Spielplatz ihre jüngeren Geschwister einsammelte oder auf dem Weg von der Kneipe nach Hause war. Bea hasste es, in die Kneipe zu gehen, nie rührte sie selbst auch nur einen Tropfen Alkohol an, nicht einmal Weinbrandbohnen vertrug sie. Die meiste Zeit passte sie auf ihre Geschwister auf, aber manchmal hatte sie einfach keine Lust oder sie musste für die Schule lernen und dann verbrachten ihre kleinen Geschwister den ganzen Tag bei der Mutter in der Kneipe.

Rashid war zu der Zeit in der Regel auf dem Weg in Aabids Bordell. Es war ein dreckiger Job, den er dort zu verrichten hatte. Eigentlich war er es jetzt schon leid, das Geld bei den Nutten einzusammeln. Immer wieder musste er ihre kleinen Verstecke aufspüren und immer wieder fand er hier und da noch einen abgezweigten Zehn-Euro-Schein, mal unter dem beschmutzten Bettlaken, mal in den Kosmetikutensilien oder gar in dem Schlüpfer einer Nutte. Er ekelte sich davor. Bea war ihm deshalb umso mehr ein Lichtblick in den dunklen Straßen seines Viertels. Er begleitete sie meist bis vor ihre Haustür, so hatte er die Möglichkeit, wenigstens mit ihr zu plaudern. Er war aufgeregt, ein bisschen hektisch, sein Herz schlug schneller, wenn sie an seiner Seite war. Sie vermieden es, an der »Sonne« vorbeizulaufen, lieber nahmen sie einen kleinen Umweg in Kauf und schlenderten über den großen gepflasterten Platz mit den vielen neu gepflanzten Bäumen, die so zart waren, dass man sie mit festen Einzäunungen vor Zerstörungen schützen musste.

Rashid versuchte alles, Bea auf diesen kurzen Gängen zum Lachen zu bringen. Er tänzelte um sie herum und gab seine witzigsten Geschichten zum Besten. Er erzählte von seinem Kumpel Daniel, der schon wieder verknackt worden war, weil er sich beim Autoklau so blöd angestellt hatte: Er hatte sich mit einer Einwegkamera in dem frisch geklauten Bentley fotografiert und dann die Fotos im Auto vergessen, als er es nach einer Spritztour einfach in irgendeiner Seitenstraße abstellte. Oder die Geschichte seiner deutschen Nachbarn, dem Ehepaar Hampel, die sich im Streit, wenn sie besoffen waren, schon mal nackt durch den Hausflur jagten. »Und dann ist er hingefallen und nicht mehr aufgestanden, dieses Opfer. Ich hab mich kaputtgelacht«, berichtete Rashid, wobei er, das Bild vor Augen, so haltlos lachen musste, dass Bea gar nicht anders konnte, als einzustimmen.

Bea lebte mit ihren zwei jüngeren Geschwistern und ihrer Mutter, einer Alkoholikerin, im Nachbarhaus von Rashids Familie. Wenn er sich besonders weit aus seinem Fenster lehnte, konnte er einen kleinen Teil ihres Zimmers sehen; ihre weiße Kommode zum Beispiel, über der ein Spiegel hing, der von bunt-schillernden Schmetterlingen umrandet war. Das gefiel Rashid, das passte zu Bea – ein Zauberspiegel wie für eine Fee, seine Fee. Aber es gefiel ihm gar nicht, wenn sie abends allein durch die Straßen ging, erst recht nicht, wenn seine Freunde in der Nähe waren. Die Vorstellung, andere könnten sie anmachen, ertrug er nicht. Bea spürte das, obwohl sie nie direkt darüber sprachen. Und irgendwie genoss sie es.

»Was machst du jetzt noch?«, fragte sie ihn manchmal, wenn er sie zur Haustür gebracht hatte und sie sich verabschiedeten. »Ach, nichts, ich geh nur noch kurz zu meinem Onkel ins Café und dann nach Hause, 'n bisschen fernsehen.« Von seiner Arbeit für Aabid sollte sie nichts wissen, lieber wollte er sie glauben lassen, dass er ständig bei seiner Familie und seinen Verwandten herumhing.

Lügen war Rashid gewohnt. Ehrlichkeit war ein Luxus, den er sich schon lange nicht mehr leisten konnte. Lügen zogen sich durch sein ganzes Leben, es gab einfach zu viel, was er anderen nicht offenbaren konnte. Auch dass er auf Bea, eine Deutsche, ein Auge geworfen hatte, durften seine Eltern nicht wissen – sich in eine Deutsche zu verlieben war Sünde, war »haram«. Er wollte keinen Ärger mit seiner Mutter.

»Und du? Wartest du jetzt, bis deine Mutter nach Hause kommt?«, wollte Rashid von Bea wissen. »Ich warte auf den Tag, an dem sie nicht mehr nach Hause kommt!« In ihren grünen Augen funkelte Hass, als sie das sagte. Rashid war erschrocken, so einen harten Satz hatte er noch nie von ihr gehört. »Das ist haram, so darfst du nicht von deiner Mutter sprechen, sie ist deine Mutter und über die sagt man so etwas nicht.« Bea sah, wie sich Rashids Gesichtszüge plötzlich veränderten, wie die Heiterkeit, mit der er eben noch neben ihr hergetänzelt war, einem Zorn wich, der Falten auf sein jungenhaftes Gesicht warf. Sie verstummte. Sie wollte ihn nicht wütend machen. Er gefiel ihr viel besser, wenn er lächelte, und außerdem hatte sie Angst vor seinen Ausbrüchen. Sie wusste, was passieren konnte, wenn Rashid ausrastete, das hatte er oft genug auf dem Schulhof und auf der Straße demonstriert. Und trotzdem hatte sie es gern, von ihm umschwärmt zu werden. Für Bea war Rashid ein starker Junge, der sich von niemandem etwas gefallen ließ; bei ihm fühlte sie sich beschützt.

Es war nicht leicht für Rashid, sie zu erobern. Es kostete ihn noch viele Abende, an denen er sie begleiten musste. Manchmal war er kurz davor, die Geduld zu verlieren und einfach im Hauseingang über sie herzufallen. Aber dann besann er sich wieder, verabschiedete sich und ging in Aabids Bordell, um sich auszutoben, anders fand er keine Ruhe. Er überhäufte Bea mit kleinen Aufmerksamkeiten, hielt ihr die anderen Jungs vom Hals und sorgte sogar dafür, dass ihre Mutter manchmal früher als gewohnt aus der Kneipe nach Hause torkelte. Er ging häufiger in die verqualmte Schnapsbude, um zu Beas Mutter so etwas wie freundschaftliche Beziehungen aufzubauen. Helga hatte große Vorbehalte gegen den schwarzhaarigen Rashid, dessen Eltern ihrer Meinung nach nur Schmarotzer auf Staatskosten waren.

»Ey, Helga, jetzt noch ein Bier und dann ab zu den

Kindern nach Hause, okay meine Hübsche?« Rashid nannte sie immer beim Vornamen und behandelte sie wie ein Kind. Ihre Vorurteile beachtete er gar nicht, ihm war es ohnehin egal, was Helga von ihm dachte. Viel wichtiger war es, dass Bea Vertrauen zu ihm fasste und das Gefühl entwickelte, jemanden zu haben, der sich um sie und ihre Familie kümmerte. Darin hatte Rashid Erfahrung – die Prostituierten durften sich auch von ihm beschützt fühlen, solange sie taten, was er sagte.

Helga hatte schon lange nicht mehr erlebt, dass sich jemand um sie kümmerte. Übergewichtig, immer in dieselbe pinkfarbene Stretch-Hose gequetscht, mit strähnigem, ungewaschenem Haar saß sie Tag für Tag auf ihrem Hocker an der Bar und wischte sich von Zeit zu Zeit das Bier ab, das ihr die Mundwinkel hinunterlief. Sie roch streng und lallte schon, wenn Rashid abends kam, um ihr ein letztes Glas zu spendieren.

Mit jedem Bier wurden sie bessere Freunde und eines Tages riss Helga Rashid unverhofft an die Brust, drückte sein Gesicht heftig in ihr üppiges Dekolleté und lallte so laut, dass es die ganze Kneipe hörte: »Du bist der Beste, mein Junge, du bist ein richtig netter Araber, nisch so wie die andern. Dir würd' ich glatt die Bea geben. Willste meine Tochter haben, Kleener?«

Natürlich wollte Rashid das. Gleich am nächsten Tag beließ er es nicht mehr nur bei einem Spaziergang. Er lud Bea ins Kino ein. Eine amerikanische Liebeskomödie, schöne Menschen in schicken Wohnungen mit tollen Freunden, die offensichtlich von den Schattenseiten dieser Welt ganz unberührt waren. Rashid versuchte sich auszumalen, wie es wohl wäre, wenn er einer dieser Personen auf der Leinwand im wirklichen Leben begegnen würde. Er würde sich hinstellen und die Person beleidigen, »Du Fotze« würde er sagen, einfach nur so. Der Gedanke, einem arglosen Menschen damit einen Schock zu versetzen, erfreute ihn. Bea deutete sein Lächeln falsch, sie war glücklich, zusammen mit Rashid, den die anderen Mädchen für völlig unromantisch hielten, einen Liebesfilm zu gucken und zwar einen, den sie selbst ausgesucht hatte.

»Warst du schon mal verliebt, Rashid?«

»Nein, noch nie! Und du?«

»Auch nicht!«

»Dann ist ja gut, man soll sich auch nicht so oft verlieben, das machen nur schlechte Mädchen, ein gutes Mädchen verliebt sich nur einmal und das muss dann halten!« Er nahm ihre Hand, drückte ihr einen zärtlichen Kuss auf die Wange und dann saßen sie schweigend, Hand in Hand, in den roten Polstersitzen, bis der Film zu Ende war und auch der letzte Gast das Kino verlassen hatte. Am liebsten hätten sie diesen Moment für immer festgehalten, im geschützten Dunkel des Kinosaales mit den bunten Bildern einer heilen Welt, die über einen magischen Lichtstrahl aus dem Nichts kamen und über die Leinwand tanzten.

Draußen regnete es, der Himmel war grau und in den großen Pfützen spiegelte sich der mächtige Zaun der Bierfabrik, aus deren Schlot Dunstwolken und der

Geruch von Malz und Hopfen emporstiegen. Rashid begleitete Bea nach Hause, wie er es immer tat, nur diesmal war klar, sie waren ein Paar. Durch seine guten Kontakte zu Helga hatte er sich in die Familie eingeschlichen und musste jetzt nicht mehr vor der Haustür kehrtmachen, sondern war ein gern gesehener Gast, der kommen und gehen durfte, wann er wollte. Er genoss dieses Privileg. Er kannte niemanden sonst unter seinen arabischen Freunden, der in einer deutschen Wohnung ein- und ausgehen durfte. Für ihn war es wie ein zweites Zuhause. Auch wenn selten warmes Essen auf dem Tisch stand, die Wäscheberge der Familie das ganze Badezimmer füllten und der seit Tagen herumstehende Abwasch für unangenehmen Geruch sorgte, war Beas Zuhause für Rashid eine Oase, eine Rückzugsmöglichkeit von der Enge daheim und von den anstrengenden Machtspielen auf der Straße. Hier konnte er in den Armen seiner Freundin zur Ruhe kommen.

Bea wurde zu einem festen Bestandteil von Rashids Alltag. Er schenkte ihr ein Handy und ließ sie nie mehr unkontrolliert. Der Jugendclub war jetzt tabu für sie. Zwar sorgte Rashid dafür, dass Beas Freundinnen den Club an den Mädchentagen auch weiterhin ungestört nutzen konnten, aber Bea selbst hatte dort nichts mehr zu suchen. »Was hast du da verloren? Das sind doch alles Schlampen, die passen nicht zu dir. Kümmer dich lieber um deine Geschwister und hilf deiner Mutter, du bist jetzt alt genug. Du brauchst keinen Jugendclub!«

Rashid kaufte ihr auch neue Hosen, denn zu enge Jeans wollte er nicht an ihr sehen, es sei denn, Bea trug ein Oberteil, das ihren Po bedeckte. Ihre neuen hohen Stiefel, die sie zu Weihnachten von ihrer Mutter bekommen hatte, musste sie ihrer Freundin schenken, Rashid hätte sie sonst weggeschmissen. Dafür kaufte er ihr ein paar superteure Turnschuhe und Bea war glücklich. Am Anfang bemerkte sie gar nicht, wie sehr Rashid ihr Leben veränderte. Er wusste alle seine Behauptungen und Forderungen immer sehr geschickt zu begründen.

»Du willst doch nicht, dass man von dir so redet wie von dieser Devrim, oder? Ich möchte nicht, dass du mit der sprichst, nicht einmal dann, wenn du sie zufällig auf der Straße triffst. Sie ist schlechter Umgang für dich. Ich will nicht, dass die Leute reden.« Und wenn die Jeans zu knapp saßen, fragte er sie: »Sag mal, Bea, findest du es eigentlich gut, wenn andere Männer deinen Arsch sehen? Oder wenn sie dich anmachen?« Und dann wusste Bea nichts mehr zu sagen. Natürlich wollte sie nicht, dass andere ihren Hintern betrachteten, natürlich wurde sie auf der Straße immer wieder von Männern angemacht, vor denen sie sich ekelte. So war das eben in Neukölln, für gut aussehende Frauen waren viele Ecken ein Spießrutenlauf. Und so fügte sie sich Rashids Anordnungen, auch wenn sie gern mal wieder die eine oder andere ihrer Freundinnen getroffen hätte und ein ungutes Gefühl bei Rashids Verboten nicht ganz unterdrücken konnte. Aber sie war ihm wichtig, anders konnte sie sich seine täglichen Anrufe, manchmal bis zu zwanzig in wenigen Stunden, nicht erklären. Für Bea war es Liebe, auch wenn er das nie so sagen würde.

Seinen Freunden hatte Rashid unmissverständlich klargemacht, wie sie sich gegenüber Bea zu verhalten hatten. »Ey, passt mal auf Leute, das Mädchen gehört mir und ich will von keinem irgendwas anderes hören, kapiert? Sonst gibt's Schläge, aber richtig. Auch die Mutter wird ab heute nicht mehr blöd angequatscht, egal, ob sie sich eingepisst hat oder nicht, das geht euch nix an.«

Sie standen zu fünft an der bronzenen »Sonne«, Sami, sein Bruder Jassir, Rashid, Ali und Hussein. Rashids Gesichtsausdruck ließ ahnen, dass er es ernst meinte. Die anderen vermieden es, ihn anzugucken. Alle starrten angestrengt auf den Boden, Rashid sollte nicht merken, wie sie kicherten. Doch Sami konnte nicht an sich halten und platzte heraus mit dem, was alle dachten, aber nicht zu sagen wagten: »Übertreib mal nicht, Alter, ist doch nur 'ne Deutsche, das Kind von einer Pennerfamilie. Die weiß doch nicht mal, wer ihr Vater ist, und du behandelst sie wie eine Prinzessin.«

Ohne auch nur einen Moment zu zögern, schlug Rashid zu. Seine Faust landete in Samis Gesicht. Sami zog sein Messer, aber bevor er, zitternd vor Wut und arabische Flüche brüllend, auf Rashid losstürzen konnte, gingen die anderen dazwischen. Sie drückten Sami auf den Boden, bis er sich erschöpft beruhigte und das Messer seinem großen Bruder gab.

Solche Auseinandersetzungen waren an der Tagesordnung. Es gehörte nicht viel dazu, einen der Jungen schnell aus der Fassung zu bringen und ihn zum Täter werden zu lassen. Ein falsches Wort und schon konnte es passieren. So kannten sie es von ihren Vätern und Brüdern und so lebten sie es auf der Straße. Es herrschte Faustrecht. Man schlug einander und am nächsten Tag zog man wieder gemeinsam los. Vielleicht hielt der Zorn auch mal zwei Tage an, selten länger. Für die Jungs war es selbstverständlich, dass jeder sich sein Recht selbst nehmen musste. Wer nicht so dachte und handelte, war ein »Opfer«. Schließlich akzeptierten sie Rashids Forderungen im Umgang mit Bea und ihrer Familie. Bea wurde ohnehin kaum noch in der Öffentlichkeit gesehen. Sie galt als Rashids Besitz, so wie ein Roller oder ein Handy, und keiner hatte Lust, sich ständig von Rashid attackieren zu lassen. Man ging lieber wieder zu den Mädchentagen, um zu stressen.

Oliver und die anderen Betreuer aus dem Jugendclub hatten nicht wirklich mitgekriegt, was sich zwischen Bea und Rashid getan hatte. Sie wunderten sich nur, warum das Mädchen im Club nicht mehr auftauchte und sie nicht einmal mehr auf der Straße grüßte. Als Oliver Rashid darauf ansprach, bekam er die kurze Ansage: »Das geht dich einen Scheißdreck an, meine Freundin kommt nicht mehr hierher. Und sprich auch nicht von ihr, verstanden!«

Oliver grinste verlegen und wechselte schnell das Thema, um Rashid nicht zu provozieren. So blieb Beas Schicksal in Rashids Händen, der sie besuchte, wann immer ihm danach war. Ins Kino gingen sie nie mehr.

Ferien auf dem Bauernhof

Der Fernseher im Aufenthaltsraum der Jugendarrestanstalt läuft den ganzen Tag, bis Einschluss ist. Es ist nicht die erste Untersuchungshaft für Rashid. Schon einmal musste er hier mehrere Monate ausharren, bis ein Urteil gefällt war. Er hatte sich bei einem Überfall auf eine Schlecker-Filiale erwischen lassen. Zum Glück konnte er damals beweisen, dass nicht er es war, der der Verkäuferin eine Pistole in den Mund gehalten hatte, sondern sein durchgeknallter Freund Shadi. Die Verkäuferin stand so unter Schock, dass sie noch Wochen danach nicht in der Lage war, den Täter zu identifizieren.

Shadi sitzt in Tegel. In acht Jahren würde man ihn vielleicht wieder draußen sehen, er war zur Tatzeit bereits 23 und schon mehrere Male vorbestraft. Shadi war schon immer einer der schlimmsten Kriminellen gewesen, weit über die Grenzen Neuköllns hinaus bekannt. Vor einigen Jahren hatte er mit einem Freund die Villen von Prominenten ausgeraubt und war dafür geschnappt und weggesperrt worden. Shadi hatte fast die Hälfte seines Lebens im Jugendarrest oder im Knast verbracht. Damals, als seine Mutter bei einem Busunglück im Libanon ums Leben kann, hatte ihn die Nachricht von ihrem Tod erst drei Tage später erreicht. Er war gerade dabei, die Häftlingswäsche zu sortieren, als ein Wärter es ihm mitteilte. Shadi soll daraufhin in seine Zelle gegangen sein und sich einen runtergeholt haben. Warum er das tat, konnte niemand verstehen, er war schon verrückt, das dachten selbst die Aufseher von ihm. Niemand wollte mit ihm zu tun haben. Im Knast sammeln sich die kaputtesten Typen, alle schlimmer als er selbst, findet Rashid. Wenn er sich ihre Geschichten anhört, muss er feststellen, dass sein kleiner Einbruch in die Apotheke doch eigentlich nur Mundraub ist, nicht anders, als wenn ein Hungernder ein Stück Brot klaut.

Die langen Flure der Haftanstalt mit ihren hellgrauen Linoleum-Fußböden erinnern ihn an das Krankenhaus, in dem sein Vater vor einigen Jahren wegen einer schweren Nierenoperation lag. Die ganze Familie besuchte ihn dort jeden Tag, das Krankenhauspersonal fühlte sich ziemlich gestört von den lärmenden Menschenmengen, die Flure und Besucherzimmer in Beschlag nahmen. Damals war ihm das peinlich gewesen, er mochte es nicht, mit seiner ganzen Familie irgendwo aufzutauchen, wo die Deutschen abfällige Bemerkungen über sie machten. Hier wäre ihm das egal gewesen, aber die Gefängnisflure waren leer, nur manchmal sah man einen Wärter dort entlanglaufen oder einen der Häftlinge vor seine Zellentür treten.

Jetzt wäre Rashid gern draußen, unter seinen Leuten. Seine Mutter hat ihm einen Tag zuvor frische Wäsche gebracht, ihm einige Schokolinsen am Automaten gezogen und eine Schachtel Zigaretten besorgt; sein Vater ist nicht zum Besuchstermin erschienen. Auch Leila saß Rashid schweigend gegenüber im Besuchszimmer. Sie wusste inzwischen, dass er drogenabhängig ist, und Rashid sah an diesem Tag so fertig aus, dass sie schwankte, ob sie weinen oder in Wut ausbrechen sollte.

Rashid würde alles tun, um an ein paar Drogen heranzukommen. Aber statt Tilidin erhält er jetzt jeden Tag irgendwelche Pillen, die ihm helfen sollen, mit dem Entzug fertig zu werden. Andere Häftlinge schaffen es, sogar ihre Handys in ihre Zellen zu schmuggeln oder an Gras oder Pillen heranzukommen, aber er weiß nicht, wie sie es machen. Er muss sich noch besser hier auskennen, um mitzumischen im Knastgeschäft.

Untersuchungshaft ist Ungewissheit, Rashid kann nicht abschätzen, ob er noch zwei Wochen oder gar drei Monate hinter Gittern verbringen muss. Er sucht sich einen Job auf dem Vollzugsgelände, um nicht den ganzen Tag in der Zelle zu hocken. Die hauseigene Tischlerei hat noch eine Stelle für ihn und so wacht er jeden Morgen um 6 Uhr auf und erscheint immer pünktlich an seiner Werkbank, wo er Schultische und -stühle wieder in Ordnung bringen muss. Mit dem Schulmobiliar ist auch die Erinnerung an bessere Tage stets präsent und das macht ihn traurig. Wenn er an so einem Stuhl arbeitet, schraubt und leimt, kommt ihm das alles vor wie ein schlechter Traum – eben noch in der Schule gewesen und jetzt schon im Knast, denkt Rashid.

Er lebt sich schnell ein in den Alltag der Jugendarrestanstalt. Die Wärter sind angenehm und die Psychologin ist eine attraktive Frau, zur Freude aller Häftlinge trägt sie ab und zu sogar einen Minirock. Einmal die Woche muss er bei Frau Dr. Weil vorsprechen, dann erzählt er ihr von seinen Freunden, von seinem Alltag im Viertel und ist bemüht, den Eindruck eines ganz normalen Jugendlichen zu erwecken. Frau Dr. Weil ist eine erfahrene Psychologin. Im Laufe ihrer vielen Berufsjahre hat sie gelernt, bei den kleinen Intensivstraftätern hinter die Fassade zu gucken. Sie weiß, dass jeder ihrer Klienten die Last einer kaputten Kindheit und Jugend auf den Schultern trägt, die er allein nicht bewältigen kann.

Das kleine Büro ist aufgeräumt, Frau Dr. Weil sitzt kerzengerade an ihrem gläsernen Schreibtisch und verströmt einen etwas blumigen Parfümgeruch, der Rashid besonders gut gefällt. Langsam, als würde ihm das Laufen schwerfallen, wie ein alter Mann, dem die Knochen bei jeder Bewegung schmerzen, schreitet Rashid zu seinem Platz, er faltet die Hände auf seinem Schoß und guckt auf den Boden. Er kann ihrem Blick nicht standhalten, er fühlt sich ertappt.

»So, Rashid, jetzt haben wir ja eine Woche nicht mehr miteinander gesprochen, wie geht es dir heute?«

»Danke gut, Frau Weil.«

»Wie ich höre, hattest du Besuch, war es schön?«

Irgendwie muss die Alte doch einen Knall haben, denkt Rashid, jede Woche fickt sie mein Gehirn mit irgendwelchen Scheißfragen, als ob mir das helfen könnte. »Ja, Frau Weil, war voll, voll schön, superkrass schön, hier im Knast Besuch zu kriegen, sollten Sie auch mal testen.« Frau Weil erschrickt bei seinem Ton, sonst ist er nie so sarkastisch. Es muss mit seiner schlechten Verfassung zu tun haben, in der er sich befindet. Er schaut elend aus.

»Wir wissen beide, dass es für dich nicht einfach ist, aber weißt du eigentlich, warum du hier bist? Verstehst du, weshalb man dich hier festhält, Rashid?«

Rashid schweigt, immer wieder dieses Gelaber, um die Einsichtsfähigkeit des Täters zu überprüfen. Das kennt er doch schon zur Genüge, diese endlosen Belehrungsgespräche der Bewährungshelfer, die Tipps vom Psychodoktor, den er nach einer Gerichtsauflage besuchen muss, das Gequatsche der Sozialarbeiter über Recht und Unrecht, all den Scheiß, mit dem das wirkliche Leben nichts zu tun hat. Er hat keine Lust, sich mit ihr über solchen Psychokram zu unterhalten, viel mehr interessiert ihn, was sie in ihrer Freizeit so treibt. Und wenn sie sich herausnimmt, ihn nach seinem Leben, seinen Träumen und Wünschen auszufragen, warum soll er den Spieß nicht umdrehen und sie nach ihrem Leben fragen? Sie wird ja nicht ohne Grund hier sein, denkt er sich.

»Warum arbeiten Sie hier eigentlich, Sie könnten doch einen viel besseren Job haben, als sich hier mit den ganzen Pennern abzugeben. So eine Arbeit ist doch nichts für eine Frau oder macht Sie das geil?«

Frau Weil wird rot, so viel hat sich noch keiner herausgenommen. Zwar gibt es immer wieder mal Komplimente von Häftlingen, manchmal auch anzügliche, aber das hier ist ihr zu viel. Sie ruft den Wärter, Rashid muss zur Strafe den ganzen Tag in seiner Zelle bleiben.

Dort hat er wieder Zeit zum Nachdenken, seine

Gedanken quälen ihn und sein Körper wird jeden Tag schwächer. Er kann nicht essen und trinkt den ganzen Tag lang schwarzen Kaffee. Die Nächte sind schlaflos, die Tage vergehen zäh. Abends, wenn die Lichter ausgehen, liegt er auf seiner Pritsche und starrt mit aufgerissenen Augen in die Dunkelheit, an die Decke. Katzen können auch im Dunkeln sehen, das fällt ihm jetzt wieder ein, er hatte es auf dem Bauernhof gehört, den er vor einigen Jahren mit dem Jugendclub besucht hat. Und Rashid stellt sich vor, eine Raubkatze zu sein, ein schwarzer Panther, der geschmeidig durch die Nacht schleicht und seine Opfer von hinten anfällt, um ihnen genüsslich die Kehle zu durchbeißen und ihrem Todeskampf zuzuschauen.

Damals auf dem Hof brannte die Katze wie eine Fackel. Sie hatten gewettet. Sami und Daniel hatten sie am Schwanz gepackt, mit Benzin übergossen und angezündet. Das Tier schrie einen lauten Todesschrei, drehte sich verzweifelt im Kreis und blieb dann jaulend und erschöpft liegen. Sein Todeskampf dauerte noch Minuten und Rashid, Sami und Daniel schauten aufmerksam zu und lachten.

»Dieses Mistvieh. Das hat mir den Arm zerkratzt.« Daniel trat noch einmal nach dem Tier.

»Kommt, das stinkt voll krass, lass mal gehen, hab Hunger. Mal sehn, was die Opfer heute zu essen gemacht haben.«

Die Ferien auf dem Bauernhof sollten für die Jugendlichen eine Abwechslung zu dem tristen Alltag im Viertel sein. Oliver hatte eine seitenlange Begründung geschrieben, warum es für diese Verhaltensauffälligen besonders wichtig sei, einmal fernab von zu Hause Urlaub zu machen und Natur zu erleben. Er schrieb vom positiven Einfluss, den Luft und Leute auf die Jungen haben würden, und warb mit besonderen Programmpunkten, mit denen sie gefordert und zur Teilnahme aktiviert werden sollten. Das Bezirksamt willigte ein und der Antrag auf Erstattung der Reisekosten wurde genehmigt. Oliver wusste, dass es Zwischenfälle und Streitigkeiten geben würde und dass ihm und den anderen Betreuern eine schwierige Zeit bevorstand. Aber solange die Polizei nicht einschreiten musste, glaubte er, alles im Griff zu haben.

Für Rashid und seine Freunde war es der erste Urlaub überhaupt. Eigentlich wussten sie gar nicht, was »Urlaub« ist. Das sei so eine Art Auszeit, in der man sich von der Arbeit oder einer besonderen Anstrengung erhole, hatte Herr Bremer einmal erklärt, als Rashid wissen wollte, warum Lehrer immer soviel Urlaub hätten.

Der kleine Bauernhof im ehemaligen Osten Deutschlands war auf eine Gruppe unberechenbarer Jugendlicher aus Berlin-Neukölln nicht vorbereitet. Oliver hatte sich Verstärkung mitgenommen, zwei ungelernte Honorarkräfte, um mit seinen acht Schützlingen ein verlängertes Wochenende im schönen Brandenburg zu verbringen.

»Ey, Oliver, was ist denn das für ein Schweinefraß? Mann, das kannst du allein essen, gib Geld, wir gehen

McDonald's.« Oliver grinste verlegen und tat, als hätte Rashid einen blöden Scherz gemacht, doch der wurde schnell deutlicher. »Pass mal auf, Alter, wenn wir hier nicht gleich was Vernünftiges zu essen kriegen, raste ich aus und dieser Pissbauernhof brennt!«

»Ey, Jungs, jetzt macht mal halblang, wir hatten in Berlin 'ne Abmachung und die hieß: kein Stress.«

»Sag nicht ey zu mir, du Penner, war ja auch nicht abgemacht, dass wir hier Scheiße fressen, was!? Du hast doch Geld für uns bekommen, für Kino und so, wir wollen aber McDonald's, wir brauchen jetzt kein Kino.«

Oliver schluckte den letzten Happen Gemüseeintopf hinunter und schwieg eine halbe Minute, in der die Jungs gespannt auf seine Antwort warteten. Sie würde alles entscheiden. Jetzt lag es an ihm, die Aggression aus der Luft zu nehmen oder Rashid das rote Tuch hinzuhalten, der kaum zögern würde, sich wie ein Stier in der Kampfarena daraufzustürzen und dabei vielleicht sogar sein Opfer auf die Hörner zu nehmen. Oliver wollte es darauf nicht ankommen lassen.

»Ihr müsst dann aber aufs Kino verzichten, dazu reicht das Geld nicht mehr. Und bringt mir bitte eine Quittung mit!« Dann gab er ihnen 50 Euro und holte sich noch einen Nachschlag Gemüseeintopf. Den konnte er jetzt mit seinen zwei Honorarkräften allein auslöffeln. Die durften für das verlängerte Wochenende auch all die körperlichen Arbeiten verrichten, von denen Oliver in seinem Bittschreiben an das Bezirksamt behauptet hatte, die Jungen dazu verpflichten zu wollen.

Rashid hatte erneut triumphiert, es war nicht das erste Mal, dass er den Betreuern Geld aus der Tasche leierte. Er wusste, sie hatten Angst vor ihm. Mit Sami, Daniel und dem Rest der Bande machte er sich ein paar schöne Tage. Sie zogen durch die Ställe, brachen den Hühnern die Beine, bepissten die Schweine des Bauern und raubten die einzige Tankstelle des kleinen Ortes aus, während Oliver und seine Mitarbeiter die Unterkunft sauber und den Jungs die Polizei vom Hals hielten. Das verlängerte Wochenende kam den Betreuern vor wie ein Monat, sie zählten die Stunden und konnten es kaum erwarten, wieder in Berlin zu sein. Alles war außer Kontrolle geraten.

Zum Glück gab es noch andere Gäste auf dem Hof und so konnte Oliver die Schuldvorwürfe, die vonseiten der Hofleitung an das Bezirksamt gingen, anderen in die Schuhe schieben, denn Beweise gab es nicht. Die einzige Konsequenz, die daraufhin erfolgte, war ein lebenslanges Hausverbot für Oliver und seine Truppe auf dem Bauernhof, aber das schmerzte niemanden und Oliver konnte das sogar noch geschickt als Diskriminierung seiner Jungs verkaufen. Er hatte ein großes Interesse daran, jegliche Schuldzuweisungen sich und seinen Schützlingen vom Leibe zu halten, schließlich wollte er auch weiterhin als gestandener Streetworker dastehen, als einer, der selbst die schwierigsten Jungs in den Griff kriegt. Rashid und den anderen war das nur recht. Sie hatten einen unausgesprochenen Pakt mit den Betreuern ihrer Jugendeinrichtung geschlossen. Dessen oberstes Gebot hieß: »Haltet ihr dicht, halten auch wir dicht« – eine Art

Bedarfsgemeinschaft, in der jeder auf seine Kosten kam: Die Jugendeinrichtung wurde weiter finanziert, Oliver und seine Kollegen wurden somit nicht arbeitslos und die Jungen bestimmten, wofür das Geld ausgegeben wurde. Das nächste Reiseziel stand schon fest. Nach all den Strapazen und der Langeweile auf dem Bauernhof zog es die Jungs an die Costa Brava.

Himmel und Hölle

Rashid kannte andere Länder nur aus den Erzählungen von Aabid und seinen Kollegen, die gern mit ihren einträglichsten Prostituierten nach Ibiza und Mallorca flogen, ihnen schöne Geschenke machten und so die Mädchen bei der Stange hielten. Das imponierte Rashid, so weit wollte er es auch bringen. Aabid brachte ihm von solchen Kurztrips manchmal eine gefälschte Rolex oder Dolce-und-Gabbana-Shirts mit, um Rashid für die gute Arbeit zu belohnen, die er während seiner Abwesenheit leistete. Rashid war ein guter Nachwuchszuhälter, loyal gegenüber seinem Chef und von großem Durchsetzungsvermögen, wenn es sein musste – das gefiel Aabid. Aber um mit seiner Lieblingsnutte in den Urlaub zu fahren, war Rashid noch zu neu im Business. Er musste auf andere Weise nach Spanien kommen. Und so sprach er Oliver eines Tages an: »Ey, Alter, so ein Kumpel von mir, der fährt jetzt mit Jugendclub nach Spanien, is auch voll billig.«

Oliver war gerade dabei, Quittungen zu sortieren, und fühlte sich überrumpelt. Die blonden Locken klebten ihm an der verschwitzten Stirn und fast hätte er sich die Zigarette am falschen Ende angesteckt. Sein Blick wirkte abwesend und wirr. »Was hast du gesagt, Rashid, wer war im Urlaub?«

Er hatte nicht verstanden und auch keine große Lust,

sich mit Rashid zu unterhalten, doch der ließ nicht locker. »Ich wollte dir einen Vorschlag machen, wir, also ich und die andern Jungs, streichen den Jugendclub neu, organisieren ein paar neue Möbel und zur Belohnung besorgst du uns eine Reise nach Spanien, okay, Alter?«

Oliver war verblüfft. Und glücklich. Noch nie hatte Rashid von sich aus angeboten, etwas für den Treff zu tun. Rashid hatte ihn mit diesem Schachzug fast schon überzeugt. »Fangt erst mal an mit der Renovierung, dann sehen wir weiter«, murmelte er.

Es dauerte keine Woche und der Jugendclub hatte einen neuen Anstrich und ein paar neue Möbel mit ungewisser Herkunft. Eine Woche später stand fest: Zehn Jugendlichen wurde ein Billigflug nach Spanien finanziert. Es war eine Reise zu einer jener Touristenhochburgen, an denen im Sommer fast ausschließlich deutsche Urlauber die Strände bevölkerten und die drittklassigen Hotels den Charme heruntergekommener Jugendherbergen hatten. Aber das war den Jungs aus Neukölln egal, sie wollten feiern ohne Ende und dazu waren sie genau am richtigen Ort.

Oliver fuhr nicht mit. Zu groß war seine Angst vor den Jungs. Die Fahrt auf den Bauernhof hatte ihm gereicht, er fühlte sich der Aufgabe, Rashid und seine Freunde unter Kontrolle zu halten, seitdem nicht mehr gewachsen. Bilal und Aziz, ein türkischer und ein arabischer Kollege, sollten die zehn Jungen begleiten. Die beiden Sozialpädagogen waren neu im Team. Oliver hatte ihre Einstellung durchgesetzt, um mit ihrer Hilfe einen besseren Zugang zu den Jugendlichen zu bekommen. Beide kannten sich aus mit den Sitten und Gebräuchen in den arabischen Familien und beide waren muslimischen Glaubens. Bilal war ein liberaler Muslim, er ging nicht in die Moschee und trank auch mal ein Bier. Aziz hielt sich an die Fastenzeiten, lebte sonst aber wenig religiös. Aber er war Araber und genoss damit ein höheres Ansehen bei den Jungs als Bilal. Türken galten als verlogene Muslime. Rashids Vater sagte immer, wenn er sich über den türkischen Obsthändler aufregte, weil dieser ihm schlechte Ware in die Tüte gepackt hatte: »Diese Atatürk-Missgeburten sind doch die Bastarde von den Amerikanern, sie stehen hinter Bush und sind gegen ihre muslimischen Nachbarländer. Sie sind Verräter.« Schließlich hatten die Türken ein gutes Verhältnis zu Israel und wer mit den Juden verbündet ist, meinte Rashids Vater, könne kein guter Muslim sein und kein Freund der Araber. So dachte auch Rashid und er war damit in seinem Freundeskreis nicht allein.

Die Luft roch nach Sonnencreme und Meerwasser und der Strand erstreckte sich kilometerlang direkt vorm Hotel. Die vielen braungebrannten Mädchen in den knappen Bikinis ließen die Testosteronspiegel der Jungs in die Höhe schnellen.

»Boah, das ist ja fett hier, wie im Paradies! Alter, wenn es da auch so ist wie hier, dann lass mal früher sterben!« Daniel klopfte Rashid auf die nackte Schulter, und hielt ihn kurz im Arm, so überschwänglich war er in seiner Freude.

»Ja, Mann, wenn so das Paradies ist, dann muss man keine Angst vorm Sterben haben. Aber vielleicht kommen wir ja in die Hölle, oder denkst du, wir sind Engel?« Rashids Frage blieb unbeantwortet.

Sami war das Gerede vom Sterben zu anstrengend, er wollte so schnell wie möglich an den Strand. »Quatscht jetzt keinen Müll hier, sterben, Hölle und so'n Scheiß. Allah allein weiß, was kommen wird, und wir gehen jetzt erst mal eine Runde in der Sonne liegen, is doch viel geiler als Solarium.«

Rashids Privat-Handy war aus, er war im Urlaub und wollte seine Ruhe haben. Bea konnte ihn nicht erreichen, er hatte auch keine Lust, ihr etwas von Liebe und Sehnsucht vorzusülzen, und schon gar nicht wollte er erklären, wo er war und was er tat. Ihre Beziehung hatte sich in der letzten Zeit stark verändert. Bea war müde geworden von dem abendlichen Warten auf einen Anruf von Rashid, immer in der stillen Hoffnung, er würde sie zu einer Spazierfahrt oder zu einem Besuch in der nächsten Falafel-Bude abholen kommen. Seine Anrufe beschränkten sich ohnehin fast immer auf dieselben zwei bis drei kurzen Sätze. »Was machst du? Wo bist du? Wie geht's dir?«

Bea wusste, dass Rashid die letzte Frage nur anstandshalber stellte – eine Floskel ohne jede Bedeutung. Wenn sie ihm erzählen wollte, wie einsam sie sich fühlte, wie unglücklich sie war, stieß sie bei ihm auf Desinteresse.

»Hallo, Rashid, ich bin zu Hause, ich gucke gerade Fernsehen. Mir ist langweilig und ich würde gern was unternehmen.« Noch bevor sie dann weiterreden konnte, unterbrach er sie schon: »Ja, meine Süße. Mal seh'n, wenn ich es schaffe, komm ich später vorbei, melde mich. Also tschüs.«

Er kam nur noch, um mit ihr zu schlafen. Dann stand er mit einem Funkeln in den Augen vor der Tür, packte Bea wortlos am Arm und zog sie in ihr Zimmer. Ob sie wollte oder nicht, war ihm egal. Sie war seine Braut und es war ihre Pflicht, allzeit bereit zu sein. Selbst wenn Beas Mutter im Nebenzimmer saß, störte Rashid das nicht. Helga und die Kinder hatten sich an diese Art von Besuchen gewöhnt und alle schwiegen peinlich berührt über einen Zustand, von dem niemand wusste, ob es richtig war, was geschah.

Von den Drogen, die er damals nahm, wusste Bea nichts, sie bemerkte nur, dass Rashids Besuche seltener wurden. Und mit jedem Tag, den sie mit ihm zusammen war, wuchs ihre Verzweiflung über ihre Beziehung. Sie ahnte nichts Gutes und das machte ihr Angst.

»Wenn du mich betrügen würdest«, sagte Rashid oft, »ich will gar nicht so reden, aber ich sag's dir trotzdem: Dann würde ich dich umbringen.« Das hatte er ihr auch schon beim letzten McDonald's-Besuch gesagt, als er registrierte, dass der junge Mann hinter der Theke Bea zulächelte. Bea verschluckte sich an der Cola, blickte auf ihr Tablett und blieb stumm.

»Warum sagst du nichts, hä? Hast du ein Geheimnis oder was?«

»Rashid, ich versteh dich nicht, warum sagst du so etwas? Ich würde dich nie betrügen, ich liebe dich.«

»Ja, ja, das hast du mir schon zu oft gesagt, ich liebe dich, ich liebe dich. Ist ja voll einfach, das zu sagen, kann doch jeder sagen. Na, ist auch egal, auf jeden Fall würde ich dich umbringen.«

Dann brachte Rashid Bea nach Hause, es war einer der seltenen Abende, an denen er sie zu einem Imbiss eingeladen hatte, nachdem er mit ihr geschlafen hatte. »Und geh dich noch duschen, bevor du schlafen gehst, sonst bist du unrein. Ihr Deutschen kennt das nicht, aber meine Freundin soll sich daran halten, also yallah und bis morgen.« Er wartete noch so lange, bis sie im Hauseingang verschwunden war, dann gab er Vollgas und fuhr los, irgendwo in die Nacht hinein. Rashid hielt sich schon längst nicht mehr an Aabids Gebot, seinen Führerschein zu machen; er hatte keine Lust zu warten, bis er 18 war, die paar Monate, dachte er sich, würde er schon durchkommen. Bea wusste nie, wo er hinfuhr, ihre Nachfragen beantwortete er immer mit dem Spruch: »Geschäfte, aber davon musst du nichts wissen. Vertraust du mir nicht oder was? Ich muss doch das Geld verdienen, also frag nicht so viel, ist besser für dich.«

Für Aabid musste er auch hier in Spanien erreichbar sein. Das musste sein, denn mit Aabid verband sich seine Zukunft. Aabid hatte er es zu verdanken, dass er jetzt immer ein Bündel Geldscheine in der Tasche hatte.

Mit breitem Gang und angespannten Armmuskeln liefen die drei Jungen den Strand entlang, sie hatten sich gut auf den Urlaub vorbereitet, die letzten drei Tage auf Sonnenbänken verbracht und sich die schicksten Designer-Sonnenbrillen zusammengeklaut. Auf ihren Bermudashorts leuchteten Dolce Gabbana und Gucci in großen Lettern, sie wollten auffallen um jeden Preis. Nur Rashid verspürte eine gewisse Müdigkeit, als Sami und Daniel anfingen, sich gegenseitig zu jagen und mit Sand zu bewerfen. Jetzt wäre er am liebsten allein gewesen. Endlich war er mal ganz woanders, wo ihn niemand kannte und wo er nicht der Rashid sein musste, der er zu Hause war – immer streitlustig, immer die größte Klappe.

»Sagt mal, könnt ihr nicht einfach mal cool bleiben und eure Schnauze halten? Ihr nervt voll!«, brüllte er die beiden an, die gerade den Strandschirm einer älteren Dame umgerannt hatten und sich darüber amüsierten, wie die Dame in einer ihnen unverständlichen Sprache den beiden hinterherwetterte. Rashid hätte ihr gern geholfen, den Schirm wieder aufzustellen, aber das ging nicht, die anderen hätten ihn ausgelacht. Es hätte seinem Ansehen geschadet. »Lass mal jetzt ins Wasser gehen, hab kein Bock mehr auf den heißen Sand. Brennt voll an meinen Füßen, die Scheiße«, rief er den beiden zu, die sich auch gleich ins Wasser stürzten.

Das Meer war wild, die vielen kleinen Kieselsteine unter der Wasseroberfläche erschienen Rashid wie tausend kleine Lebewesen, die mit jeder Welle unter dem Schaum verschwanden, kurz wieder auftauchten, in der Sonne funkelten, um dann mit der nächsten Welle schon wieder zu verschwinden. Das kühle Wasser umspülte seine Knöchel. Eine ganze Weile stand er so da, starrte auf seine Füße, wie sie sich langsam in den weichen Sand gruben; er spürte die kleinen Kiesel und Algen zwischen seinen Zehen. Die Sonne schien ihm auf das schwarze Haar und seine Haut kribbelte unter den warmen Strahlen.

Noch nie hatte er das Meer gesehen, außer im Film. Hier war es ganz anders als im Städtischen Schwimmbad, wo es nach Bratwurstfett und Chlor roch und die Menschen eng beieinandersaßen. Er hatte viele Sommer in solchen Bädern verbracht. Gemeinsam mit den Eltern und den Geschwistern waren sie, mit Lebensmitteln und Thermoskannen bepackt, immer bis zum Schwimmbad gelaufen, fast eine Stunde lang, um Fahrgeld zu sparen und dort, im Schatten eines Baumes, den Tag zu verbringen. Seine Mutter saß an solchen Tagen voll bekleidet in der sengenden Sonne und war die ganze Zeit damit beschäftigt, Falafel herzurichten, Obst klein zu schneiden oder die Getränke im Trinkwasserbrunnen zu kühlen, während er und seine Geschwister wie wild im Wasser tobten. Der Vater ging zu den anderen arabischen Männern, um Karten zu spielen. Rashid dachte gern an diese schöne Zeit. Aber wenn er sich hier am Strand umschaute, um sich herum diese vielen Menschen sah – ältere Damen in leuchtenden Badeanzügen, Herren mit Strohhüten auf dem Kopf und junge Menschen, die in der Sonne bräunten oder in fröhliche Unterhaltungen verwickelt waren – dann fiel ihm auf, dass seine Familie hier gar nicht reinpassen würde. Er vermisste sie und war gleichzeitig froh, dass sie nicht da war, sie wäre ihm hier peinlich gewesen.

»Ey, du Schwuchtel, traust dich nicht ins Wasser?« Sami und Daniel waren schon dabei, sich gegenseitig zu ertränken, sie schubsten, schlugen mit Fäusten um sich und gaben sich Lufttritte. Sie benahmen sich wie Hunde, die ein neues Revier erobert hatten und jetzt um die Rangordnung kämpften. Rashid machte einen Hechtsprung ins Wasser, blieb dicht am Meeresgrund und schwamm mit kraftvollen Zügen in einem Tempo auf Sami und Daniel zu, das ihn selbst überraschte. Er fühlte sich frei und schwerelos.

Mit Sonnenbrand und knurrendem Magen machten sie sich Stunden später auf den Rückweg ins Hotel. In der Lobby pfiffen sie nach Aziz und Bilal, keiner der Jungen sprach Englisch und das Hotelpersonal kein Deutsch. Ihre Unbeholfenheit im Umgang mit einer solchen Situation ließ Rashid und seine Kumpel noch lauter als sonst werden. Um ihre Hilflosigkeit zu überspielen, pöbelten sie herum und riefen immer lauter nach ihren Betreuern. Eigentlich hatten sie selbst genug Geld in der Tasche, um sich einen Imbiss zu kaufen. Aber sie wollten von Aziz und Bilal versorgt werden, das war die Aufgabe der Betreuer. Bilal kam die Treppen heruntergeeilt, entschuldigte sich beim Hotelpersonal, das seit dem Einzug der Jugendlichen sichtlich genervt war, schimpfte kurz mit den dreien, weil sie so laut waren, und gab ihnen schließlich Geld fürs Mittagessen.

Da Rashid bei seinen Freunden einen Frühstücksboykott durchgesetzt hatte, weil auf dem Buffet auch Schweinefleisch serviert wurde, fanden alle Mahlzeiten bei McDonald's statt. Aziz und Bilal bezahlten das aus der Gruppenkasse, sie wollten keinen Stress haben. Das ging gut bis zu jenem Tag, an dem die spanische Polizei nachts im Hotel auftauchte und Aziz und Bilal mit zur Wache nahmen.

In dieser Nacht hatten die Jungen die »Garden Bar« komplett verwüstet. Daniel hatte eine gebrochene Nase und Rashid hatte sich die rechte Hand aufgeschlitzt bei dem Versuch, einen der Türsteher mit einer abgebrochenen Bierflasche am Hals zu treffen. Eigentlich war der Abend ruhig verlaufen, man hatte getrunken und getanzt, bis eine Gruppe Engländer aufgetaucht und mit ihrem Erscheinen die Machtfrage im Raum gestellt war. Ein falscher Blick, ein kurzes Schubsen reichte und die wilde Neuköllner Meute stürmte los. Es war ein Kampf ohne Rücksicht auf Verluste.

Die spanische Polizei einigte sich mit Aziz und Bilal auf einige hundert Euro Kaution und stellte eine Rechnung über die beschädigten Gegenstände zusammen, dann durften die beiden Betreuer ihre Schützlinge wieder mitnehmen. Der Urlaub war vorbei.

Am nächsten Tag versammelten sich die Jugendlichen zur Krisensitzung in Rashids Zimmer. Bilal und Aziz hatten sie einbestellt. Es war klar, dass die in Rashids Zimmer stattfand. Wenn es darauf ankam, war Rashid das Alpha-Tier.

Bilal war müde, er hatte die ganze Nacht mit den spanischen Polizisten verhandelt, um die Jungen aus der Zelle zu bekommen. Er hatte mit Aziz vereinbart, ein letztes klärendes Gespräch mit den Jugendlichen zu führen, um am nächsten Tag abreisen und die anstrengenden Tage an der Costa Brava ein für allemal hinter sich lassen zu können. Aziz hatte sich bereits die ersten Nächte mit den Jungs um die Ohren geschlagen, sie in Clubs und Kneipen begleitet, nur um sicherzugehen, dass kein großes Unglück passierte und alle, ohne jemandem die Nase zu brechen oder einen Laden auseinanderzunehmen, wieder im Hotel landeten, er hatte die Schnauze voll und überließ Bilal das letzte Gespräch.

Als Bilal die Tür zu Rashids Hotelzimmer öffnete, warteten zu seiner Überraschung bereits alle auf ihn. Das schummrige Licht ließ die Gesichter der Jungs noch dunkler als sonst erscheinen, es roch nach dreckiger Wäsche und abgestandenem Zigarettenrauch. Bilal öffnete erst das Fenster, bevor er sich einen Stuhl nahm und setzte.

»Ihr wisst, dass das alles zu viel war, ihr habt euch zu viel herausgenommen und euch an keine Abmachungen gehalten. Das wisst ihr, oder?«

Niemand antwortete. Sami und Rashid flüsterten miteinander und gaben den anderen Zeichen, die Bilal nicht zu deuten wusste. Er bemerkte auch nicht, dass Sami und der große dicke Ali sich hinter ihm aufbauten. »Also, Jungs, wisst ihr, ich bereue es wirklich, mit euch hierhergeflogen zu sein, ich hatte mir mehr von euch erhofft. Aber da habe ich mich wohl getäuscht. Aziz hat auch keine Lust mehr, mit euch etwas zu unternehmen. Der Urlaub ist gelaufen, packt eure Sachen, wir reisen morgen ab.«

Noch bevor er den letzten Satz ausgesprochen hatte, packten Sami und Ali ihn von hinten an den Armen, Rashid und Daniel fesselten seine Handgelenke und Knöchel mit Ledergürteln an den Stuhl und stopften ein Stück Stoff in seinen Mund. Bilal konnte sich nicht wehren, sie hatten ihn fest im Griff. Seine sonst immer sorgfältig nach hinten gekämmten Haare waren ihm bei dieser Aktion in die Stirn gefallen und ließen eine kreisrunde Glatze zum Vorschein kommen. Rashid ging grinsend, mit den Händen in den Hosentaschen, auf ihn zu und sagte: »Na, du kleiner türkischer Pisser, jetzt haben wir dich. Hast jetzt Angst, scheißt dir gleich in die Hosen, was?« Dann veränderte er seine Tonlage und wiederholte abschätzig Bilals Worte, wobei er tuntig mit dem Arm schlenkerte und mit dem Hintern wackelnd vor Bilal auf und ab lief. »Also, Jungs, wisst ihr, ich bereue es wirklich, mit euch hierhergeflogen zu sein …!« Dann blieb er plötzlich vor Bilal stehen, nahm eine glühende Zigarette aus dem Aschenbecher und fauchte ihm ins Gesicht »Ey Mann, du Spasst, du wirst gleich bereuen, dass deine Mutter dich geboren hat, kleine Missgeburt, was denkst du, wer du bist?«

Die Zigarette brannte sich durch die Jeans in den Oberschenkel und Bilal wimmerte vor Schmerzen. Vergeblich versuchte er, sich aus den Fesseln und dem festen

Griff von Ali zu befreien, die ihn an seinen Schultern herunterdrückten. Alle lachten und genossen es zu beobachten, wie Bilal von Sami und Rashid gequält wurde. Aber irgendwann wurde den Jungen langweilig. Nach einer halben Stunde ließ Rashid schließlich Bilals Fesseln wieder lösen und den Betreuer gehen. Er hatte Brandwunden am Körper, eine aufgeplatzte Lippe und einen tief sitzenden Schock, von dem er sich so bald nicht wieder erholen sollte. So hatte ihn noch nie jemand erniedrigt. Bilal war ein gebrochener Mann.

Schäfers Geschäfte

Zerstörung beseitigen. Das ist eine der obersten Regeln in der Werkstatt der Jugendvollzugsanstalt. Ein zerbrochener Stuhl, eine gesplitterte Lampe, was repariert werden kann, kommt auf den Arbeitstisch, der Rest in den Müll.

Meister Heinz, so nennen ihn die Sträflinge, ist ein ruhiger Mann. Er ist groß gewachsen mit breiten Schultern und einem Vollbart, der sich gepflegt um sein faltiges Gesicht legt. Die kleinen blauen Augen blinzeln Rashid freundlich an. »Junge, du hast wohl noch nie Holz geleimt, was?« Er klopft mit seinen Pranken auf die Tischplatte und fährt fort: »Hier, dieser schwere Tisch ist gefugt und geleimt, da gibt es nicht eine Schraube, nicht einen Nagel. Setz dich mal drauf.«

Rashid ist es unangenehm, er will sich nicht auf den Tisch setzen. Da steht dieser große Mann vor ihm, zu dem er aufschauen muss, weil der viel größer ist. Denn eine weitere Regel im Knast sagt: Wenn jemand mit dir spricht, musst du ihn anschauen. Meister Heinz packt Rashid kurzerhand unter den Armen und hebt ihn wie einen kleinen Jungen auf die Tischplatte. Rashid dreht den Kopf zur Seite und wird rot vor Verlegenheit. Mit seinen Händen streicht er sich den Holzstaub von der Arbeitshose und murmelt leise: »Ja, ist ein guter Tisch, hab verstanden.«

Er wundert sich, dass niemand lacht. Die anderen im Raum haben das Geschehen beobachtet, sich dann aber gleich wieder auf ihre Arbeit konzentriert. Hier lacht keiner aus Schadenfreude, hier gibt es überhaupt wenig zu lachen. Abends wenn die Lichter ausgehen, ist jeder mit sich allein und die schweren Gedanken, die dann aufkommen, verbreiten Angst. Und Angst vertreibt das Lachen.

Rashid guckt sich den Tisch genau an, er betrachtet die verfugten Ecken und ist fasziniert von der Genauigkeit, mit der die einzelnen Holzteile ineinandergepuzzelt sind. So genau hat er sich einen Tisch noch nie angesehen. Das hier ist Maßarbeit. Er nimmt sich vor, in Zukunft selbst auch exakter zu arbeiten. Das Tischlern macht ihm sogar Spaß. Wenn er sägt und schleift, ist er beschäftigt und dann verfliegen die bösen Gedanken, die Erinnerungen an seine Tage in Freiheit, der Wunsch nach einem kleinen Schluck Tilidin.

Seine Drogensucht bekommt er langsam in den Griff, meint der Arzt und ist zufrieden mit ihm, aber was weiß der schon? Jedenfalls nicht, dass für Rashid ab und zu Kokain in den Knast geliefert wird. Rashid kann gar nicht verstehen, warum die Öffentlichkeit – wenn eine solche Lieferung auffliegt – immer so ein Theater veranstaltet, bloß weil jemand mal ein paar Päckchen Gras oder ein paar Gramm Koks in die Zelle schmuggelt, schließlich nimmt man das Zeug draußen doch auch, warum also nicht auch hier? Und es gibt immer jemanden, der jemanden kennt, und der es schafft, Dinge von draußen zu organisieren. Das Einzige, was stimmen muss, ist das Geld – wer bezahlt, bekommt, was er will, egal was. Im Knast kann man fast alles haben, man braucht nur die richtigen Kontakte und einen Wärter, der auch mal ein Auge zudrückt oder sogar zwei. So einen wie Schäfer.

Rashids gebrochener Arm ist inzwischen gut verheilt, er hat nur noch leichte Schmerzen und soll ihn nicht zu stark belasten. Doch darauf achtet er nicht, sein Körper ist ihm egal; er empfindet ihn als Ballast. Am liebsten würde er gar nicht drin stecken in diesem kaputten Körper mit den drogenverseuchten Organen, den schlaff gewordenen Muskeln und den dunklen Rändern um die Augen. Schon als Kind wäre er gern jemand anders gewesen, nur nicht Rashid. Er findet sein Leben abartig, weil er im Knast ist, weil er jeden Morgen aufsteht und sich fragt, wann das Ganze endlich ein Ende hat. Er hat keinen Plan, kein Ziel, auf das er sich freut, es gibt nichts außer der Tatsache, dass er lebt und eigentlich doch nicht lebt; aber das Sterben würde ihm noch schwerer fallen und so ist er noch da. Das Einzige, was ihn jetzt noch aufmuntern könnte, wären ein paar Tropfen Tilidin. Er stellt sich vor, wie er sie langsam in seinen Hals gleiten lässt, so wie er es unzählige Male vorher gemacht hat, dieses Mal aber würde er jeden einzelnen Tropfen auskosten und ganz langsam hinunterschlucken, nicht hastig, so wie sonst. Dann würde es eintreten, dieses gute Gefühl, diese plötzliche Freude. Sein Körper würde sich endlich gut anfühlen, jeder Atemzug, jede Bewegung voller Energie sein, es wäre ein so geiles Gefühl, unvergleichlich. Das Beste, was er je erlebt hat.

Rashid hat lange versucht, seine Drogensucht geheim zu halten. Ein Mann, der ein Junkie ist, ist kein Mann und ist genauso wenig angesehen wie jemand, der seine Mutter beleidigen lässt. Rashid hat viel von seiner Ehre eingebüßt, seit er unter den Jugendlichen aus seinem Viertel als Junkie gilt. Anfangs haben alle das Zeug genommen, dann aber haben die meisten irgendwann damit aufgehört oder sind zum Kiffen oder zum Saufen übergegangen. Nur Rashid hat nicht aufgehört, im Gegenteil: Er hat die Tropfen immer höher dosiert und auch andere Betäubungsmittel genommen, wenn sie gerade zur Hand waren. Es hätte auch Rattengift sein können, er hat nie gefragt, was er da gerade schluckt, schnieft oder raucht. Nur gespritzt hat er noch nicht.

Dass er Drogen nahm, hatten seine Knastkollegen gleich am ersten Tag erkannt, und es vergingen keine zwei Stunden, da wurde er auch schon von einem Mitgefangenen angesprochen, ob er nicht etwas brauche. Da hatte Rashid noch dankend abgelehnt, er misstraute hier jedem. Aber jetzt hielt er es nicht mehr ohne Tilidin aus. Und nun braucht er Schäfer.

Schäfer ist Aufseher im Jugendknast. Mit seinen 26 Jahren sieht er fast noch wie ein Jugendlicher aus. Sein rotes kurz geschorenes Haar und die vielen Sommersprossen lassen ihn freundlicher erscheinen, als er tatsächlich ist. Er redet viel und prahlt vor den Häftlingen gern damit, wie hart er immer durchgegriffen habe, als er noch zu Einsätzen am 1. Mai geschickt wurde. »Das war echt 'ne geile Zeit, da hab ich den asozialen Pennern immer richtig eine gegeben, auch wenn sie sich nicht gewehrt haben, immer uff die Fresse, merkt euch das.« Aber der Aufseher mit den blank geputzten Schuhen und einer Leidenschaft für schnelle Autos und seine Techno-Mieze Mandy aus Lichtenberg hat sich im Knast als verlässlicher Geschäftspartner einen Namen gemacht.

Schäfer hat eine große Klappe, ist leicht reizbar und was er gar nicht leiden kann ist, wenn ihm jemand widerspricht. Dennis, der einige Zellen neben Rashid einsitzt, versteht sich gut mit Schäfer. Schäfer, das ist eigentlich sein Nachname, aber alle nennen ihn untereinander so, doch nur Dennis, der hier schon seit vier Jahren einsitzt, darf ihn ganz offiziell so nennen.

Obwohl er Ausländer nicht besonders leiden kann, woraus er auch kein Geheimnis macht, ist Schäfer eines Tages auf Wunsch von Dennis auch zu Rashid gegangen und hat ihm angeboten, ihn mit kleinen Portionen Gras zu versorgen. Das Geld dafür bekommt Mandy von Rashids Bruder Yusuf direkt in ihr kleines Nagelstudio geliefert, so gibt es im Knast keinen Tausch und die Sache ist relativ sicher.

Rashid kann Schäfer, diesen Großkotz, auf den Tod nicht ausstehen. Aber er muss sich auf ihn einlassen, schließlich hat er in den letzten Monaten alle Versuche, einen korrekten Drogenentzug zu machen, nach wenigen Tagen wieder abgebrochen und findet nur Ruhe, wenn er ab und zu einen kleinen Joint raucht.

Schäfer versorgt alle im Knast. Dennis ist dabei seine wichtigste Kontaktperson, denn Dennis hält garantiert dicht, das weiß Schäfer. Schließlich waren sie mal Nachbarn. Hätte Schäfers Mutter nicht alles darangesetzt, dass ihr Sohn in einem besseren Viertel zur Schule geht, säße Schäfer jetzt dort, wo Dennis sitzt: in der Zelle. Doch Schäfer hatte mehr Glück mit seinen Eltern.

»Sag mal, Alter, soll ich diesem Araberpack wirklich trauen? Ich finde die nicht so korrekt wie du meinst, letztens hat der Typ das Geld bei Mandy abgegeben und wollte sie dabei gleich zum Essen einladen. Der kriegt was aufs Maul!«

Dennis muss immer wieder über die Naivität des Wärters lächeln, besonders intelligent ist Schäfer nun mal nicht. »Wenn deine Alte darauf eingeht, ist sie selbst schuld, da kannst du nicht den Arabern die Schuld geben. Deren Frauen lassen sich von keinem ansprechen.«

»Mach mich nicht wütend, du Taschendieb. Mandy hat sich nicht von ihm anquatschen lassen, sie hat es mir gleich erzählt.« Dennis verkneift sich das Lachen und lenkt ein: »Okay, okay, tut mir leid, wollte deine Frau nicht beleidigen, aber komm jetzt mal runter. Ich werde den Jungs das bestellen und in Zukunft halten die sich zurück. Sonst ist doch alles in Ordnung, oder? Stimmt die Kohle?«

»Ab nächste Woche wird das Zeug teurer, kannst du deinen Kollegen schon mal ausrichten. Wir haben jetzt die Scheiß-Vogelgrippe und die Kontrollen sind so hart, dass in Berlin gerade Gras-Knappheit herrscht.

Ist kein Spruch. Statt acht Euro ab jetzt zehn Euro fürs Gramm.«

Schäfer ist seit einem Jahr in der Jugendvollzugsanstalt und hat sich in dieser Zeit einen treuen Kundenstamm aufgebaut. Dank dieser Nebeneinkünfte kann er sich einen Leasingvertrag für sein Mazda Cabriolet und zweimal im Jahr Urlaub mit Mandy auf Mallorca leisten. Schäfer ist ein glücklicher Mann. Jeden Abend fährt er zufrieden in seine Drei-Zimmer-Neubauwohnung mit Laminat-Boden und Südblick, lehnt sich zurück und lässt sich von seiner Mandy-Maus, so nennt er seine Freundin, bedienen. Er hat es geschafft. Er hat das Leben, wovon die Jungs im Knast nur träumen. Und das Wissen darüber macht ihn besonders glücklich. Manchmal, wenn er darüber nachdenkt, was er sich im Leben noch wünscht, ist das Einzige, was ihm dazu einfällt, ein Porsche. Diesen Traum will er sich unbedingt noch erfüllen. Und dazu braucht er sie, die kleinen Kriminellen, die Drogenabhängigen und Tablettensüchtigen, die ihn anbetteln, dass er ihr Geld annehmen möge.

Rashid muss nicht betteln, er regelt alle Geschäfte über Dennis, der Knast hat sie zusammengeschweißt. Wenn er wieder rauskommt, wird er sich mit Dennis zusammentun, das ist sicher, er hat große Pläne mit Dennis. Aber bevor es soweit ist, repariert Rashid alte Möbel, das kann er mittlerweile ganz gut. Der Meister ist stolz auf ihn. Seit Rashid zum ersten Mal eine alte Kommode aufgearbeitet hat, haben alle gesehen, dass er besonders geschickt ist, wenn es um feine Arbeiten geht.

Er ist dünn geworden, so dünn, dass seine Gesichtsknochen kantig hervorstechen unter der fahlen Haut. Seine feingliedrigen Finger streichen zart über das rissige Furnier einer alten Truhe. Er liebt es, die Maserung des Holzes und sein Muster zu erkunden, herauszufinden, wie er es wieder aufarbeiten könnte. In solchen Momenten vergisst er fast, dass er im Gefängnis ist, er vergisst seine Sehnsucht nach Freiheit, selbst die Gedanken an eine ungewisse Zukunft sind wie weggeblasen, wenn er den Duft von Schellack und Politur einatmet und vorsichtig mit den kleinen Holzstückchen, die er in einem Karton für Ersatzteile sorgfältig verwahrt, das Furnier wieder aufbessert.

Noch nie hat Rashid an einer Sache gearbeitet, bei der am Ende das Ergebnis zu sehen war. Arbeit war ihm fremd – bis auf die wenigen Stunden, die er seinem Vater auf dem Autoplatz half. Früher war Arbeit für ihn Sklaverei, nur dumme Menschen gingen acht Stunden am Tag arbeiten, um dann am Wochenende endlich einmal ausschlafen zu können. Er hat geschlafen, wann es ihm passte und so lange er wollte – seine ganze Familie hat es so gehalten. Aber jetzt, wenn er so an seiner Werkbank sitzt und Stück für Stück, Schritt für Schritt mit seinen Händen klebt und schraubt, hämmert und poliert und am Ende ein glänzendes Möbelstück vor sich stehen sieht, erfasst ihn ein Gefühl von Stolz, wie er es vorher nie vermutet hätte.

Rashid weiß nicht, wie lange er das noch aushalten wird, wie lange er sich noch ablenken kann von dem

Gedanken an die Zukunft, deren Ungewissheit ihm schlaflose Nächte bereitet. Er ist nicht mehr der Fixeste, er ist abhängig und das wissen die anderen. Die Jungs im Knast sind erbarmungslos, wenn sie eine Schwachstelle finden, dann gibt es kein Entrinnen. Rashids Schwachstellen sind bekannt, er ist reizbar und er ist schwach, ohne Dennis an seiner Seite würden sie ihn plattmachen. Die Möbelwerkstatt ist für ihn ein Zufluchtsort, die Stunden dort sind geradezu eine Wohltat – keine blöden Sprüche, keine Prügeleien.

Kaum hatte er sich mit den Stressmachern im Knast arrangiert, sind auch schon wieder neue gekommen. Fast täglich gibt es Zuwachs in den Zellen. Meist sind es arabische oder türkische Jungs, die ihm das Leben schwer machen. Sie verachten ihn, weil er ein Junkie ist. Seine Freunde Sami und Daniel haben auch so reagiert, wie alle anderen, als sie bemerkten, dass mit Rashid etwas nicht stimmte, dass er ständig mit einer Flasche Tilidin unterwegs war und ihm keiner mehr trauen konnte, weil er drogenabhängig war. In ihren Augen war er von da an ein hoffnungsloser Fall. Rashid selbst hat das lange nicht akzeptiert. Lange, zu lange glaubte er, dass er jederzeit aufhören könne, wenn er nur wolle. Genauso wie er irgendwann zu heulen aufhören konnte, wenn sein Vater ihn schlug, oder wie er aufhören konnte, Bea zu lieben, einfach so, von einem Tag auf den anderen.

»Rashid, bestell deinem Bruder, dass er mehr zahlen muss beim nächsten Mal.« Rashid hasst Schäfer dafür, dass der so korrupt ist, und er hasst ihn, weil er weiß, wie abhängig er von diesem miesen Bullen ist. Rashid hat schon viele Polizisten in seinem Leben getroffen und auch wenn er sie nie wirklich ausstehen konnte, weiß er es doch zu schätzen, dass es Menschen gibt, die sich für Recht und Ordnung einsetzen, Menschen, auf die man sich verlassen kann. Schäfer hingegen ist eine Schande für die Polizei und Rashid selbst ist ihm ausgeliefert, abhängig von einem korrupten Bullenschwein.

»Ey, Rashid, hast du mich verstanden oder muss ich arabisch sprechen?« Rashid nickt, ohne Schäfer dabei anzuschauen und dreht sich weg. Er ist bereit, jeden Preis für etwas Stoff zu zahlen, aber er will nicht mit Schäfer reden, will ihm nicht das Gefühl geben, dass er ihn und seinen Umgangston akzeptiert. Ein kleiner Funke Stolz ist ihm geblieben. Vielleicht ist es nur dieses kleine bisschen Stolz, das ihn davon abhält, seinem Leben ein Ende zu setzen.

Rashid kann sich nicht lange auf seine Arbeit konzentrieren, immer wieder tastet er nervös und hektisch mit seinen Händen die Werkzeuge ab. Seine fahrigen Blicke wandern hin und her, immer auf der Suche nach einem Punkt, an dem sie verweilen können. Er sieht die Gesichter seiner Mithäftlinge, die Hände von dem kleinen Murat, der mit seinen wulstigen Fingern die feinen Leisten eines Bilderrahmens ungelenk zu verleimen versucht. Rashid bemerkt, wie ihm der Schweiß dabei von der Stirn perlt und wie Murat sich vor lauter Konzentration auf die dicke Zunge beißt.

Murat ist auch schon seit einigen Wochen hier, seine und Rashids Zellen liegen nebeneinander. Nachts unterhalten sie sich manchmal über die kleinen vergitterten Öffnungen, die zum Hof hinausgehen. Murat ist ein ruhiger Junge, er hat auch nicht viel ausgefressen. Nur bei der letzten Schlägerei hat er seinem Gegner das Messer zu tief in die Lende gebohrt, wodurch der fast verblutet wäre. Sonst aber ist Murat ganz nett, er klaut nicht und ist nicht kriminell organisiert; Rashid findet, dass Murat eigentlich ein feiner Junge ist, man darf ihn nur nicht reizen. Murats letzter Gegner hatte seine Mutter beleidigt und das würde kein Mann von Ehre auf sich sitzen lassen, denn die Ehre ist das Einzige, was bleibt, wenn man sonst nichts hat.

Auf dem Fenstersims steht ein kleines Radio. Die Tischlerei ist der einzige Raum im Gefängnis, in dem Musik gehört werden darf. Meister Heinz ist der Meinung, das treibe die Jungen an, das motiviere zur Arbeit. Eigentlich tun sie ihm ein bisschen leid, seine Schützlinge. Er sieht in ihnen nicht nur Kriminelle, er blickt auch hinter die Fassade. Und dort zeigt sich meist ein gebrochener junger Mensch, den Meister Heinz mit Holzhobel, Säge und Hammer zu erreichen versucht.

Die R'n'-B-Sounds aus dem Radio lassen Rashid aufhorchen. Es ist die Musik der durchzechten Nächte in der Diskothek »Tor 18«, der warmen Sommerabende auf der Straße, das Auto offen, die Anlage auf volle Lautstärke gedreht. Er war einmal der König im Kiez, die Zeiten sind vorbei, das weiß er.

Kiez-König

Die Nächte im »Tor18« fanden nie ein Ende. Bis in die Morgendämmerung wurde getrunken und gefeiert. Die Diskothek lag etwas außerhalb der Stadt auf einem leer stehenden Industriegelände. Die kleineren Hallen waren zu Clubs und Bars umgebaut worden, ein schlauer Investor hatte das Areal zum Spottpreis gepachtet und die maroden Hallen für viel Geld vermietet. Rashid kannte den Preis, schließlich war er meist aus geschäftlichen Gründen hier. Der Betreiber von »Tor18« war ein Deutscher, er hieß Walter und war Ende 40. Früher eine Größe im Rotlichtmilieu, musste er im Zuge der Multi-Kulti-Invasion ins horizontale Gewerbe immer mehr von seinem Geschäft an andere abtreten, an Konkurrenten, die mehr Einfluss und Macht hatten. Bis Walter sich schließlich dazu durchrang, ganz aufzuhören und sein Glück in der Berliner Partyszene zu versuchen. Er hatte großen Erfolg und das sprach sich schnell herum.

Drei Wochen nach Eröffnung von »Tor18« standen Aabid und seine Leibgarde im Büro von Walter, gratulierten ihm zu seinem glücklichen Händchen in geschäftlichen Dingen und machten ihm klar, dass früher oder später irgendeiner kommen und sein Stück vom Kuchen einfordern würde, wenn er nicht ihre Dienste annähme. Walter hatte keine andere Wahl, als fortan jeden Monat Schutzgeld an Aabids Jungs zu zahlen. Es war nicht wenig, aber Aabid hatte kein Interesse daran, seine Schutzbefohlenen bis aufs Blut auszusaugen. Für Walter blieb immer noch genug, um den Betrieb aufrechtzuerhalten und sich den einen oder anderen Luxus leisten zu können, ein Penthouse hoch über dem Kudamm zum Beispiel, einen Mercedes SL und eine 18-jährige Freundin. Walter wäre nie auf die Idee gekommen, die Polizei einzuschalten, dazu kannte er die Szene zu gut. Er wusste, dass es kein Entrinnen gab, und er selbst hätte es auch nicht anders gemacht, wenn er noch über die dafür nötige Macht verfügte. Das waren die Regeln der Straße, wer überleben wollte, hatte sich daran zu halten.

Rashid kam immer mit mehreren Jungs ins »Tor18«. Jeder wollte an seiner Seite sein, mitfahren in einem der teuren Autos, die Aabid ihm zur Verfügung stellte. Einmal war es sogar ein Wagen der S-Klasse, Rashid hatte lange betteln müssen, damit Aabid es für eine Nacht hergab. Rashid traf sich immer noch mit den anderen an der »Sonne«. Davor ging man noch ins Solarium, dann schnell nach Hause, um sich frisch zu machen, einen Happen zu essen und dann auf zur »Sonne«. Dort wurde gequatscht, eine geklaute Uhr oder ein Handy verkauft und wenn es Mitternacht war, ging es los in die Clubs. Dann setzten sie sich zu viert ins Auto und heizten durch die bunt beleuchteten Straßen der Stadt. Die Musik dröhnte aus den Lautsprechern und Rashid ging keinem Stechen mit den anderen Rowdys aus dem Weg, die ihre Motoren an der Ampel aufheulen ließen und die Straßen für einige Stunden unsicher machten.

Jassir und Sami, die fast immer dabei waren, hatten eines Abends einen neuen Freund angeschleppt. Er hieß Ismail und kam aus einem anderen Kiez in Neukölln. Rashid beobachtete den Neuzugang im Rückspiegel und sah, wie Ismail sich immer wieder eine kleine Flasche an den Mund hielt, seinen Kopf nach hinten legte, ein paar Tropfen schluckte und das kleine Fläschchen sorgfältig wieder in seiner Jackentasche verstaute. »Ey, was ist das? Was machst du da?«, wollte Rashid wütend wissen. Geheimnisse konnte er nicht dulden, schon gar nicht von fremden Eindringlingen – so empfand er erst einmal jeden, den er noch nicht kannte. Ismail fühlte sich ertappt. Er grinste verlegen, nahm das Fläschchen aus der Tasche und hielt es Rashid nach vorn. »Hier, willst du ein bisschen, ist nicht schlimm, ist voll gut!«

»Ich hab dich gefragt, was das ist, du Idiot, oder willst du paar auf die Fresse? Sind das Drogen oder was, du Scheißjunkie!«, schrie Rashid ihn an.

»Ey, Rashid Habibi, komm mal runter, Alter. Der Kollege ist in Ordnung, das ist nur ein Schmerzmittel, sind keine Drogen oder so. Ist gut, das Zeug, hab ich auch schon probiert, hier nimm mal.« Sami nahm Ismail das Tilidin aus der Hand und reichte es Rashid. Der griff hastig zu, fuhr rechts ran und begutachtete die klare Flüssigkeit bei laufendem Motor. »Und das sind wirklich keine Drogen, Sami? Ey, wenn das eine Verarschung ist, dann fick ich euch beide, Alter.«

Sami wurde wütend, er wollte Rashid die Flasche aus der Hand reißen, doch der fing an zu lachen, drehte den

Verschluss auf und ließ einige Tropfen in den Mund laufen. »So und jetzt? Was soll jetzt passieren? Warum nimmt man Schmerzmittel, wenn man keine Schmerzen hat? Ihr seid doch voll gestört, so ein Quatsch!« Rashid schmiss die Flasche mit einer lässigen Handbewegung nach hinten, warf Sami einen verächtlichen Blick zu und fuhr mit quietschenden Reifen weiter.

Als sie am »Tor 18« ankamen, drängelten sich die Massen bereits vorm Eingang. Der Laden galt als Top-Adresse. Obwohl die Berliner Clubszene aus allen Nähten platzte und die Konkurrenz groß war, war Walters Halle immer ausgebucht. Manchmal musste die Tür dann wegen Überfüllung für einige Minuten geschlossen werden, bis ein Besucher-Schub ging und der nächste nachrücken konnte. Die Kasse klingelte und die Bässe dröhnten – so laut, dass Rashids Körper vibrierte, wenn er sich an eine der Metalltüren lehnte, die weit aufgerissen ins Innere der Diskothek führten.

Die Tropfen hatten inzwischen ihre Wirkung entfaltet, Rashid fühlte sich gut, besser als je zuvor. Ein Gefühl der Lebendigkeit und Freude durchzog seinen Körper und er nahm seine Umwelt aufmerksamer wahr als sonst. Er wirkte aufgekratzt und cool.

»Ey, Rashid, ihr könnt rein, aber keinen Stress machen wie letztes Mal«, flüsterte ihm einer der Türsteher zu. Rashid brauchte einige Sekunden, um zu verstehen, was der Kerl da gesagt hatte. Dann platzte es aus ihm heraus: »Wenn du nicht gleich deine Fresse hältst, bist du deinen Job los, verstanden? Du hast hier gar nichts zu melden, dich kenn ich überhaupt nicht, halt also dein Maul, sonst kümmert sich Aabid um dich, verstanden?!«

Der Türsteher ballte seine Faust, doch im selben Moment kam Walter. Er hatte Rashid und die Jungen vom Fenster seines kleinen Büros im Obergeschoss kommen sehen und war vorsorglich zur Tür geeilt, um möglichem Stress vorzubeugen. »Lass sie durch, das geht schon in Ordnung, Rashid ist immer ein gern gesehener Gast.« Mit einem verlogenen Grinsen legte er den Arm um Rashids Schulter und führte ihn in das Innere der Diskothek, Sami, Jassir und Ismail folgten ihnen. Der Türsteher biss sich auf die Lippen und sagte keinen Ton, nur in seinen Blicken sah man den Hass, den er besonders dann empfand, wenn arabische Dreckskinder ihn beleidigten. Denn das waren Rashid und seine Kumpel, kleine Drecksbengel, Missgeburten, am liebsten hätte er sie tot gesehen.

Walter erging es ähnlich. Auch er hasste die arabische Clique, die regelmäßig auftauchte und sich nicht damit begnügte, ihm sein Geld abzuknöpfen, sondern auch noch für Unruhe in seinem Club sorgte. In jener Nacht wurde er mit einem besonderen Schauspiel beschenkt, das ihm ein kleines bisschen Genugtuung verschaffte.

Rashid hatte sich ein paar neue Lederschuhe gekauft, teure Schuhe. Er hatte in diesem Monat von Aabid einen besonders hohen Abschlag bekommen. Das Geschäft florierte und Rashid war ein tüchtiger und zuverlässiger Mitarbeiter. Er tat neue Clubs für neue Schutzgelderpressungen auf, er betreute ein Bordell fast ganz allein und er hatte sich für das von Aabid und seinem Kollegen neu eröffnete Sportstudio etwas Besonderes einfallen lassen. Rashid besorgte Anabolika und versorgte damit die schweren Jungs, die nicht die Ausdauer hatten, sich täglich an den Hanteln und Fitnessgeräten zu schinden, sondern den schnellen Erfolg haben wollten. Jeder wollte groß und stark sein und wer es nicht war, der wurde wenigstens breit und braun. Zum Studio gehörte neben den Geräten und einer vollbusigen Tresenkraft auch ein Sonnenstudio. Wer zur Unterwelt zählte, hatte einen großen Bekanntenkreis. Die kleinen und großen Gangster waren gern unter sich, man pflegte alte Bekanntschaften und knüpfte neue Geschäftskontakte und bei Rashid konnte man Gespräche ohne vorgehaltene Hand führen. Rashid schuf ihnen ein eigenes kleines Reich.

Er wusste, dass er sich immer mehr zu einer Kiezgröße entwickelte. Die Schlange vor dem Club war lang, für Rashid konnte sie gar nicht lang genug sein, denn das war sein Laufsteg. Nirgendwo fand er so viel Beachtung wie auf diesen zwanzig Metern bis zum Clubeingang. Mit dem Tilidin im Blut war alles noch aufregender als sonst, er fühlte sich wie ein König.

Mit vorgereckter Brust und eingezogenem Bauch, die Blousonjacke lässig offen, stolzierte er an den in der Schlange stehenden Gästen vorbei, immer forschend um sich blickend, ob auch jeder ihn wahrnahm. Manchmal rief er einfach ganz laut nach einem seiner Freunde, nur damit ihn auch jeder bemerkte. Im Club selbst war er wieder einer von vielen. Rashid ging ab und zu über die

Tanzfläche, um die Girls zu checken und blieb auch nur dann länger, wenn ihm eine so gut gefiel, dass er sich bemühte, sie für eine Nacht abzuschleppen. Dann stand er wieder draußen vor der Tür und tat so, als wäre es sein Laden. Die zwei türkischen Türsteher Osman und Niazi konnten ihn gut leiden. Sie zählten zu Aabids Vertrauten und damit sozusagen zur Familie. Aabid hatte sie – zusätzlich zu Walters Leuten – einstellen lassen, um über die Geschäfte auf dem Laufenden gehalten zu werden. Er wollte damit sicherstellen, dass der Deal zwischen ihm und Walter fair verlief. Wenn Walter eine Einnahmeflaute hatte, setzte Aabid den Schutzgeldtarif runter, liefen die Geschäfte besser als erwartet, wurde es für Walter teurer.

Rashid unterhielt sich gerade mit den zwei Türstehern, als er die Jungs aus dem Schöneberger Kiez kommen sah. Für eine unauffällige Flucht war es schon zu spät. So blieb er stehen und wartete ab, was passieren würde.

Der Anführer der Bande hieß Tayfun und er machte seinem Namen alle Ehre. Rashid hatte ihm ausrichten lassen, dass er und seine Leute sich nicht hier, in seinem Revier, blicken lassen sollten. »Tor 18«-Verbot für Schöneberg hieß das in der Sprache der Jungs. Aber Tayfun kam nicht allein, sie waren zu viert und wenn Rashid nicht allein gewesen wäre, hätte er keine weichen Knie bekommen, er hätte es tapfer mit seinen Gegnern aufnehmen können. Jetzt hoffte er auf die Einsatzbereitschaft von Osman und Niazi, doch fragen wollte er sie nicht. Er wollte nicht ängstlich wirken, es war ihm peinlich.

»Na, Rashid, fein gemacht fürs Tanzen gehen?!« Tayfun war einen Kopf größer als Rashid, er stand vor ihm wie ein Koloss und grinste Rashid abschätzig an. »Redest wohl nicht mit jedem, denkst wohl, du bist was Besseres, nur weil du jetzt Aabid sein Arschlecker bist.«

Die Reaktionszeit von Rashid war zu lang, Tayfuns Faust knallte schon auf sein Nasenbein, bevor Rashid das Messer aus der Tasche gezogen hatte. Osman und Niazi wollten Tayfun festhalten, doch dessen Clique hielt die beiden so gut in Schach, dass Rashid hilflos zu Boden fiel und niemand ihn vor den harten Tritten des Gegners retten konnte. Nach zehn Minuten rannten die Schöneberger davon.

Rashids neue Schuhe waren futsch, seine Hose beschmiert mit dem Dreck der Straße, die teure Blousonjacke am Ärmel aufgerissen. Rashid sprang auf, er kochte vor Wut. Wie ein Irrer rannte er den Jungs hinterher, er schrie und tobte und bemerkte im Dunkel den Zaun nicht, über den die Meute entkommen war. Er rannte mit voller Wucht dagegen, prallte ab und landete auf seinem Hintern. Im Hintergrund vernahm er Gelächter. Die Menschen, die in der Schlange vor dem Club standen, hatten das ganze Spektakel mit verfolgt und machten sich jetzt über ihn lustig. Vor Wut hackte er mit seinem Messer in die Rillen zwischen den Pflastersteinen, immer und immer wieder, bis er abrutschte und sich dabei den kleinen Finger der rechten Hand abhackte. Das Blut spritzte ihm ins Gesicht und er saß da wie versteinert, sein Finger neben ihm im Dreck.

O Gott, o Gott, was mach ich jetzt, o Gott, mein Finger ist ab, mein Finger ist ab, was mach ich jetzt? Er konnte keinen klaren Gedanken mehr fassen, hielt die linke Hand unter die rechte und fing das Blut auf, das in seiner Handfläche zu einer kleinen roten Pfütze zusammentropfte. Seinen Finger warf er dazu und stand, ohne seine Hände zu benutzen, mühsam auf. Osman und Niazi packten ihn und riefen einen Krankenwagen. So etwas hatten sie in den vielen Jahren als Türsteher noch nicht erlebt. »Ey, Rashid, ey, spinnst du? Du hast dir den Finger abgehackt, Alter, was ist los mit dir?«

Rashid hatte den Schock überwunden, jetzt erst wurde ihm bewusst, dass er kaum Schmerzen spürte. Es war nur ein Ziehen in seiner rechten Hand. Auch seine Nase war geschwollen, getrocknetes Blut verklebte die Nasenlöcher. Doch er spürte nichts. Das Tilidin machte ihn unempfindlich gegen den Schmerz. Von dieser Nacht an sollte er das Zeug täglich nehmen.

Vater und Sohn

Wenn Rashid eine Schlägerei hinter sich hatte, spannte er gern einige Tage zu Hause vorm Fernseher aus. Das war wie Urlaub nach harter Arbeit. Die Tage bei seiner Familie, fernab von irgendwelchen Geschäften, taten ihm gut. Er verbrachte viel Zeit mit seinem Vater in der Autowerkstatt und Fuad nutzte die Gelegenheit, um seinen Sohn in den An- und Verkauf einzuweihen, hatte er doch immer noch die Hoffnung, irgendwann würde ihm einer seiner Söhne bei der Arbeit zur Hand gehen.

Fuad hatte sein ganzes Erspartes in die Werkstatt investiert. Alles Geld, das er am Finanzamt und an anderen Ämtern über Jahre hinweg hatte vorbeischmuggeln können, steckte in zwanzig Gebrauchtwagen, die er eigenhändig wieder hergerichtet hatte. Rashid war stolz auf das, was sein Vater erreicht hatte, und bewunderte, wie er mit geringem Mitteleinsatz ein Auto wieder aufflitzen konnte, um es dann schnellstmöglich wieder zu verkaufen. Seine Preise hielten sich in einem Rahmen, der Beschwerden seiner Kundschaft kaum zuließ, selbst wenn das Auto nach wenigen Kilometern schon wieder auf der Strecke blieb. Der Billig-Automarkt lief gut.

»Guck mal, dieses Auto ist eigentlich Schrott, aber mit ein bisschen Politur und Schummel-TÜV krieg ich für den noch 2000 Euro. Kannst du nicht so etwas machen, statt immer nur Scheiße zu bauen? Junge, werd endlich vernünftig, du bist jetzt erwachsen!« Es war immer die gleiche Predigt, die Rashid sich anhören musste, es störte ihn kaum noch. Er hatte sich längst an die Mahnungen seines Vaters gewöhnt. »Irgendwann, Rashid, haben sie dich am Arsch und dann sitzt du im Knast und keiner kann dir mehr helfen. Ich auch nicht. Denn dann bist du nicht mehr mein Sohn.« Wenn sein Vater so mit ihm sprach, beschlich Rashid ein ungutes Gefühl, in seinen Ohren klangen solche Worte wie eine Prophezeiung, die eines Tages wirklich werden könnte – und das nur, weil sein Vater ständig den Teufel an die Wand malte.

»Viele haben schon geglaubt, sie könnten das schnelle Geld machen. Auch dein Kumpel Aabid hat schon einige Zeit seines Lebens im Gefängnis verbracht und nie können seine Frau und seine beiden kleinen Kinder sicher sein, dass er nicht im nächsten Moment wieder dort einsitzt. Das ist doch kein Leben, mein Sohn!« Als Rashid auch nach Fuads drittem Anlauf, mit seinem Sohn ins Gespräch zu kommen, immer noch schwieg, drückte Fuad ihm ein paar leere Zettel und einen Edding-Stift in die Hand und erhob sich aus seinem abgewetzten Sessel.

Es war lange her, dass Rashid einige Zeit mit seinem Vater verbracht hatte. Als kleiner Junge hatte er ihm gern auf dem Trödelmarkt geholfen. Damals war er noch so zart und so schüchtern gewesen, dass sein Vater oft in die Schule beordert wurde, weil Rashid immer sein Pausenbrot an seine Mitschüler verteilte. Rashid hatte Mitleid mit seinen deutschen Schulfreunden, deren Väter nie die echten waren und deren Mütter ihnen nie ein Brot einpackten, aber mit einer Alkoholfahne in der Schule erschienen. Die Deutschen kümmern sich nicht um ihre Kinder, dachte er, sie haben keine Familienehre. Sein Vater stimmte ihm zu und warnte seinen Sohn: »Mein Sohn, du kannst dich mit ihnen anfreunden, aber vergiss nicht, es sind Deutsche, die sind anders als wir, die haben andere Sitten. Werde nicht so wie sie!« Werde nicht so wie sie, das war oberstes Gebot.

»Mein Junge, du bist jetzt alt genug, um zu wissen, dass man als Mann nicht den ganzen Tag auf der Straße herumhängt. Du musst jetzt auch mal zu Hause sein und mehr auf deine Schwestern aufpassen. Sara ist schon ein großes Mädchen und du weißt, was das heißt.« Fuad sortierte seine Visitenkarten, während er seinem Sohn einen Vortrag übers Erwachsenwerden und die damit verbundenen Aufgaben in der Familie hielt. Er selbst war früh gealtert, seine Hände trugen die Spuren harter Arbeit, grob und ledrig waren sie, ein auffälliger Kontrast zu seinem hellen, freundlich wirkenden Gesicht. Seine müden Blicke verfolgten Rashid, der gerade dabei war, sich einen der vielen Autoschlüssel vom Brett zu nehmen. Fuad war stolz auf seinen Sohn, er fand ihn gut aussehend und clever und war beeindruckt über das viele Geld, das Rashid immer in der Hosentasche hatte. Solange die Polizei nicht die Wohnung stürmte, fragte niemand danach, woher die Scheine stammten.

Für Fuad war Deutschland immer ein fremdes Land geblieben. Keines seiner Kinder würde hier Karriere wie ein junger Deutscher machen. Arabische Kinder würden niemals gleiche Chancen haben. Deshalb fand er es auch legitim, sich sein Brot auf andere Art zu erwerben, wenn es sein musste, auch illegal. In den Jahren auf dem Flohmarkt hatte er sich selbst ein kleines Sümmchen zusammengespart. Damals war Rashid noch immer zur Stelle gewesen, wenn es darum ging, die alten Klamotten aufzubügeln und zu ordnen. Mit der Zeit bekam Fuad ein Händchen für alte Gegenstände mit besonderem Wert, er spezialisierte sich auf alten Trödel, tingelte von Ort zu Ort, klingelte an Türen von fremden Menschen und hatte immer denselben Spruch parat, den er mit seinem schönsten Lächeln und einer weichen Stimme offerierte: »Einen schönen guten Tag, ich kaufe alte Sachen auf, Kleider, Schuhe, Möbelstücke, was Sie nicht mehr brauchen. Von mir bekommen Sie Geld dafür.«

Es brauchte seine Zeit, bis Fuad sich einen Reigen guter Bezugsquellen erschlossen hatte. Die Menschen waren ihm gegenüber misstrauisch, schließlich war er Araber, ein Ausländer also. Besonders im Osten Deutschlands war man den »Schwarzköpfen« gegenüber nicht gerade aufgeschlossen. Fuad kannte die ganze Palette der Vorurteile und Ängste und das war sein Kapital. Er fuhr mit seinem alten Passat Kombi in die entlegensten brandenburgischen Dörfer und kaufte alte Klamotten zu Höchstpreisen auf, nur um erst einmal das Vertrauen der Menschen zu gewinnen. Und es funktionierte: Irgendwann kannte man ihn, manchmal wurde ihm sogar ein Kaffee angeboten. Rashid begleitete ihn zuweilen, wenn gerade Wochenende war oder er mal wieder die Schule schwänzte. Dann saß er neben seinem Vater im Auto und drehte den Radioknopf auf Jam FM, lehnte sich zurück, kuschelte seinen Kopf in den Schaffellbezug des Sitzes und genoss softe R'n'B-Klänge. Er hasste den Osten und fuhr nur mit, weil er schon einige Male Glück gehabt hatte beim Hausieren. Rashid sprach besser Deutsch als sein Vater und kannte sich in den Sitten und Gebräuchen der Deutschen genauer aus. Er wusste, wie er sie zu nehmen hatte, um als netter Ausländer behandelt zu werden.

»Woher kommen Sie?«, war eine Frage, die man Vater und Sohn bei ihren Hausbesuchen in Brandenburg häufig stellte. Sein Vater antwortete immer »aus Berlin«. Er wollte die Frage nach seiner ursprünglichen Herkunft lieber umgehen. Aber viele wollten doch wissen, aus welchem Land Fuad stammte. Das war dann Rashids Einsatz. Er erzählte eine spannende Geschichte von Vertreibung und Flucht, von einem zerrissenen Land, von Glaubenskämpfen, von den vielen grausamen Erfahrungen, denen sein Vater seit seiner Kindheit ausgesetzt gewesen sei. Und er schloss dabei gern mit den Worten: »In unserer Heimat hat immer Gewalt und immer Krieg geherrscht. Das ist leider so. Es gibt viele schlechte Menschen, aber die gibt es ja schließlich überall.« Und Rashids Geschichte verfehlte selten ihre Wirkung. Den Krieg hatten auch die Deutschen verabscheuen gelernt. Und die Erzählung von Fuads Schicksal rief zuweilen selbst bei denen Mitleid und Offenheit hervor, die am Anfang noch so ausgesehen hatten, als würden sie schon beim ersten Anblick der beiden gleich wieder die Tür vor der Nase von Vater und Sohn zuschlagen.

Rashid las in den Gesichtern seiner Zuhörer nur zu genau die Mischung aus Neugier und Abneigung, aus Misstrauen und Mitleid, die ihm und seinem Vater entgegenschlug, Ihr Fremden habt keinen Anspruch auf dieses Land, eure Heimat ist woanders, ihr seid hier nur Gäste, merkt euch das. In solchen Momenten verspürte Rashid Hass, blanken Hass, und Verachtung. Für seinen um Anerkennung buhlenden Vater, der sich auch um seines einträglichen Geschäftes willen vor den Deutschen bückte, schämte er sich, so tief wollte er selbst nie sinken. Er blieb aber dennoch höflich, denn in Gegenwart seines Vaters wusste er sich zu benehmen. Und schließlich wollten sie etwas von den Menschen, an deren Türen sie klingelten. Für das Ziel, bei ihnen etwas Einträgliches abzustauben, lohnte es sich, über die Ablehnung der Deutschen hinwegzusehen, die sich für etwas Besseres hielten. Zumindest bis man hatte, was man wollte. Und so war es manchmal ein alter Schrank, ein Ölgemälde oder eine alte Uhr oder sogar der Familienschmuck, der den Besitzer wechselte und aus der Schmuckschatulle einer mittelständischen brandenburgischen Familie auf den Esstisch von Fuads achtköpfiger Familie in Berlin Neukölln wanderte, um dort für den Weiterverkauf gereinigt, geordnet und repariert zu werden.

Der Autoplatz war von grellen Neonröhren erleuchtet, die nachts ein kaltes Licht über die blank polierten Autos warfen. Angrenzend gab es nur eine Schnellstraße und ein leer stehendes Schulgebäude, sonst nichts. Blaue und weiße blitzende Plastikwimpel raschelten im Sommerwind und schmückten den grünen Zaun auf Augenhöhe.

»Sag mal, Junge, willst du nicht eine Kfz-Ausbildung machen?«

»Ja klar, gleich morgen fang ich damit an.«

»Ich meine, ich kann das auf Dauer nicht allein schaffen und deine Brüder sind nicht so geschickt wie du. Du musst doch nicht den ganzen Tag auf der Straße rumhängen, Rashid, du kannst doch deinem Vater helfen.« Rashid schwieg. Er fand die Idee, ein richtiger Kfz-Schlosser zu werden, eigentlich ganz verlockend, aber im Gegensatz zu Fuad wusste er, dass ihm dafür der nötige Schulabschluss fehlte und die Ausbildung für ihn damit fast so unerreichbar war wie ein Sechser im Lotto. Das aber wollte er nicht offen zugeben, er wollte sich, schon gar nicht vor seinem Vater, eingestehen, dass er schulisch ein Versager war, und freute sich insgeheim, dass sein Vater ihm so viel zutraute. Und außerdem verspürte er auch keine große Lust, sich jeden Tag die Finger schmutzig zu machen und in abgetragenen Klamotten durch die Gegend zu laufen, nur weil es ständig Ölspritzer geben könnte.

»Wenn du den Auspuff nur so ein bisschen zuschweißt, wird er doch gleich wieder kaputtgehen!«, mahnte er den Vater. Fuad beugte sich gerade über den Mitteltopf eines klapprigen Opel Rekords und schweißte unbeholfen an einem Loch herum. Er war so konzentriert bei der Arbeit, dass seine Adern an den Schläfen hervortraten, wie dicke, lilafarbene Fäden zogen sie sich von der Stirn zum Nasenansatz. Rashid beobachtete fasziniert das Schauspiel. Sein Vater war ein Arbeitstier, ein Mann der Tat.

»Junge, ich muss das Auto schnell verkaufen, ich habe keine Zeit für Kleinarbeit. Das können andere machen. Das Auto muss laufen, zumindest solange, bis es aus meinem Blickfeld verschwindet, nicht mehr und nicht weniger. Was danach passiert, ist Risiko des Käufers.« Das klang für Rashid plausibel, er fand es gerecht. Schließlich musste jeder sehen, wie er zu seinem Recht kam. Es kam schon vor, dass auch er selbst verarscht wurde, jemand ihm ein kaputtes Handy verkaufte oder sich Geld lieh, um danach monatelang nicht mehr aufzutauchen. Dann musste sich Rashid auch sein Recht verschaffen, so war das Gesetz, eine andere Möglichkeit gab es nicht.

Rashid verbrachte die Tage damit, den Innenraum der Autos zu parfümieren, um den Geruch von abgestandenem Zigarettenrauch und den Muff zu beseitigen, der in die Polster gezogen war. Die Reifen bestrich er mit einem Glanzöl, das sein Vater auf der letzten Internationalen Auto-Ausstellung entdeckt hatte. Es hatte den Effekt, dass die Reifen wie neu aussahen, ein Laie fiel schnell darauf herein. Die kleinen Kniffe und Tricks, ein altes Auto neu glänzen zu lassen, hatte Rashid von seinem Vater gelernt und nie hätte er diesen Umgang mit den Kunden als Betrug empfunden; es war für ihn eine der ehrlichsten Arbeiten der Welt.

Fuads Werkstatt war Treffpunkt für die arabischen Männer aus der Familie und dem Bekanntenkreis. Rashid genoss die Nähe zu den Älteren, er spürte, dass er allmählich seinen Platz in dieser Gesellschaft fand und als junger Mann zunehmend Verantwortung für seine Familie trug.

Jeden Abend, wenn der Teekessel auf dem Grill pfiff, trafen nach und nach Freunde und Verwandte zu geselligen Runden unter hellem Neonlicht ein. Die Männer des Viertels nutzten die Werkstatt im Sommer als Treffpunkt, wenn ihnen daheim die Decke auf den Kopf fiel und sie vor dem Weiberlärm flüchteten, der aus den Küchen der arabischen Haushalte drang. Die Frauen waren die meiste Zeit zu Hause und unterbrachen ihre Anwesenheit nur durch Einkäufe oder tagsüber auch mal durch ein gemeinsames Picknick, das meist in unmittelbarer Nähe ihrer Wohnung stattfand. Die Männer wollten es so, eine Frau hatte zu Hause zu sein, zumindest in Sichtnähe. Und obwohl die Paschas sich zu Hause bedienen ließen und ohnehin nicht wussten, wie die Waschmaschine funktionierte oder wo das Gemüse in der Küche zu finden war, rieben sie sich daran, dass die Frauen die Macht über das Haus hatten. Denn die waren dabei weder still noch zurückhaltend. Bei der Essenszubereitung in der Küche polterten und klirrten sie herum, jagten mehrmals am Tag mit dem Staubsauger durch die Wohnung und legten, um sich gegen das Kindergeschrei behaupten zu können, eine Lautstärke an den Tag, mit dem sich die Männer nicht messen konnten.

Das größte Übel aber war: Täglich kamen sie bei irgendjemandem zusammen. Da sie weder ins Kino, noch in ein Café, noch nicht einmal spazieren gehen durften, blieb ihnen nichts anders übrig, als ihre Treffen zu Hause abzuhalten, und davon ließen sie sich auch nicht abbringen. Wenn der Haushalt erledigt war, wurde das Wasser für den Kaffee-Klatsch aufgesetzt.

Rashid kannte die Streitereien seiner Eltern um das Fernsehprogramm und es nervte ihn tierisch. Sein Vater wollte immer nur die arabischen Musikclips oder die anti-amerikanischen Propaganda-Nachrichten sehen, während seine Mutter süchtig war nach den billigen Soaps, die auf fast allen arabischen Kanälen liefen. Am Ende solcher Auseinandersetzungen zog Fuad es meist vor, eines der vielen Männer-Cafés aufzusuchen und die Wohnung seiner Frau zu überlassen.

Der Autoplatz hingegen war reine Männersache. Die Frauen durften frühmorgens kommen, um die Autos von innen zu reinigen und frischen Tee zu kochen, dann mussten sie wieder verschwinden.

Muslim werden

Die Kieselsteine knirschten unter ihren Turnschuhen und flogen durch die Luft, als Sami und Daniel atemlos angerannt kamen, einen ganzen Stapel kleiner Kartons mit Mühe auf den Händen balancierend. »Rashid, komm mit, Alter, der ganze Laster ist noch voll, komm, lass schnell noch paar holen«, rief Sami ihm schon von weitem zu, als er seinen Stapel hinter einem der vielen Autos versteckte. Daniel folgte seinem Beispiel. »Los! Oder kommst du nicht mit?«

Daniel und Sami wurden ungeduldig, sie wippten von einem Fuß auf den anderen und blickten Rashid erwartungsvoll an. Ihre Gesichter waren verschwitzt und sie hechelten nach Luft, so schnell waren sie gerannt.

»Was ist das?«, fragte Rashid gelassen und zeigte auf die Kartons, die vor seinen Füßen lagen.

»Das ist Eis, Alter, Eis, ein ganzer Lkw voll Eis! Und der Typ sitzt in der Kneipe, hat ein Bier zu viel getrunken und wir haben die Tür geknackt.« Die beiden Eis-Diebe klopften sich gegenseitig anerkennend auf die Schulter und kicherten. Rashid kam die Abwechslung gelegen. Noch bevor sein Vater auf die Idee kam, ihm den nächsten Auftrag aufs Auge zu drücken, flüchtete er mit seinen Freunden Richtung Kneipe, dorthin, wo der Langnese-Lkw stand.

»Junge, kommst du gleich wieder? Ich brauch deine

Hilfe!«, hörte er seinen Vater noch rufen. Rashid würde sich Zeit lassen, er würde an diesem Tag auch nicht mehr zurückkehren zum Autoplatz, um dort zu arbeiten, er hatte dazu keine Lust mehr und sein Vater würde es vergessen, das war schon immer so gewesen. Rashid hatte wenige Verpflichtungen seinen Eltern gegenüber, sie waren froh, wenn er nachts zu Hause war und keine Drogen nahm, der Rest war halb so wild.

Die Tür des Lkw war nur leicht angelehnt und eine ganze Meute von Kindern aus dem Viertel drängte sich aufgeregt um das Fahrzeug. Als Rashid und seine Freunde sich näherten, machten die Kleinen Platz. Sie bildeten ein Spalier, fast so, als würden sie einen Ehrengast empfangen. »Los, haut ab hier, das ist zu auffällig. Oder wollt ihr was aufs Maul?« Mit Sami war nicht zu spaßen, das wussten alle im Viertel – Kindern, die ihm nicht gehorchten, drehte er eine »Kirsche«. So nannten sie es, wenn einem die Nasenspitze, zwischen Mittel- und Zeigefinger eingeklemmt, im Uhrzeigersinn umgedreht wurde. Der rote Fleck, der dabei entstand, konnte den Gepeinigten bis zu einer Woche begleiten und galt als Schandfleck.

Doch Rashid pfiff die Kinder zurück, er hatte eine bessere Idee. Er schnappte sich einen der Jungen, hob ihn auf die Ladefläche des Lkw und gab ihm Anweisungen, die Päckchen herunterzureichen, die anderen Kinder nahmen sie nacheinander in Empfang und rannten damit weg. Binnen kürzester Zeit war die gesamte Ladefläche leer gefegt.

Daniel hatte keinen Appetit mehr auf Eis. Immer wieder liefen Kinder kreischend vor Freude an ihnen vorbei, alle hatten mehrere Eispackungen in den Händen. Der Raubzug hatte ihnen einen Festtag beschert, auch die Mütter freuten sich und dankten es den Jungen im Vorbeilaufen. Die Heldentat hatte sich schnell herumgesprochen. Niemand nahm Anstoß daran, dass der Eiswagen ausgeraubt worden war.

»Ey, Rashid, jetzt hast du was gut bei Allah. Hast die Kleinen heute alle glücklich gemacht. Ich hätte denen nichts gegeben.« Daniel war mit der Entwicklung der Geschehnisse sichtlich unzufrieden, schließlich hatte er den Eiswagen entdeckt und das Schloss geknackt. Jetzt hatte er von all dem nichts außer einem Karton voll Magnum und darin war noch nicht einmal seine Lieblingssorte mit Mandelsplittern.

»Du dummer Deutscher, nimm nicht den Namen Allahs in den Mund, hast du verstanden? Sonst müssen wir dich bestrafen.« Rashid und Sami zwinkerten einander zu und wechselten ein paar Sätze auf Arabisch.

»Ich glaube«, meinte Rashid dann, »wir sollten unseren Freund endlich zu einem von uns machen. Du willst doch dazu gehören, oder? Du sagst doch immer, du bist ein Muslim. Stimmt doch, oder?« Rashid und Sami leckten an ihrem Eis und blickten ihn schweigend an.

Daniel war verunsichert. Noch nie hatten sie das Thema so direkt angesprochen. Er wusste zwar, dass er nicht voll dazugehörte, weil er ein Deutscher war. Nie nahmen sie ihn mit in ihre Wohnung, auch Familienfeierlichkeiten waren für ihn tabu, aber damit hatte er bisher keine Probleme gehabt. Schließlich hätte er selbst auch nicht Rashid zur Weihnachtsgans empfangen wollen. Es stimmte zwar, dass Daniel sich als Muslim sah, kein Schweinefleisch aß und sich in seiner Sprache und seinem Verhalten auf der Straße den Jungen aus den arabischen und türkischen Familien angepasst hatte, aber ein richtiger Muslim war er deshalb noch lange nicht, das wusste er. Zu gern wäre er in eine dieser großen Familien hineingeboren worden, wo es noch so etwas wie Zusammenhalt gab, wo die Frauen die Männer bedienten und man Geschäfte und Probleme unter sich regelte, ohne Fremde. Es war genauso wie in den Familien der Mafia-Bosse, über die er sich jedes Wochenende aus der Videothek Filme auslieh. Nie hätte Daniel sich träumen lassen, einmal anerkanntes Mitglied in der arabischen Gemeinschaft werden zu können. Er nahm das Angebot der beiden ernst. Er kam gar nicht auf die Idee, dass sie ihn linken könnten.

»Okay, was muss ich dafür tun?«

»Du musst nur machen, was wir dir sagen, wir kümmern uns um alles.« Rashid saß lässig auf einem Stromkasten, ließ die Beine baumeln und leckte genüsslich an seiner Erdbeerwaffel. Er konnte sich das Lachen kaum verkneifen. Sami blickte kichernd zu Boden. Doch Daniel merkte nichts, zu wichtig war ihm das Anliegen, ein echter Muslim zu werden.

»Du musst auf jeden Fall beschnitten werden. Ein richtiger Mann muss beschnitten sein. Wir sind nicht so dreckig wie ihr Deutschen.«

Daniel hatte noch nie eine gute Meinung über die Deutschen in seinem Viertel gehabt. Früher hatte er eigentlich nur deutsche Freunde gehabt, sich mit ihnen zu Kindergeburtstagen getroffen, mit ihnen gemeinsam an Ferienfahrten des Bezirksamtes teilgenommen oder mit anderen deutschen Familien beim Italiener an der Ecke gesessen. Aber irgendwann zogen alle seine guten Freunde weg, Daniels Familie blieb und es kamen neue Mieter, türkische und arabische Familien, albanische und afrikanische, Menschen aus Polen und aus Kasachstan. Und es kamen Deutsche. Das aber waren Familien, die keine Kindergeburtstage veranstalteten und statt des Italieners an der Ecke jeden Tag die Eck-Kneipe aufsuchten, »Penner« eben. Daniel hasste diese Menschen, er wollte nicht so werden wie sie.

In den Jahren zuvor, als Rashid noch nicht so fett im Geschäft war, waren sie oft zu dritt durch die Flure der Neubauten gezogen und hatten den kleinen deutschen Pennerkindern aufgelauert. Richtige Hetzjagden hatten sie veranstaltet und ihren Spaß dabei gehabt. Einmal erwischten sie drei Jungs im Fünften beim Wettscheißen – das war eine Disziplin, die jeder im Viertel kannte, sie war eklig und eklige Dinge sprachen sich im Kiez schnell herum. Die Kür bestand darin, sich aufs Treppengeländer im Fünften zu setzen, zu zielen und nach Möglichkeit bis in das Erdgeschoss hinunter zu kacken, ohne dabei das Treppengeländer der tiefer liegenden Stockwerke zu streifen oder gar zu treffen. In den meisten Fällen ging das schief, das Treppengeländer war überall voller Scheiße und die Häuser stanken bestialisch. In diesem Fall hatte es den Treppenaufgang zu der Wohnung von Rashids Familie getroffen und die drei Jungs, die das verursacht hatten, saßen in der Falle. Sie bekamen Schläge und mussten anschließend mit bloßen Händen ihren Dreck entfernen.

»Siehst du, wie dreckig Deutsche sind, Daniel! Sie spielen sogar mit ihrer eigenen Scheiße, iihhh, wie eklig, diese Missgeburten!«

Von diesem Tag an distanzierte sich Daniel immer stärker von den deutschen Jugendlichen aus dem Viertel, er wollte unter keinen Umständen als deutsches Pennerkind gelten. Stattdessen wurde er immer brutaler und verschaffte sich Respekt durch eine hohe Gewaltbereitschaft, in seinen Augen die einzige Möglichkeit, um nicht selbst ein Opfer zu werden. Zwar war es ihm nie gelungen, für seine Schlägereien so viel Anerkennung zu bekommen wie Rashid oder Sami für ihre brutale Attacken, aber immerhin: Er war einer der wenigen, der sich bei den arabischen Jungs jederzeit blicken lassen konnte und dem man vertraute.

»Wir treffen uns heute Abend in der Moschee. Ich rede mit Hoča Hanif. Vergiss nicht, dich gründlich zu waschen und zieh dich sauber an.«

Als Daniel vor dem Eingang der kleinen Moschee stand, war noch niemand da. Die Moschee war eine einfache Altbauwohnung in der dritten Etage eines Hinterhofes. Nur ein kleines Schild mit arabischen Schriftzeichen an der Tür ließ ahnen, dass es sich hier um eine religiöse Einrichtung handelte. Das Haus war heruntergekommen und stank nach Urin. Ein wenig schöner Ort für einen solchen Anlass, dachte sich Daniel. Er war sich nicht sicher, ob die Beschneidung gleich hier stattfinden oder ob es vorab eine religiöse Zeremonie geben würde, er wusste gar nichts und hatte vor lauter Aufregung auch vergessen zu fragen.

Die Wohnungstür öffnete sich und Rashid und Sami baten ihn herein. Sie waren schon vor Daniel eingetroffen und befahlen ihm nun mit ernster Miene, sich die Schuhe auszuziehen und im Gebetsraum Platz zu nehmen. Der quadratische Raum mit hoher Decke und verdunkelten Fenstern war mit einem dunkelroten Teppich ausgelegt und an den Wänden hingen goldbemalte Suren aus dem Koran. Es roch nach Limonen-Cologne und Rosenwasser. Alles war sehr sauber und ordentlich und stand damit in hartem Kontrast zu dem verrotteten Haus, in dem sich die Gemeinde eingerichtet hatte. Daniel empfand Ehrfurcht und kniete nieder.

»Wir haben alles vorbereitet, du bekommst deine Narkose und dann wird geschnitten, musst keine Angst haben, das geht schon klar.« Samis Worte waren wenig beruhigend, aber Daniel wollte sich auf keinen Fall die Angst anmerken lassen und blieb gefasst. Seine Hände zitterten leicht und er schob sie unauffällig unter die Oberschenkel.

»Du kannst dich jetzt schon mal frei machen und dich bequem hinlegen, der Hoča kommt gleich. Wir gehen inzwischen raus, damit es dir nicht peinlich ist«, ließ Rashid ihn wissen.

»Wie frei machen?« Daniel horchte auf.

»Na, die Hose ausziehen und dich auf den Boden legen, hier hast du noch ein Tuch, das schiebst du dir unter den Körper. So machen wir das immer, ist ganz normal, geht schnell und tut auch nicht weh, ich schwöre!« Rashid hatte einen Ernst in der Stimme, der Daniel überzeugte.

Eigentlich hätte er es wissen müssen. Daniel verzieh es sich nicht, den beiden vertraut zu haben. Es gab keine Beschneidungszeremonie. Stattdessen kam eine Gruppe aufgeregter Gläubiger herein, die Daniel halbnackt auf dem Boden liegend vorfanden, als sie den Raum für das Freitagsgebet betraten. Hoča Hanif verpasste ihm zwei schallende Ohrfeigen, zog ihn an den Ohren bis zur Tür und gab ihm einen Tritt in den bloßen Hintern. Rashid und Sami standen im Treppenhaus und platzten fast vor Lachen, sie hielten sich die Bäuche und Tränen liefen ihnen aus den Augen. »Ihr Bastarde, ich bring euch um!«, schrie Daniel durchs Treppenhaus, zog sich die Hosen hoch und sprang die Stufen hinunter, doch die beiden anderen waren schneller als er.

Das Gerücht

Niemand weiß genau, wie das Gerücht zustande kam. Im Nachhinein ließ sich die Geschichte so rekonstruieren, dass Bea einkaufen war, es war an einem Wochenende. Die Supermärkte waren brechend voll und Bea hatte noch kurz vor Ladenschluss bemerkt, dass ihre Mutter schon wieder versäumt hatte, etwas zu besorgen. Nun schleppte sich Bea mit vier vollen Tüten mühsam über die Straße, als ihr plötzlich ein Finger auf die Schulter tippte. Es war Thomas, ein ehemaliger Klassenkamerad. Ohne viele Worte nahm er ihr die Tüten ab. »Komm, ich trag die dir nach Hause. Ist ja nicht mit anzusehen, was du hier schleppst.« Als sie vor Beas Haustür ankamen, ließ Thomas nicht locker. Er trug ihr die Tüten noch bis in die Wohnung und unterhielt sich einige Minuten lang mit Helga, Beas Mutter. Man kannte sich aus der gemeinsamen Schulzeit mit Bea.

Für Bea war es eine angenehme Begegnung, der kurze Smalltalk und die unbeschwerte Art des alten Schulkameraden hatten sie abgelenkt von den trüben Gedanken an Rashid und von ihrer Unzufriedenheit mit ihrer Beziehung. Als Thomas das Haus verließ, hielt ein junger arabischer Mann ihm die Haustür auf. »Na, kennst du das Mädchen?«

»Welches Mädchen?« Thomas grinste verwundert und dachte, der junge Mann habe ihn verwechselt.

»Na, die, mit der du eben ins Haus gegangen bist.«

»Ja, die ist süß, aber was geht das dich an?«

Sami grinste blöd und ging. Das war ein gefundenes Fressen für ihn, er konnte es kaum erwarten, die Geschichte von einem anderen Jungen an Beas Seite weiterzuerzählen. Wem er es dann zuerst erzählte, was er berichtete und wer die Geschichte wie weiterspann, blieb ungewiss. Sicher war, dass jeder einen Teil dazu dichtete und am Ende nichts mehr der Wirklichkeit entsprach.

Zum Schluss war es Hussein, der Rashid dann die Botschaft überbrachte. Sie saßen gemeinsam vor dem Fernseher und guckten sich die Raubkopie eines Horrorfilms an. Rashid konzentrierte sich gerade auf eine Szene, in der ein Mann im Operationskittel mit Lederschürze eine sausende Bohrmaschine in die Luft hielt, vor ihm auf einem Stuhl eine gefesselte Frau.

»Sag mal, Rashid, wie geht's dir und deiner Freundin, dieser Bea oder wie sie heißt?« Rashid hörte im ersten Moment gar nicht hin, er stopfte sich gerade eine Handvoll Chips in den Mund und starrte gebannt auf den Bildschirm, weil der Mann in dem Kittel dabei war, der gefesselten Frau die Bohrmaschine ins Auge zu drücken. Das Gekreische des Opfers übertönte den letzten Teil von Husseins Frage, doch der legte ohne zu zögern nach. »Sie hat jetzt einen Neuen, oder?«, brüllte er fast, um sicherzugehen, dass Rashid ihn auch hörte.

»Was redest du für einen Scheiß? Was hast du gesagt, meinst du Bea, oder was?«

»So sind sie doch immer, die deutschen Weiber, war doch klar, dass sie so was macht.«

»Ey, du Spasst, was meinst du damit, was hat sie gemacht? Ich hau dir gleich eins auf die Fresse, du Penner.«

»Bleib mal ruhig. Was kann ich denn dafür, wenn deine Alte die Beine nicht still halten kann. Man hat sie gesehen, mit einem anderen, einem Deutschen.« Hussein erzählte Rashid die Geschichte von Beas angeblichem Verhältnis zu einem anderen Jungen in aller Ausführlichkeit. Rashid hörte angespannt zu, er wollte kein Detail verpassen. Sein Körper wurde hart, seine Hände ballten sich zu Fäusten. Auch wenn er wusste, dass keiner der Jungs vom Platz davor zurückschreckte, die Geschichte mit delikaten Details auszuschmücken, so reichte Rashid doch schon der bloße Umstand, dass Bea mit einem anderen gesichtet worden war. Sie war jetzt in aller Munde und für ihn nicht mehr tragbar, er musste das Problem schnell lösen.

Es kam ihm auch ganz gelegen. In letzter Zeit stritt er sich oft mit Bea. Sie stellte ihn zur Rede, wenn er nächtelang wegblieb, und setzte ihn unter Druck, indem sie immer wieder von Heiraten sprach. Rashid wich dann immer aus oder beschwichtigte sie mit den Worten: »Ja, Süße, es wird alles gut, wirst schon sehen. Ich will doch auch mit dir zusammenbleiben.«

Es waren reine Lippenbekenntnisse und Bea spürte das. Sie selbst war aufrichtig zu ihm, nie hatte sie ihm eine Angriffsfläche geboten, nie einen schwerwiegenden Fehler gemacht. Aber jetzt war alles anders. Er konnte sich ihrer entledigen, ohne ein schlechtes Gewissen haben zu müssen. Vertieft in Rachegedanken und ohne auch nur ein Wort zu sagen, ließ er Hussein vorm Fernseher sitzen, nahm einen Schluck Tilidin und verließ das Haus. Er hatte einen Plan.

Sami stand an der »Sonne« und fragte sich, ob Rashid immer noch nichts von der Bea-Geschichte gehört hatte. Ihm kamen schon Zweifel, ob sein Köder ausreichend gewesen war, als Rashid plötzlich hinter ihm auftauchte. »Hast du mal kurz Zeit, Sami? Ich muss was Wichtiges mit dir besprechen.«

Im ersten Moment, dachte Sami, es solle ihm an den Kragen gehen, weil Rashid ihn verantwortlich mache für die Gerüchte um Bea. Im Stillen überlegte er schon, welche Ausrede er sich einfallen lassen könne, um Rashid zu beschwichtigen. Doch es kam anders. Sami wunderte sich über das große Vertrauen, das Rashid ihm entgegenbrachte, als er ihn darum bat, Bea eine Nachricht zu übermitteln. Er, Rashid, habe jetzt eine neue Freundin und bitte Bea um den Schmuck, den er ihr im Laufe der Zeit geschenkt habe. Den müsse er jetzt zurückhaben.

»Weißt du, ich habe keine Lust, diese Schlampe noch mal zu sehen, sonst hau ich ihr noch eins in die Fresse und ich will nicht so tief sinken.« Sami nickte verständnisvoll, dabei wusste er nur zu genau, wie tief Rashid bereits gesunken war. Alle redeten davon, wie unzuverlässig er in letzter Zeit war. Rashid hatte schon lange kein großes Ding mehr gedreht und fiel zunehmend negativ auf. Er hatte ständig schlechte Laune und war streitsüchtig. Den Jungs gefiel das nicht, sie mieden seine Nähe und beschwerten sich sogar bei Aabid über ihn. Rashid befand sich auf dem Abstieg, alle Anzeichen deuteten darauf hin. Ohne die Unterstützung von Aabid war er ein Niemand.

»Ärger dich nicht über diese Weiber, ist doch immer dasselbe: Erst heulen sie rum, weil man keine Zeit für sie hat, und kaum dreht man sich um, schieben sie einem das Messer in den Rücken. Alle reden darüber, tut mir leid für dich, Rashid.« Hätte Rashid ihn um einen anderen Gefallen gebeten, hätte er abgelehnt. Das konnte er sich jetzt erlauben, schließlich galt Rashid als Looser, vor dem niemand mehr richtig Respekt hatte. Aber diese Geschichte machte Sami Spaß, Bea – Rashids saubere »Prinzessin« – war von nun an vogelfrei.

»Ich kümmer mich darum, geht klar, Alter.« Mit einem kurzen Schlag auf die Schulter, so als wären sie noch wirkliche Freunde, ließ Sami Rashid an der »Sonne« zurück.

Sami konnte es kaum abwarten, Bea die Botschaft zu überbringen. Er ließ sofort überall Ausschau nach ihr halten, fragte sich durch, wo er sie finden könne, und traf sie schließlich am Hauseingang. »Ich muss mit dir reden, Bea, kann ich mit reinkommen?«

Bea war verunsichert, noch nie war einer von Rashids Freunden mit einem ernsten Anliegen zu ihr gekommen. Rashid wollte das nicht und so war es ein ungeschriebenes Gesetz, dass niemand seine Freundin ansprechen durfte. Jetzt ahnte sie Schlimmes. »Ist er im Knast?«

»Nein. Ich soll dir aber sagen, dass er eine Neue hat und Schluss ist mit dir. Er will seinen Schmuck wiederhaben.« Als Sami das sagte, konnte er ihr nicht ins Gesicht sehen. Die Hände in den Hosentaschen blickte er konzentriert auf seine neuen Air Max, die er sich erst gestern von dem Geld eines Handtaschenraubes gekauft hatte.

Bea war sprachlos. Noch gestern hatte Rashid ihr am Telefon versichert, dass alles okay sei. Für den heutigen Abend solle sie sich bereithalten für einen gemeinsamen Spaziergang. Sie hatte sich längst in allem, was sie tat, ganz auf ihn eingestellt, sogar ihre Ausbildung beim Cheap & Chic-Friseur hatte sie ihm zuliebe abgebrochen. Er hatte ihr mit seiner krankhaften Eifersucht das Leben zur Hölle gemacht, zu ihren Freunden hatte sie keinen Kontakt mehr, da keiner mit Rashid so richtig warm wurde.

»Mach dir nichts draus, du bist ein hübsches Mädchen, der ist doch ein Idiot.« Sami hielt den Moment für gekommen, ihr seine Unterstützung zu signalisieren. Er zog seine Hand aus der Tasche, fasste sie sanft am Arm und blickte ihr tief in die Augen. »Wenn du später etwas Zeit hast, Bea, dann lass uns treffen und wir reden noch mal, okay? Jetzt gib mir erst mal den Schmuck, damit dieser Penner zufrieden ist.«

Willenlos ließ sich Bea von Sami durch den staubigen Hausflur zu ihrer Wohnungstür begleiten. Es roch nach angebranntem Essen und sie hatte Mühe, sich nicht zu übergeben, so schlecht war ihr von dem, was Sami ihr erzählt hatte. Sami hatte bereits seinen Arm um ihre Taille gelegt und nutzte die Gelegenheit, um seinen Körper stützend an ihren zu pressen. Er achtete darauf, ihr nicht zu nahe zu kommen, registrierte jede kleine Abwehrbewegung und lockerte dann und wann seinen Griff. Er wollte ihr Vertrauen gewinnen. »Wenn ich dir nachher erzähle, was Rashid alles über dich gesagt hat, wirst du froh sein, dass er nicht mehr mit dir zusammen ist. Glaub mir, ein Mädchen wie dich hat der gar nicht verdient.« Bea hörte ihn kaum, sie verspürte einen Druck auf den Ohren und hatte das Gefühl, ihr sei die Kehle zugeschnürt. Sie ließ die Wohnungstür offen stehen, signalisierte Sami mit einer Handbewegung zu warten und verschwand in ihrem Zimmer.

Sami nutzte die Gelegenheit, sich in der Wohnung umzuschauen. Aus der Küche kam der beißende Essensgeruch, vermutlich hatte Beas Mutter wieder einmal alles anbrennen lassen – das passierte öfter, wenn sie einen zu viel getrunken hatte. Im Flur stapelten sich leere Bierkästen und an den Raufasertapeten hatte sich ein gelber Schleier von Nikotin abgesetzt. Es gab kaum Möbel in der Diele, nur eine überquellende Wäschetruhe, die den Blick auf das angrenzende Wohnzimmer versperrte. Drei Plastikstühle und ein Kunststoff-Klapptisch, das war die Essecke. Der grüne Teppich hatte kaum noch Flor und war mit Flecken übersät, die sich dort im Laufe der Jahre festgesetzt hatten. Sami ekelte sich. Er hatte sich schon immer gefragt, wie Rashids Freundin wohl leben mochte. Wie oft hatte Rashid ihn im Regen stehen lassen, um zu Bea zu gehen, und immer hatte er abgelehnt, Sami mitzunehmen. Sami hatte sich ganz andere Vorstellungen von Beas Behausung gemacht, er hatte einen Ort vor Augen gehabt, der zu dem Mädchen gepasst hätte – hell und sauber, mit gemütlichen Polstern und einer einladenden Atmosphäre. Solche Bilder waren jetzt wie weggeblasen. Er verachtete Rashid dafür, dass der so viele Stunden hier, in dieser versifften Wohnung, verbracht hatte. Und noch während er sich Gedanken machte, ob seine Mutter vielleicht doch recht hatte, wenn sie keine Gelegenheit ausließ zu betonen, wie dreckig die Deutschen doch seien, stand Bea plötzlich vor ihm und reichte ihm mit verheulten Augen eine Tüte.

»Hier, kannst du ihm geben, da ist alles drin.«

Sami stellte die Tüte auf den Boden, nahm Bea in den Arm und hielt sie eine Weile so. Sie wehrte sich nicht. Ihr Körper zitterte, während sie an seiner Schulter schluchzte.

»Wein nicht wegen diesem Idioten, er hat es nicht verdient, wirklich nicht, das kannst du mir glauben.« Sami war selbst verblüfft darüber, wie gut er Mitgefühl vortäuschen konnte. Und noch mehr wunderte es ihn, dass Bea nicht den leisesten Verdacht zu hegen schien, dass er die Situation ausnutzte. Sie vertraute ihm. Wie dumm doch diese Weiber sind, dachte Sami, sie fallen immer wieder auf die gleiche Masche rein. Er musste sich ein Grinsen verkneifen, als er sich von ihr verabschiedete und sie darum bat, in einer Stunde draußen vor der Tür auf ihn zu warten. Sie nickte und schloss die Tür. Als Sami sich auf den Weg zu Rashid machte, war er beschwingt vor Freude darüber, wie glatt sein Plan aufgegangen war und wie sehr es ihm lag, das Schauspielern.

Bei Rashid zu Hause war die Hölle los, Selma rannte kreischend durch die Wohnung und Rashid jagte sie mit einem Bügeleisen, das er seiner Mutter soeben aus der Hand gerissen hatte. Yusuf stand bekifft in der Tür und gähnte Sami an: »Was willst du, Alter, ist grad ungünstig, Stress im Haus.«

Rashid hatte auf der Suche nach Bargeld die Schränke seiner Schwestern durchstöbert. Er wusste, dass seine Mutter dort hin und wieder ihr Erspartes versteckte. Seit einer Woche liefen die Geschäfte schlecht und bei Aabid hatte er noch 1000 Euro Schulden. Wenn er ihn jetzt noch einmal wegen Geld anhauen müsste, würde das keinen guten Eindruck machen. Rashid hatte Angst davor, dass Aabid von seiner Drogensucht erfahren könne, und versuchte deshalb, auf andere Weise an ein paar Euro zu gelangen. Er hatte wieder Entzugserscheinungen und brauchte dringend Stoff.

»Du Schlampe, trägst Tangas! Du bist eine Nutte!« Rashid hatte beim Durchsuchen der Schränke seiner Schwestern auch die Unterwäsche inspiziert und war dabei auf Dessous gestoßen, die er sonst nur an seiner Freundin oder an den Frauen im Bordell kannte. Er war außer sich, selbst der körperliche Entzug schien für einen Moment vergessen, die Wut spannte seinen ganzen Körper. Mit einem lauten Knall prallte das dampfende

Bügeleisen vom Badezimmerfenster ab und brannte ein Loch in den dünnen Veloursteppich.

»Hör auf, Junge, hör auf! Was ist bloß los mit dir, bist du verrückt?«, schrie seine Mutter unter Tränen auf Arabisch. »Was habe ich schon alles mit deinem Vater mitmachen müssen! Aber ihr Jungs seid keinen Deut besser als er. Möge Gott sich meiner Seele erbarmen und mich bald von dieser Erde verschwinden lassen!«

»Du bist schuld!«, schrie Rashid zurück. »Du hast sie so erzogen, deine Töchter sind Huren, sie tragen Nuttenwäsche! Was bist du für eine Mutter!« Er schlug und trat gegen die Badezimmertür. Niemand hielt ihn zurück. Als Leila einen Schritt auf Rashid zumachte, sprang er ihr entgegen und stieß sie mit dem Rücken an die Wand, dass es knackte. Die Frau sank zu Boden, hielt sich die Hände vors Gesicht, aus Angst, er könne auf sie einprügeln, und wimmerte laut in den Stoff ihres Rockzipfels, den sie zerknüllt in der rechten Hand hielt. Für einen kurzen Moment wollte Rashid ausholen und ihr einen Tritt verpassen, doch dann hörte er hinter sich das Quietschen der Wohnungstür und registrierte, dass Sami gekommen war.

»Was ist los, was willst du?«

Sami wusste, das er einen ungünstigen Moment erwischt hatte, auf keinen Fall wollte er die Zielscheibe für Rashids nächsten Wutausbruch werden. Mit freundlicher Miene, so als habe er nichts von alledem mitbekommen, was sich soeben vor seinen Augen abgespielt hatte, hielt er Rashid die Tüte hin, die er von Bea abgeholt hatte.

»Hier sind deine Sachen. Hast du kurz Zeit, ich muss mit dir sprechen, geht um Aabid, ist wichtig.«

Der letzte Satz war ihm spontan in den Sinn gekommen, als er Leila am Boden weinen sah. Yusuf hatte sich ins Wohnzimmer verzogen. Das tat er immer, wenn es zu Hause Stress gab. Eigentlich hatte Sami Rashid nicht wirklich viel zu sagen, es waren Dinge, die Rashid wahrscheinlich schon wusste. Aber irgendetwas ließ Sami Mitleid empfinden, er wollte wenigstens versuchen, Leila und Selma vor Rashids Zorn zu schützen. Er kannte diese Art, mit Frauen umzugehen, auch aus seiner Familie: Sein Vater schlug seine Kinder und seine Frau immer wieder. Es war normal, wenn man eine Tracht Prügel bekam oder Stockschläge bezog. Sami hatte sich im Laufe der Jahre daran gewöhnt und wusste, dass das einzige Rückzugsgebiet vor Schlägen die Straße war. Es war wie eine einfache mathematische Rechnung: Je weniger er seinen Vater zu Gesicht bekam, desto weniger wurde er geschlagen. Alle anderen Versuche, den Schlägen zu entkommen, waren immer wieder gescheitert. Gespräche des Vaters mit den Lehrern, die ihn zur Sprechstunde riefen, wenn Sami mal wieder mit einem blauen Auge in der Schule aufkreuzte, führten unweigerlich dazu, dass Sami nur noch mehr Ärger hatte als vorher. »Gehst zu den deutschen Schweinen und beschwerst dich über deinen Vater! Ich werde dir zeigen, was es bei uns heißt, sich über seinen Vater zu beschweren.«

Und dann schlug der Vater noch härter zu als sonst. Das Jugendamt, das sich erst einschaltete, als Sami und seine Geschwister den Horror ihrer Kindheit bereits hinter sich und mit den Folgeschäden einer verletzten Seele zu kämpfen hatten, war kein Fluchtpunkt. Ein Familienhelfer kam einmal wöchentlich, ließ sich vom Vater zum Kaffeetrinken einladen, spielte ein paar Runden »Mensch ärgere dich nicht« mit den Kindern und sagte nie nein, wenn die Mutter ihm eine Tüte Gebäck auf den Weg nach Hause mitgab. Und trotz allem, Sami hatte großen Respekt vor seiner Mutter. Wenn sie vor seinen Augen geschlagen wurde, schritt er ein, kassierte dabei die meisten Schläge selbst, nur um sie ein wenig vor dem Terror des Vaters zu bewahren. Nie hätte er seine Hand gegen seine Mutter erhoben, es wäre ihm auch nie in den Sinn gekommen, sie anzubrüllen. Was Rashid sich erlaubte, ging zu weit, das war »haram«; in Samis Augen hatte dieser wutentbrannte Drogensüchtige keinen Funken Ehre und Stolz. Rashid war für ihn der letzte Dreck.

»Ist echt wichtig, komm mal schnell, ich warte hier.«

Die verbeulte Badezimmertür blieb verschlossen. Selma hatte vorsorglich die schwere Wäschetruhe davor geschoben, konnte aber die Gespräche durch die Tür verfolgen. Sie saß auf dem Rand der Badewanne und betete, dass Rashid die Tür nicht aufbrach. Sie hatte Angst um ihr Leben. Sie wusste, dass es für ihren Bruder nur zwei Kategorien von Frauen gab, Huren und Heilige. Heilig hatten die Frauen aus der eigenen Familie zu sein, rein und unberührt. Und so hatten sie sich auch zu geben und zu kleiden. Sonst galten sie als Huren, die keine Ehre hatten und wertlos waren.

Im Spiegel über dem Waschbecken sah sie ihr blasses Gesicht. Ihre dicken Haare waren zu einem Zopf gebunden, der ihr schwer über die Schulter hing. Sie hasste ihr Leben und hätte sich nichts mehr gewünscht, als jemand anders zu sein, ein anderes Leben zu haben. Ein normales Leben mit normalen Eltern und einem Bruder, der wie ein guter Freund war, so wie sie es aus den amerikanischen Serien kannte, die sie oft im Fernsehen sah und in deren heile bunte Welt sie sich so gern hineinträumte. Jetzt hatte die Realität sie wieder eingeholt – ein Tanga in ihrem Schrank war Grund genug, um ihr nach dem Leben zu trachten, ein Leben, das darin bestand, jeden Tag aufzustehen, für die Familie das Frühstück zuzubereiten, den Haushalt zu bewältigen, einzukaufen und dann und wann mit den Tanten in der Küche zu lästern oder sich Fotos von möglichen Ehegatten zeigen zu lassen.

Beim letzten Mal war sogar einer dabei gewesen, der ihr gefiel, er war Lehrer im Libanon und laut Aussage der Tanten ein gebildeter, moderner Mann, kein Bauer wie die meisten anderen. Vielleicht wäre es die beste Lösung, ihn zu heiraten, vielleicht konnte er sie beschützen vor der Gewalt, die sie immer wieder ertragen musste, vor den Schlägen ihrer Brüder und dem Jähzorn ihres Vaters. Jetzt schien ihr dieser tausende Kilometer entfernte fremde Mann als große Hoffnung. Sie schloss die Augen und versuchte, sich sein Gesicht ins Gedächtnis zu rufen. In ihrer Vorstellung war er schön, mit einem zarten Lächeln auf den Lippen und klaren grünen Augen. Sie würde ihn heiraten. Wenn sie dieses Badezimmer unversehrt verlassen könnte, würde sie ihre Tante anrufen und sie darum bitten, ein Gespräch zu organisieren. Selma hatte ihren Entschluss gefasst.

Rashid hatte sich verausgabt und bemerkte erst jetzt, dass seine Fäuste schmerzten. Er steckte den Daumen in den Mund und versuchte, sich einen Splitter aus dem Fleisch zu saugen, den er sich bei den Schlägen gegen die Tür zugezogen hatte. Die Tüte in Samis Hand ließ ihn auf eine Idee kommen. Mit einer schnellen Bewegung griff er nach seiner Jacke auf dem Stuhl und war mit einem Satz aus der Tür heraus, die er hinter sich so laut zuschlug, dass es im ganzen Treppenhaus krachte. Sami lief ihm hinterher.

»Hat die Schlampe dir alles gegeben oder hat sie Probleme gemacht?« Rashid riss Sami die Tüte aus der Hand und kontrollierte in wenigen Sekunden den Inhalt.

»Gut, dann lass mal losgehen. Weißt du, wie lange das Pfandhaus aufhat?«

Sami hatte keine Lust, mit Rashid gesehen zu werden. Es galt als uncool, mit einem Junkie abzuhängen – erst recht, wenn dieser Junkie auch noch glaubte, er habe noch was zu melden. »Nee, keine Ahnung, ich muss jetzt auch weg, hab noch was zu erledigen. Du sollst dich aber bei Aabid melden, er kann dich übers Handy nicht erreichen und ist schon angefressen.«

»Ist mir scheißegal, was der ist, ich bin doch nicht sein Hund, der rennt, wenn er pfeift.«

Sami prägte sich jedes Wort genau ein, um Aabid bei Bedarf alles haarklein berichten zu können, was Rashid von sich gegeben hatte. Rashid hätte das eigentlich wissen müssen, dass er dennoch so leichtsinnig war, in Samis Gegenwart negativ über Aabid zu reden, war für Sami ein weiteres Indiz dafür, wie sehr Rashid bereits die Kontrolle verloren hatte. »An deiner Stelle würde ich mich echt schnell bei Aabid blicken lassen, sonst wird er noch richtig sauer, du kennst ihn.«

»Ja, ich kenne ihn und du bist nicht ich. Ich bin derjenige, der für ihn arbeitet, ich bin der, den er ausgewählt hat. Weil er weiß, dass er sich auf mich verlassen kann, sonst hätte er ja einen von euch Idioten gefragt. Was bildest du dir eigentlich ein, denkst du, weil du ab und zu was für mich machen darfst, bist zu jetzt mein Berater oder was, du Spasst?«

Rashid hatte Samis wunden Punkt getroffen, es stimmte, dass er sich immer wieder als Handlanger für Rashid fühlte. Schließlich fuhr Rashid die dicken Autos und Sami durfte der Beifahrer sein; oder er ließ sich von Rashid mal ein Handyguthaben schenken und den Döner bezahlen. Für diese kleinen Gegenleistungen und für ein wenig Bares, das für Sami bei gemeinsamen Deals abfiel, war er Rashids Schatten. Er und Daniel hatten Rashid immer begleitet, wenn der es gewünscht hatte, sie hatten seine Launen ertragen und ihn notfalls verteidigt.

Sami blickte Rashid an, er betrachtete ihn von oben bis unten. Die abgewetzten Reebok-Turnschuhe, die dreckigen Jeans und eine Jacke mit Brandlöchern am Ärmel – er konnte nicht fassen, was aus Rashid geworden war. Ihm wurde jetzt klar, dass er ganz schnell für sein eigenes

Image etwas tun und alle wissen lassen musste, welch ein Idiot Rashid war und dass er, Sami, nichts mehr mit ihm zu tun haben wollte.

»Okay, sorry, Alter, hast ja recht, du bist der Chef. Ich muss jetzt leider los, wär gerne mit dir mitgekommen, aber ist wichtig, ehrlich, Familienangelegenheit. Du weißt schon.« Mit einem gekünstelten Grinsen und einem kurzen Handschlag wandte er sich von Rashid ab, der ihm, die Tüte in der Hand hin und her schwingend, verwundert nachschaute. Dass Sami trotz der Anmache so cool geblieben war, das bereitete ihm Sorgen.

Der gefallene Engel

Wenn Besuchszeit ist, trägt Rashid sein bestes Hemd. Es gibt im Gefängnis nur wenig Anlässe, sich schön zu machen. Außerdem muss man wachsam dabei sein. Wer sich die Haare gelt und zu viel Bedacht auf die Kleidung verwendet, hat schnell den Stempel »schwul« weg.

Die ersten Wochen im Knast war Rashid auch äußerlich abgerutscht. Früher hatte er viel Wert auf sein Äußeres gelegt, aber hier im Gefängnis wollte er sich nicht einmal waschen, so egal war ihm sein Körper, sein Leben. Aber irgendwann gewöhnt man sich an den Zustand, gefangen zu sein, man gewöhnt sich an den Wärter, der jeden Morgen zum Aufschluss kommt, an das Geklapper der Schlüssel in den hallenden Fluren, an das Gemurmel und Gekicher, wenn die Mitgefangenen in kleinen Gruppen auf den Hof kommen, und an das grelle Licht, das einem das Gefühl gibt, man sei im Krankenhaus.

Die Beruhigungsmittel des Gefängnis-Arztes tun Rashid gut. Er fühlt sich ungewohnt ausgeglichen, seitdem er jeden Tag eine von diesen rosafarbenen Pillen nimmt. Manchmal ärgert er sich über sich selbst, dass er nie freiwillig zum Arzt gegangen ist, als er noch in Freiheit war.

»Rashid, dein Besuch ist da, los, komm schon!«

Die Besuchszeit ist auf eine Stunde begrenzt, eine Stunde, die sehr lang oder sehr kurz sein konnte. Bei den ersten Besuchen weigerte Rashid sich. Er wollte nicht wahrhaben, dass er hierbleiben musste, während vor den Gefängnismauern seine ganze Familie, auch sein Vater noch, auf dem Bürgersteig stand und darauf wartete, ihn kurz zu Gesicht zu bekommen. Jetzt ist das alles vergessen, jetzt freut er sich über jeden Besuch. Jede Nachricht von draußen ist ihm kostbar, wie ein kleiner Hoffnungsschimmer, der ihn glauben lässt: Draußen geht das Leben weiter und je mehr du davon mitkriegst, desto einfacher wirst du dich wieder einfinden, wenn es so weit ist und du wieder frei bist. Er glaubt ganz fest an eine zweite Chance.

Als er in den Besuchsraum kommt, sitzt seine Mutter bereits am Tisch. Der Raum ist ein geräumiges Quadrat, mit beigefarbenem Linoleumboden und grauen Kunststofftischen, symmetrisch mit einem Abstand von je einem Meter zueinander verteilt.

»Bist du allein gekommen?« Er weiß, die Frage hätte er sich sparen können, aber die Verzweiflung darüber, dass er seit Monaten keines seiner Geschwister zu Gesicht bekommen hat, macht ihn krank. Seine Mutter antwortet nicht, sie steht auf, geht auf ihn zu und umarmt ihn fest. So bleibt sie ein paar Sekunden stumm weinend stehen. Sie hat zugenommen, ihren Frust über das Leben in sich hineingefressen mit fettigen Teigwaren und den Essensresten der Kinder. Rashid bemerkt zum ersten Mal, dass seine Mutter alt geworden ist, zu alt für ihre 45 Jahre. Sie holt ein Leinentuch aus ihrer Tasche und der Duft von frischgebackenem Fladenbrot steigt ihm in die Nase.

Früher war es der Geruch seiner Kindheit, damals, im Araberhaus in der Kopfstraße, frisches Brot und schimmeliger Keller, zusammen roch das für ihn nach »zu Hause«.

»Wie geht es den andern? Was machen Hussein und Yusuf?«

»Es geht allen gut, mein Junge, sie lassen dich grüßen.«

Rashid weiß, dass das nicht stimmt, vielleicht geht es ihnen gut, aber grüßen würden sie ihn nicht, seine Geschwister sind inzwischen vermutlich erleichtert darüber, dass er nicht mehr da ist.

»Willst du einen Kaffee?«, fragt er seine Mutter, fummelt eine Handvoll Kleingeld aus seiner Hosentasche und geht zum Getränkeautomaten an der Wand. Er zieht zwei Becher Kaffee und eine Tüte Schokorosinen, der Marmorkuchen ist ausgegangen. Dann setzt er sich wieder an seinen Platz, stellt die Schokorosinen auf den Tisch und beide schlürfen wortlos ihren Kaffee und kauen dabei traurig die Schokorosinen.

»Hast du mit dem Anwalt gesprochen? Hat er Berufung eingelegt?«

»Wir konnten ihn noch nicht erreichen, er ist im Urlaub. Ich versteh sowieso nicht, was der Mann sagt, dein Vater redet immer mit ihm.«

Seine Eltern können die Anwaltskosten nicht länger bezahlen und Rashid weiß, dass es seinem Vater unwichtig ist, ob der Anwalt sich für seinen Sohn einsetzt oder nicht. Für Fuad ist Rashid verloren. Er hat ihn nur ein einziges Mal besucht, gleich nachdem Rashid verhaftet wurde. Aber seit er von der Drogenabhängigkeit seines Sohnes gehört hat, ist Rashid ihm egal. In den Augen von Fuad ist sein Sohn eine einzige Schande für die ganze Familie. Als Fuad nach der ersten Gerichtsverhandlung erfuhr, dass Rashid womöglich die Abschiebung in die Türkei droht, war er erleichtert – dort würde sein Junge vielleicht endlich in eine ordentliche Umgebung kommen, für die Großeltern und Cafer arbeiten und sich nicht länger auf der Straße herumtreiben. In seinen Augen war die deutsche Justiz ohnehin zu gnädig – Strafe hieß für Fuad spürbare Gewalt, so kannte er es aus seiner Kindheit, so war er erzogen worden. Am liebsten hätte er seinen Sohn nach der Festnahme noch einmal ordentlich verprügelt.

Auch die sporadischen Knastbesuche seiner Frau heißt er nicht gut, aber davon lässt Leila sich nicht abhalten. Schließlich ist ihr Sohn ziemlich am Ende und sie seine einzige Hoffnung. »Ich habe mit der Mutter von Amal gesprochen, sie sagt, das Mädchen wartet immer noch auf dich. Ein Grund zur Freude, Rashid, wenn du erst einmal frei bist, kannst du deine eigene Familie gründen und ein gottesfürchtiges Leben führen, mein Junge.«

Leilas Augen strahlen, als sie das sagt, sie glaubt, ihrem Sohn damit eine Freude zu bereiten, doch Rashid erwidert nichts. Mit der Zungenspitze dreht er eine Schokorosine im Mund, um die Schokolade von der Rosine abzuknabbern, ohne dabei die Frucht zu beschädigen. Seitdem Amals Eltern wissen, dass er im Knast ist, haben sie das Brautgeld erhöht und Rashid ist, selbst wenn er das könnte, nicht bereit, 30 000 Euro für eine Braut zu bezahlen, das steht für ihn fest. Auch die Vorstellung, womöglich künftig in der Fremde leben zu müssen, macht ihm Angst. Er hofft immer noch, einem Abschiebeverfahren zu entgehen.

Die Besucherstunde ist um, bevor Rashid und Leila wirklich miteinander gesprochen haben, sie haben sich ohnehin nicht viel zu sagen. Rashid bedankt sich für die mitgebrachten Dinge, drückt seiner Mutter einen Kuss auf die Wange und geht, ehe sie erneut in Tränen ausbricht, zurück in seine Zelle. Heute ahnt er nach all den Monaten zum ersten Mal, dass sein Leben in Berlin vielleicht doch vorbei und er ganz allein ist.

In seiner Zelle packt er das Brot seiner Mutter aus. Der Duft des Brotes steigt ihm in die Nase und weckt Sehnsucht nach dem Gefühl der Geborgenheit, die er einst bei Bea empfunden hat. Er weiß nicht, welchen rasanten Abstieg seine Ex inzwischen durchgemacht hat.

Bea hatte sich sorgfältig auf die Verabredung mit Sami vorbereitet. Sie hatte sich die Tränen aus den Augen gewischt und neues Make-up aufgelegt, bevor Sami kam, um sie abzuholen. Zum ersten Mal hatte sie Gelegenheit, sich ihren Kummer von der Seele zu reden. Wenn es zwischen ihr und Rashid aus war, dann konnte sie sich endlich auch mit anderen Menschen treffen, sie war nicht mehr länger Rashids Eigentum, sie war frei. Diese Freiheit aber machte ihr Angst, sie fühlte sich unsicher, wie ein herrenloser Hund, der sich verloren vorkommt ohne jemanden, der bestimmt, wo es langgeht.

»Du solltest ihn ganz schnell vergessen«, sagte Sami, als er sie sah. »Ich hab dir doch gesagt, er hat dich gar nicht verdient. Komm, lass uns ein bisschen spazieren gehen.«

Ohne zu zögern folgte sie ihm. Nachdem sie den großen Platz überquert und an der »Sonne« vorbei waren, entspannte Bea sich allmählich. Sie hatte gefürchtet, Rashid könne ihnen begegnen, doch von dem war weit und breit nichts zu sehen. Als würde Sami ihre Gedanken lesen können, versicherte er: »Der Spinner ist gleich zum Pfandhaus gerannt, um deinen Schmuck zu versetzen. Ist doch ein Junkie. Der würde alles verkaufen, um sich sein Zeug zu besorgen.«

Bea fühlte sich verstanden von diesem Jungen an ihrer Seite, von dem sie nur wusste, dass er genau wie Rashid sein Geld mit krummen Dingern verdiente, aber Sami nahm zumindest keine Drogen. Sie erzählte ihm alles, was ihr seit Monaten auf der Seele brannte – wie schlecht Rashid sie behandelt und wie selten sie ihn noch zu Gesicht bekommen hatte, seitdem er immer drogenabhängiger wurde. Es war für Sami ein Leichtes, sie in den Keller zu locken, er hatte ihr Vertrauen, das wusste er und er wollte die Möglichkeit, es auszunutzen, auf keinen Fall verpassen. »Ist schon ein bisschen kühl, lass uns mal ins Haus gehen, da können wir in Ruhe weiterreden.«

Sami und Bea verbrachten einige Stunden im Keller,

in Rashids Keller. Sie unterhielten sich und Bea hatte das Gefühl, einen Menschen gefunden zu haben, dem sie sich anvertrauen konnte. Sami kam ihr nicht zu nahe und hörte geduldig zu. Auch das gehörte zu seinem Plan. Was sich danach auf dem Platz herumsprach, hatte nur wenig mit dem zu tun, was an jenem Tag im Keller ablief. Man erzählte sich die wildesten Geschichten von ihr und dass sie jetzt jeden ranließe, seitdem Rashid sie verlassen hatte.

Erst zwei Wochen später traf Bea Rashid wieder, er war blass und dünn geworden, sie erkannte ihn kaum wieder, als er mit seinem Einkaufswagen direkt vor ihr an der Kasse stand. Rashid blickte sie kurz an und drehte sich dann weg, ohne ein Wort zu sagen. Man hatte ihm die Geschichte über Bea und Sami zugetragen. Sie war eben doch nicht anders als die anderen deutschen Mädchen: für jeden zu haben. Rashid wollte sich seinen Zorn nicht anmerken lassen. Er wollte nicht einmal die in ihm aufsteigende Wut zulassen. Sich über ein Mädchen aufzuregen, bedeutete, Gefühle für es zu haben, und das war Bea nicht wert. Sie war nicht mehr seine Freundin, er hatte sie sitzen lassen, er hatte aller Welt verkündet, dass sie eine Schlampe sei. Weder Bea oder noch sonst jemand sollte glauben, dass ihn all das verletzen könne, deshalb blieb er stumm. Aber in Gedanken hatte er sie schon viele Male getötet, immer wieder hatte er diese Mordgelüste, sie kamen ganz unverhofft, beim Fernsehen oder wenn er über den Platz ging. Er hätte sich gewünscht, dass sie ihm hinterherheule, allen Versuchungen standhalte und ewig auf ihn warte, nur dann hätte Bea ihn verdient. Schließlich hatte sein Vater die Mutter auch schlecht behandelt, sie beleidigt, betrogen und geschlagen, aber für eine arabische Frau wäre das niemals ein Grund, ihren Mann aufzugeben. Jetzt verstand Rashid auch, warum seine Mutter immer behauptete, dass Deutsche und Araber nicht heiraten könnten. Und sie hatte recht.

Bea wusste nichts von solchen Gedanken, die Rashid durch den Kopf gingen. Mit ihr hatte er nie über solche Dinge geredet, er machte alles mit sich selbst aus. Jetzt, im Supermarkt, sah sie ihn unverwandt an und hoffte, noch einen Blick von ihm zu erhalten. Irgendwie mochte sie ihn immer noch sehr. Doch Rashid blieb hart, er packte seine Limonade in die Tüte, bezahlte und verschwand aus dem Laden, ohne auch nur die kleinste Geste zu zeigen. Für Bea war das schlimmer als eine Ohrfeige. Jetzt bereute sie es, mit Sami gesehen worden zu sein, aber es war zu spät.

Seitdem sie mit Sami im Keller gewesen war, galt Bea als »Hure« und so wurde sie fortan auch von allen behandelt. In der Regel verschwand ein Mädchen, das bisher nur mit einem Freund zusammen gewesen war, nach der Trennung von seinem Lover von der Bildfläche – in der Clique des Ex zu bleiben, gar eine neue Beziehung mit einem seiner Freunde einzugehen, bedeutete den sozialen Tod durch Rufmord. Bea war für alle Jungen ein willkommenes Opfer ihrer Phantasien.

Wenn sie an den Jungs vom Platz vorbeilief, hieß es:

»Na, du Schlampe, willst mir einen blasen?« Manch einer spuckte sie auch einfach an oder fasste ihr an den Hintern. Bea konnte sich nicht wehren. Aber einmal leistete sie doch Widerstand, schrie und schlug wild um sich. Danach hatte sie ein blaues Auge. Fortan mied sie, so gut es ging, die Gegend, schlich sich aus dem Haus, wenn weit und breit niemand zu sehen war, und nahm große Umwege in Kauf, nur um keinem ihrer Peiniger zu begegnen.

Sami nutzte die Situation aus. Es dauerte ein bisschen, bis er sie im Keller hatte, diesmal nicht nur zum Reden. Der Traum vom gemeinsamen Leben in einer schicken Neubauwohnung, mit LCD-Fernseher und Laminat-Fußboden war für Bea endgültig geplatzt. Sie hätte wegziehen müssen aus ihrem Viertel, aber das war für sie ebenso aussichtslos wie der Versuch, ihrer Mutter die regelmäßigen Kneipenbesuche abzugewöhnen. Sie blieb in der Clique und jeder der Jungs setzte alles dran, sie »klarzumachen« für einen Kellerbesuch. Sie wusste, sie war bei allen unten durch und wurde zur leichten Beute auch für andere. Irgendwann konnte sie nicht einmal mehr sagen, mit wem sie schon alles geschlafen hatte, es war auch egal. Gefügig wie sie war, hörten auch die Beleidigungen auf, niemand spuckte sie mehr an. Sami sorgte dafür, dass sie ihre Ruhe hatte, solange sie ihm zu Willen war. Er sah auch davon ab, Geld mit ihr zu verdienen. Aber irgendwann fing es an, überhandzunehmen mit ihrer Trinkerei. Sie roch zunehmend nach Alkohol, wenn man sie traf, auch ihre Körperpflege ließ nach.

Bald konnte Sami sie nicht mehr in seiner Nähe ertragen. Auch die anderen Jungs ekelten sich vor ihr und hielten Abstand. Sie wurde zu dem, was ihr immer verhasst gewesen war: zu einer Frau, die den ganzen Tag in der Kneipe verbrachte, das Ebenbild ihrer Mutter.

Aabids Rache

Rashid wusste nichts von Beas Schicksal. Es interessierte ihn auch nicht. Er war viel zu sehr mit sich selbst beschäftigt. Seine Drogensucht wuchs ihm über den Kopf. Als er zu Aabid gerufen wurde, ahnte er, dass das nichts Gutes verhieß.

Die zum Café umgebaute Ladenwohnung roch nach Fruchttabak, der Dunst blubbernder Wasserpfeifen hing in der Luft. Das Café Memory lag in einer schmalen Seitenstraße unweit des Hermannplatzes. Aabid war im Hinterzimmer. Rashid wurde von zwei Mitarbeitern, die er nie zuvor gesehen hatte, nach hinten begleitet. Es war ihm unbehaglich, die beiden Hünen an seiner Seite zu haben. Früher wäre ihm das nie passiert, nie hätte man ihn begleitet, schließlich war er einer von Aabids liebsten Männern und konnte sich im Café bewegen, als sei er hier zu Hause. Doch die Zeiten waren vorbei, Rashid wusste das. Schon seit zwei Monaten war er hier nicht mehr gewesen. Es hatte sich einiges verändert. Rashid bemerkte die neuen Sitzecken und auch die kitschigen Wüstenlandschaften, die neu die Wände zierten, vor zwei Monaten war diese Dekoration noch nicht da gewesen.

Wenn man das Café durchschritt, kam man hinten links zu einer kleinen Tür, die in einen schmalen dunklen Korridor führte, von dem rechts zwei Toiletten abgingen. Am Ende des Korridors befand sich eine Rigipswand, auf der bei genauem Hinsehen einige schmierige Fingerabdrücke sichtbar waren. Das war der geheime Zugang zu einem weiteren Raum. Rashid hatte diesen Raum noch nie betreten und dieser Umstand machte ihm jetzt Angst. Was würde ihn hinter dieser Tür erwarten? Ihm war bekannt, dass die beiden Toiletten nur eine Tarnung waren, die Gäste des Cafés, die in der Regel alle zu Aabids Freundes- und Bekanntenkreis gehörten, benutzten ausschließlich das WC im vorderen Teil, gleich rechts neben der Theke.

»Warte hier!« Das war die einzige Anweisung, die man ihm gab. Die beiden Anabolika-Muskel-Pakete ließen Rashid im dunklen Flur stehen, klopften kurz an die Rigipswand und gingen dann wieder nach vorn ins Café. Alle hatten Rashid gewarnt, er solle es nicht zu weit treiben, Aabid würde sich nicht verarschen lassen. Jeder im Kiez wusste von Rashids Drogenproblemen und dass er die Geschäfte schleifen ließ. Und mehr noch: Er schuldete Aabid Geld, viel Geld, das er nicht hatte und in den nächsten Wochen auch nicht würde auftreiben können. Seine Ersparnisse waren längst aufgebraucht. Er hatte die Kontrolle verloren und jetzt war er ein »Opfer«.

Als sich die Wand aufschob, war Rashid noch tief in Gedanken versunken. Er genoss die letzten Sekunden in der Dunkelheit, mit dem Rücken an der Wand konnte er sich einbilden, unsichtbar zu sein. Aabids Stimme riss ihn aus dieser trügerischen Sicherheit.

»Komm rein, aber schnell!« Noch bevor Rashid reagieren konnte, riss Aabid ihn am Kragen ins Zimmer. Es war ein fensterloser Raum von höchstens zehn Quadratmetern, der Boden war mit grauen Kacheln gefliest. Eine Glühbirne hing an einem Kabel von der Decke und beleuchtete den Kopf eines jungen Mannes, der an Händen und Beinen gefesselt auf einem Stuhl saß.

»Du schuldest mir dein Leben, Rashid. Du hast noch Geld von mir und ohne mich hättest du es nie so weit gebracht.«

Rashid nickte eingeschüchtert und wagte kaum, den gefesselten Mann anzusehen, der nur einen Schritt von ihm entfernt saß.

»Willst du sehen, was mit Leuten passiert, die mich verarschen wollen?« Aabid hob seine dicke Pranke und ballte sie vor Rashids Augen zu einer Faust. Rashid spürte, wie die Angst seinen Körper durchflutete, wie seine Knie weich wurden und sein Magen sich drehte. Er wusste nicht, was jetzt passieren würde, er wollte es sich auch gar nicht ausmalen, sonst würde er womöglich zu weinen anfangen. Und dann hätte er gar keine Chance mehr, denn nichts konnte Aabid so aggressiv machen wie ein Weichei. So jemand verdiente keine Gnade.

»Du verdammter Junkie, du gottloser Hund, hast du gedacht, wenn du dich monatelang nicht meldest, würdest du einfach so davonkommen? Hast du das wirklich geglaubt?« Ehe Rashid antworten konnte, wimmerte der Mann auf dem Stuhl plötzlich. Aabid ließ die Faust sinken, wandte sich ab von Rashid und blickte den Gefesselten erwartungsvoll an, so als würde gleich der erlösende Satz kommen und alles wäre geklärt.

»Bruder, ich schwöre dir, ich werde alles zurückzahlen. Gib mir nur ein bisschen Zeit, ich verspreche dir, Bruder, ich zahl alles zurück«, stöhnte der junge Mann auf dem Stuhl. Es war Abdul, der Kurde. Seine Eltern waren in den 1980er Jahren als libanesische Kriegsflüchtlinge nach Berlin gekommen und er war mit Aabid zusammen im Araber-Haus groß geworden. Die beiden waren schon als Kinder gemeinsam auf Beutezug gegangen und häufiger beim Klauen erwischt worden. Irgendwann hatten sie sich aus den Augen verloren. Aabid war mit seiner Familie in Berlin geblieben, Abdul nach Braunschweig gezogen. Er hatte seine Cousine geheiratet und sich eine kleine Existenz als Lebensmittelhändler aufgebaut. Doch nach der Geburt seines zweiten Sohnes, der mit einem schweren Herzfehler und einer geistigen Behinderung auf die Welt kam, ging es für ihn und seine Frau bergab. Abdul verbrachte viel Zeit mit Arztbesuchen und musste sein Geschäft irgendwann schließen. Er verkaufte den Laden mit Verlust und zog zurück nach Berlin, in der Hoffnung, dort wieder Fuß zu Fassen. Aabid hatte ihn damals mit offenen Armen empfangen, wusste damals allerdings noch nicht, dass Abdul spielsüchtig war. Der Kurde hatte es geschafft, an einem einzigen Wochenende die Brautmitgift seiner Frau und den Verkaufserlös seines Ladens am Roulettetisch zu verlieren. Als damals die Kugel fiel und der Croupier den Stapel Plastikchips mit seinem Schieber einzog, geschwind wie ein Chamäleon, das im Bruchteil eines Augenblicks sein Opfer mit der langen klebrigen Zunge in den Schlund zieht, dachte Abdul nur daran, wie viel er noch für den Goldschmuck von der Hochzeit im Pfandhaus herausschlagen könnte.

Rashid kannte Abdul vom Sehen, gesprochen hatten sie noch nie miteinander. Aber für Rashid war es immer klar gewesen, dass Abdul dazugehörte, und jeder an Aabids Seite war ein Mitglied der Familie, das war ungeschriebenes Gesetz. Rashid sah Abdul in die Augen. Sie waren groß, von einem ungewöhnlichen Grün, tief und schillernd wie Smaragde. Auf seinem Kopf türmten sich kleine Locken fast zu einer Art Afro-Frisur und seine bräunlich-graue Gesichtshaut war übersät mit kleinen Narben.

»Bitte, Aabid, du bist mir ein Bruder, ich gebe es dir zurück, gib mir nur etwas Zeit, ich habe Frau und Kinder, ich werde für meine Schulden aufkommen.« Abdul bettelte um Gnade, in seinen Augen bildeten sich Tränen, es war eine Schande. Rashid begriff nicht, warum er gefesselt war und was jetzt passieren würde, er spürte nur ein Unbehagen in der Magengegend, als würde jeden Moment etwas Furchtbares passieren. Und ganz automatisch, als würde seine Zunge unabhängig von seinen Gedanken funktionieren, hörte er sich selbst die Worte sagen: »Aabid, ich werde dir dein Geld zurückgeben, ich schwöre bei Gott, gleich nächste Woche kannst du es haben, ich verkaufe jetzt Autos für meinen Vater, das Geschäft läuft gut.«

Aabid stand mit dem Rücken zu ihnen, er machte sich an einem Werkzeugschrank zu schaffen und suchte offensichtlich etwas. Ohne Rashid anzusehen, erwiderte er: »Du Hund, wenn eure Geschäfte wirklich gut laufen würden, hättest du es doch nicht nötig, Zigarettenautomaten zu knacken und kleinen Kindern das Taschengeld abzuziehen. Ich weiß, was du treibst. Ist besser für dich, wenn du jetzt still bist und machst, was ich sage, sonst bist du der Nächste auf meinem Stuhl.«

Er zog einen Vorschlaghammer aus dem Regal und schritt auf Rashid zu, während er sich mit der breiten Seite des Hammers lässig in die Handfläche schlug. Sein Gesichtsausdruck war grimmig und er spuckte immer wieder aufgeregt auf den Boden und fluchte auf Arabisch leise vor sich hin. »Du kannst jetzt deine Schulden begleichen, nimm den Hammer und zertrümmer diesem Bastard alle Knochen, dann sind wir quitt.«

Noch bevor er die letzten Worte ausgesprochen hatte, schrie Abdul auf, seine Stimme war unerwartet hoch und er fing laut an zu weinen. »Bitte, bitte nicht, ich flehe dich an, bitte, ich werde alles richtig machen, ich habe Fehler gemacht, ich bin ein Hund. Aber bitte vergeh dich nicht an mir, ich habe Kinder. Ich verspreche dir, ich mach das wieder gut und wenn nicht, spring ich freiwillig vor den Zug.«

Aabid lachte ihn aus: »Du glaubst wohl, ich lass dich hier einfach wieder rausgehen? Am Ende springst du wirklich noch vor den Zug und ich ärger mich tot, dass ich dir nicht einen Strick um den Hals gelegt habe! Hör auf zu heulen und sei ein Mann, sonst binde ich dir den Mund zu!«

Rashid zitterte am ganzen Körper. Er hätte Abdul

mit bloßen Händen geprügelt, er hätte ihn am Boden zusammengetreten – aber einem gefesselten Mann mit einem Hammer alle Knochen zu brechen, das war selbst für ihn zu hart. Er erinnerte sich an den Horrorfilm, den er angeschaut hatte, als Hussein ihm die Nachricht brachte, Bea sei mit einem anderen Mann gesehen worden, an die Folterkammern in diesem Film, wo die Schlächter sich stundenlang an den Qualen ihrer Opfer weideten. Jetzt war er selbst in so einem Film. Er bereute, hierhergekommen zu sein, doch es gab kein Zurück. Ihm fiel nichts ein, womit er Aabid hätte beschwichtigen können. Viele Male hatte ihnen der Hoča bei jeder Gelegenheit gesagt, dass Gewalt unter Muslimen, und erst recht unter Brüdern, unislamisch sei; jetzt fielen ihm all die Ermahnungen ein, doch er wusste, es waren leere Phrasen, die Wirklichkeit sah anders aus. Und wenn es um Geld ging, war Religion nur noch zweitrangig – auch das war ein Gesetz unter den muslimischen Jungs aus dem Viertel. Niemand wäre zu Aabid gekommen und hätte ihm vorgeworfen, unislamisch gehandelt zu haben; vielmehr würde er sein Ansehen verlieren, wenn er sich nicht auf brutale Art an Abdul rächte.

Aabid drückte Rashid den Hammer in die Hand und wies mit einer kurzen Kopfbewegung Richtung Abdul, der immer noch lautstark weinte. Es war ein dumpfes Geräusch, als der Hammer Abduls rechte Schulter traf, der Kurde zuckte zusammen und blickte Rashid tief in die Augen. Es war ein leichter Schlag gewesen, es tat zwar weh, aber Abdul hatte mit Schlimmerem gerechnet.

Jetzt schöpfte er Hoffnung, doch noch alles lebend zu überstehen. Er schrie und heulte weiter, während Rashid immer wieder auf einen seiner Körperteile schlug, immer bemüht, möglichst keinen Knochen zu treffen.

»Sag mal, wollt ihr mich verarschen, ihr Schwuchteln? Du sollst ihn nicht streicheln, sondern seine Knochen brechen, du Bastard! Gib mir den Hammer!« Aabid versetzte Rashid einen schweren Hieb mit der Handkante ins Gesicht, sodass dieser taumelte, riss ihm den Hammer aus der Hand und begann wie ein Berserker, auf Abdul einzuschlagen. Es war ein Höllengeschrei, im vorderen Café hatten Aabids Männer die Gäste schon vorsorglich aufgefordert, den Laden zu verlassen, und die Türen verschlossen. Abduls Todesschreie drangen bis auf die Straße.

Rashid stand wie versteinert neben dem Gequälten, als wären seine Füße im Boden festgewachsen. Er konnte sich nicht bewegen, so tief saß der Schock. Blut spritzte an seine Hose und er sah, wie Abdul ohnmächtig wurde, nachdem Aabid ihm mit dem Hammer den Kiefer zertrümmert hatte. Als die Schreie ein Ende nahmen, hörte Aabid endlich auf. Er wischte sich den Schweiß von der Stirn und gab gleich wieder Befehle. »Los, geh und sag den Jungs Bescheid, sie sollen kommen und was zum Transportieren mitbringen. Ich will diesen Dreck aus meinem Laden raushaben. Los, du Hund, lauf!«

Rashid zögerte noch einen kurzen Moment, so gebannt war er von dem zerschlagenen Körper. Abdul saß zusammengefallen vor ihm, nur von den Fesseln auf dem Stuhl gehalten, eine deformierte Kreatur mit zerschundenem Gesicht, in dem zwei tennisballgroße Beulen nur ahnen ließen, wo eben noch die grünen Augen im Zwielicht des Kellers geschimmert hatten.

Als Aabid den Hammer erneut hob, um ihn in Rashids Richtung zu schleudern, rannte Rashid zur Tür und rief Aabids Männer. Aabid lachte ihm hinterher: »Na, du Pfeife, jetzt siehst du, was mit Leuten passiert, die Aabid verarschen wollen. Ich krieg euch alle!«

Sie überließen es Rashid, den bewusstlosen Körper in ein Laken zu wickeln, der Kopf blieb ausgespart, schließlich lebte Abdul noch und das sollte auch so bleiben. Einen Mord hatte man Aabid bisher noch nicht anhängen können und er hatte nicht vor, daran etwas zu ändern.

»Bringt ihn zum Krankenhaus und schmeißt ihn vor die Tür. Aber lasst euch nicht dabei erwischen.«

Rashid fasste den nahezu leblosen Körper von Abdul ganz vorsichtig an, als fürchte er, etwas an ihm zu zerbrechen, dabei war doch bereits so viel an ihm gebrochen. Abduls Gliedmaßen hingen schlaff herunter, als sie ihn vom Stuhl losbanden. Die beiden Hünen halfen Rashid, den Kurden in ein Tuch zu wickeln, um ihn besser zum Auto transportieren zu können. Mit ihren groben Pranken packten sie Abdul wie ein Schaf, das man soeben geschlachtet hatte. Hätte der Gequälte nicht hin und wieder einen röchelnden Laut von sich gegeben, würde Rashid glauben, dass er tot sei. Er konnte sich nicht vorstellen, wie man eine solche Folter überleben konnte, und dankte Gott, dass es nicht ihn erwischt hatte.

Nachdem Abdul im Kofferraum verstaut war, musste Rashid zum Krankenhaus mitfahren, um den Verletzten vor den Eingang der Notaufnahme zu legen. Obwohl er gar nicht die Kraft besaß, Abduls schweren Körper zu heben, trieb ihn die Angst, von Aabid in die Mangel genommen zu werden, zu Höchstleistungen. Und so schaffte er es, den Körper vor die Glastür zu legen. Dann rannte er zurück zum Auto.

»Gut gemacht«, hörte er einen der beiden Muskelpakete brummen. »Jetzt kannst du aussteigen und dich verpissen: Und noch was: Aabid will dich nicht mehr auf dem Platz rumhängen sehen, hast du verstanden? Ab heute ist für dich Platzverbot und du hast auch sonst nichts mehr mit uns zu tun.«

Rashid stieg aus und die Männer brausten davon. Mittlerweile hatte sich vor der Notaufnahme das Krankenhauspersonal eingefunden, um den unbekannten Verletzten hineinzutragen. Rashid beobachtete das Schauspiel aus der Ferne. Immer wieder hörte er Abduls Stöhnen, es klang wie das Röcheln eines Tieres, dem man die Kehle nicht fachmännisch durchgeschnitten hat und das sich nun minutenlang in den Tod quälte. Abdul hätte eigentlich tot sein müssen, doch Gott wollte ihn wohl noch nicht bei sich haben, dachte Rashid und war überzeugt, dass an diesem Tag in dem Folterzimmer auch der Teufel zugegen gewesen war.

Wenige Stunden später umstellte die Kripo Aabids Café. Zwanzig bewaffnete Männer stürmten den Laden. Aabid und seine Truppe wurden verhaftet. Sie waren nicht vorbereitet und so war es der Polizei ein Leichtes, ihnen neben schwerer Körperverletzung auch noch illegalen Waffenbesitz und Verstoß gegen das Betäubungsmittelgesetz vorzuwerfen. Auf dem Boden der Folterkammer klebte noch Abduls Blut.

Als die Beamten Aabid in Handschellen aus dem Laden führten, blickte er grinsend um sich und den Schaulustigen direkt in die Augen, als wolle er ihnen signalisieren, dass er nichts zu befürchten habe. Es war nicht seine erste Verhaftung und sein Anwalt hatte es bisher immer geschafft, ihn wenig später wieder herauszuholen. Doch diesmal sollte es anders kommen. Aabid blieb im Gefängnis und erhielt Sicherheitsverwahrung. Sein Vorstrafenregister, die laufende Bewährung und Abduls Aussage reichten, um ihn für die nächsten acht Jahre hinter Gitter zu bringen. Abdul selbst wäre nie auf die Idee gekommen, die Polizei einzuschalten. Aber als er im Hinterzimmer von Aabid gefoltert wurde, nahm Abduls Frau entschlossen die Dinge in die Hand.

Gerade als Aabid dem Kurden die letzten Zähne ausschlug, klingelte in der Jackentasche eines Cafébesuchers das Handy. Es war Khaleds Handy. Khaled war der Cousin von Abduls Frau Kaula und an diesem Tag von seiner Cousine beauftragt worden, ihren Mann zu beschatten. Schon seit längerem hatte Kaula Verdacht geschöpft, ihr Mann belüge sie, er hatte nie Geld und blieb über Nacht weg – für sie ein sicheres Zeichen, dass er eine Geliebte haben müsse. Als sie von Khaled erfuhr, dass Aabid ihren Mann in einen der hinteren Caféräume hatte bringen lassen, reagierte sie sofort. Eine Geliebte wäre für sie ein Trennungsgrund gewesen, aber ihren Mann in den Händen dieses palästinensischen Mafiabosses zu wissen, ließ sie fast ohnmächtig werden. Sie wusste, dass Abdul Aabid Geld schuldete, sie wusste auch, welche Konsequenzen das haben konnte, und rief die Polizei an.

Abdul wurde von Kaula gezwungen, die Anzeige aufrechtzuerhalten. Er fügte sich, weil er sie nicht verlieren wollte. Sie kamen mit ihren drei Kindern ins Zeugenschutzprogramm. Doch die Familie war groß und Abduls Eltern und Geschwister sollten noch einige Jahre damit zu tun haben, an Aabids Bande Entschädigungszahlungen zu leisten. Gangsterregeln überbrücken jede Gefängnismauer.

Über Rashid verlor Abdul kein Wort.

Verlorene Heimat

»Aufstehen! Oder träumst du schon von deiner neuen Heimat? Nächste Woche geht's ab in die Wüste mit dir.«

Schäfer reißt Rashid aus einem Traum, knallt ihm ein Tablett mit Frühstück auf den Boden, schlägt die Tür zu und geht, ohne noch ein Wort zu verlieren. Rashid ist wie benommen, die ganze Aktion hat ihn erschrocken, er schämt sich für seine Angst. Er setzt sich auf und starrt an die Wand, versucht, sich den Traum von eben noch einmal ins Gedächtnis zu rufen, so als habe er die Chance, ihn dann zu Ende zu träumen. In diesem Traum hatte er das Gefühl, da zu sein und doch hat ihn niemand wahrgenommen. Seine Familie und seine Geschwister saßen zusammen in einem ganz weißen Raum, alle waren hell gekleidet und blickten schweigend in eine Ecke des Zimmers, in der sich ein einfaches Metallbett befand. Mit langsamen Schritten, wie in Zeitlupe, ging Rashid auf das Bett zu, die Sonne blendete durch die leuchtend weißen Gardinen. Als er sich auf Kopfhöhe des Bettes befand, erkannte er die Konturen eines Menschen, verhüllt unter einem Tuch. Plötzlich glitt das Tuch hinunter, legte Gesicht und Oberkörper frei. Rashid sah seinen Großvater, der seine geschlossenen Augen öffnete und ihn milde anlächelte. Die dichten grauen Haare fielen wie ein silberner Kranz um das Kissen, er war frisch rasiert und der Duft von Krankenhaus durchzog den Raum.

»Schön, dass du gekommen bist, Junge, mir geht es auch schon besser, ist nicht so schlimm, sagen die Ärzte.«

Rashid blickte sich um, wollte seine Eltern fragen, sich vergewissern, dass alles in Ordnung war, doch seine Zunge war wie festgewachsen und seine Familie sah ihn nicht, nur der Großvater konnte ihn sehen. Rashid versuchte, seine Hände zu heben, um sie schützend vor die Augen zu halten, doch er konnte weder seine Hände noch seine Füße erkennen.

»Was ist mit dir passiert, Großvater?«

»Es ist nichts Schlimmes, wirklich nicht. Sie sagen, in zwei Tagen kann ich wieder gehen, dann ist alles wieder gut. Mach dir keine Sorgen.«

»Ich werde dich in zwei Tagen abholen kommen.«

»Ich weiß.«

Rashid lief ein kalter Schauer den Rücken hinunter, das Lächeln, der durchdringende Blick und die prophetischen Sätze des Großvaters machten ihm Angst. Er wollte ihn berühren, wollte wissen, ob er ihn anfassen konnte. Doch bevor es dazu kam, riss Schäfer ihn aus seinen Träumen.

Das Frühstück ist schlecht wie immer, wie benommen nimmt Rashid einen Bissen nach dem anderen und fühlt die Trägheit seines Körpers, schwer wie Blei baumeln seine Beine vom Bett. Wie soll ich bloß den heutigen Tag überstehen, denkt er sich. Seitdem er weiß, dass es für ihn kaum noch eine Chance gibt, in Deutschland zu bleiben, hat er an allem die Lust verloren, nur ungern geht er in die Werkstatt zu Meister Heinz. Er hätte nie gedacht, dass es einmal so weit kommen würde. Auch wenn er die Deutschen verachtet, ist es für Rashid doch selbstverständlich, dass Berlin seine Heimat ist, was denn sonst? Seit dem Abschiebeurteil ist jeder Tag, an dem er die Augen aufmacht, ein verfluchter. Nichts hat mehr einen Sinn und nichts bereitet ihm Freude. Der Meister hat das bemerkt. Vorsorglich wird jetzt jeden Tag Rashids Zimmer durchsucht. Man will sichergehen, dass er keinen Gegenstand hineinschmuggelt, um sich das Leben zu nehmen.

Rashid muss ununterbrochen an seinen Großvater denken. Verzweifelt sucht er nach Erklärungen für seinen Traum. Denn seit fast zehn Jahren hat er seinen Großvater nicht mehr gesehen, er kann sich kaum an ihn erinnern. Großvater Abdul Kadir war damals als Tourist nach Deutschland gekommen, um seinen Sohn und die Familie zu besuchen. Es war ein wichtiger Tag für Fuad gewesen. Rashid erinnert sich dunkel an die Vorbereitungen für den Besuch, die Wohnung roch nach Rosenwasser und an der Haustür waren Blumenkränze angebracht. Sein Großvater war ein Hadschi, er war gerade frisch von der Pilgerfahrt aus Mekka gekommen, und das war für Fuad gleich ein doppelter Grund zum Feiern. Rashid hingegen hat nie eine besondere Beziehung zu dem groß gewachsenen schlanken Mann im Anzug aufbauen können. Sein Vater und sein Großvater redeten in diesen Tagen die meiste Zeit über das Leben und die Menschen in Beirut. Der Großvater, der mit Fuads Bruder Cafer und dessen Frau Camila in der osttürkischen Stadt Iskenderun lebte, trauerte der verlorenen fernen Heimat im Libanon nach, obwohl er – ebenso wie die mit ihm geflüchteten Familienmitglieder – inzwischen längst türkischer Staatsbürger geworden war. Auch Rashid gilt in der Türkei als dortiger Staatsbürger, denn sein Großvater hat ihn und seine Geschwister ins türkische Familienregister eintragen lassen, um so staatliche Vergünstigungen zu erlangen. Er dachte, seinen Enkelkindern damit etwas Gutes zu tun, vielleicht kämen sie ja irgendwann zu ihm in die Türkei und dann hätten sie als registrierte Staatsbürger keine Schwierigkeiten. Rashid allerdings wurde das großväterliche Engagement zum Verhängnis: Es hat seine Abschiebung in die Türkei ermöglicht.

Früher hat Rashid sich für solche Geschichten nie interessiert. Erst jetzt, da es schlecht für ihn steht und er damit rechnen muss, bei der Familie im Osten der Türkei zu landen, plagen ihn immer wieder Träume über diese ihm unbekannte fremde Welt. Manchmal ist er allein mitten in der Wüste, ein anderes Mal steht er auf einem überfüllten Marktplatz, in einem Meer aus Farben, Gerüchen und Stimmen, inmitten von Menschen, die wie Ameisen um ihn herumkrabbeln, während er wie angewurzelt dasteht und nicht weiß, wohin er gehen soll.

»Rashid, du kommst zu spät zur Arbeit. Und vergiss

nicht, nachher ist Besuchszeit. Zieh dir was Vernünftiges an, ich glaube, deine Mutter hat sich angemeldet.«

Seine Zellentür steht offen, aber es kostet Rashid große Überwindung, aufzustehen und zur Arbeit zu gehen. Noch ganze zwölf Stunden bis zum nächsten Einschluss! Die Tage kommen ihm unendlich lang vor, auch wenn er weiß, die Zeit würde vergehen, auch heute. Eine sinnlose Verschwendung von Lebenszeit.

»Du kannst alles, was du hier gelernt hast, auch in der Heimat gebrauchen«, versucht Meister Heinz ihm gut zuzureden. Er möchte Rashid Mut machen, doch er bewirkt genau das Gegenteil.

»Von welcher Heimat reden Sie eigentlich?«

»Ach, komm Junge, musst dich jetzt damit abfinden, dass es in Deutschland keine Zukunft mehr für dich gibt.« Die anderen Jungs stehen an ihren Werkbänken und kichern leise vor sich hin.

»Ich habe keine Heimat und das, was ich hier lerne, ist doch sowieso für 'n Arsch. Ist doch alles Idiotenbeschäftigung.« Rashid ist aufgebracht, aber er rastet nicht mehr aus wie früher. Es ist einer der seltenen Momente, in denen er sich mit Worten zur Wehr setzt, ohne sein Gesicht wütend zu verzerren und sein Gegenüber mit wilden Gesten einzuschüchtern – für seine Mitgefangenen ein deutliches Zeichen seiner Schwäche.

Als Leila kommt, bringt sie keine guten Nachrichten. Der Einspruch des Rechtsanwaltes wurde abgelehnt, es ist Zeit, Abschied zu nehmen.

»Junge, es ist doch gar nicht so schlimm, du gehst zu

deinen Großeltern in die Türkei, wir organisieren dir die Hochzeit mit Amal in Beirut und nach einiger Zeit kommst du wieder. Wir schaffen das schon.«

»Wann ist es so weit? Gibt es einen Termin für die Abschiebung?«

»Ganz genau kann der Anwalt es nicht sagen, sie geben keinen Termin bekannt, das ist wohl immer so.«

»Ich würde gern noch ein paar Sachen von zu Hause haben, ein paar Fotos und meine alten Bewerbungsunterlagen, die müssen bei Yusuf im Schrank sein.« Leila blickt stumm auf den leeren Tisch, Tränen kullern ihre Wangen hinunter.

»Du musst jetzt nicht weinen, ihr könnt doch zufrieden sein, wenn ich endlich weg bin. Ihr wolltet doch immer schon, dass ich zu Großvater gehe. Bald werdet ihr Ruhe vor mir haben.«

»Du darfst es deinem Vater nicht übel nehmen, er schämt sich, die Leute reden alle von dir. Dass du Drogen nimmst, weiß inzwischen jeder, sogar die Nachbarn haben ihn schon darauf angesprochen.« Schon immer war es den Eltern wichtig gewesen, was die anderen in der muslimischen Gemeinde über sie dachten. Rashid und seinen Geschwistern war von klein auf eingebläut worden, dass andere nichts von ihren Familienproblemen erfahren durften. An diesem Selbstbild hielt der Vater fest, selbst die Drogensucht seines Sohnes durfte es nicht zerstören. Er ließ Rashid einfach fallen.

Nach außen hin wollte Fuad das Bild eines durchsetzungsfähigen Familienoberhauptes abgeben, auch als ihm seine Söhne längst entglitten waren. Und jeder, der die Familie näher kannte, wusste das. Fuads Söhne galten unter den arabischen Familien als schlechte Partie, keinem von ihnen traute man zu, eine Familie zu ernähren. Es war nur eine Frage der Zeit, bis sie sich jeweils eine Frau aus dem Libanon holen würden, deren Familie nicht wusste, worauf sie sich mit einer solchen Heirat einließ. Auch in der Gemeinde hatte sich längst herumgesprochen, dass Fuads Söhne sich wie Deutsche benahmen, sie hingen auf der Straße herum, gingen fast nie in die Moschee, tranken Alkohol und ließen sich in der Öffentlichkeit mit Frauen sehen. Unter den Strenggläubigen wurden sie geächtet.

»Warum kann er mich nicht einmal besuchen kommen?«, wollte Rashid von seiner Mutter wissen. »Er wird mich vielleicht nie wieder sehen! Bin ich denn nicht mehr sein Sohn?« Leila schweigt. Um nicht weiter auf dieses Thema eingehen zu müssen, kramt sie in ihrer Tasche herum und zieht einen Beutel mit Kleingeld hervor. »Hier, das darf ich dir geben, sie haben es abgezählt.«

»Willst du einen Kaffee oder Tee?«, fragt Rashid und blickt ihr dabei zuversichtlich, mit einem leichten Lächeln auf den Lippen, in die Augen. Er hat sich wieder gefangen. So hat Leila ihren Sohn noch nicht erlebt: Er wirkt erwachsen. Und obwohl sie weiß, dass er unglücklich ist und eine Abschiebung für ihn eine weit schlimmere Strafe darstellt, als noch länger in Berlin im Gefängnis zu sitzen, ist sie froh, dass die Dinge sich so entwickelt haben, wie sie jetzt sind. Sie hätte ihren Sohn nie von den Drogen wegbekommen, sie ist den Deutschen dankbar dafür, dass sie ihn eingesperrt haben. Sie ist ohnehin geübt darin, auf Rashid zu verzichten. Auch als er noch nicht im Gefängnis war, bekam sie ihn kaum zu Gesicht. Damals wartete sie nächtelang auf ein Lebenszeichen von ihm, immer in Panik, ihm könne etwas Schlimmes zugestoßen sein. Seitdem er eingesperrt ist, kann sie beruhigt schlafen und dafür schämt sie sich fast. Und so behält sie diese stille Freude stets für sich, wenn sie Rashid besucht.

»Der Tee schmeckt hier nicht, die Deutschen können einfach keinen guten Tee machen. Wenn du erst einmal bei deinen Großeltern bist, wirst du sehen, wie ein Tee schmecken muss.« Rashid antwortet nicht, er will seine Mutter nicht aufheitern, will keine lustigen Anekdoten aus der ehemaligen Heimat erzählt bekommen, wie er sie schon etliche Male zu hören bekommen hat. Aber er gibt ihr auch keine schroffe Antwort wie sonst. Resigniert und abwesend schlürft er seinen Tee und hat dabei Mühe, den heißen Plastikbecher in der Hand zu halten.

»Ich werde heute noch deinen Großvater anrufen und ihm sagen, er soll alles für dich vorbereiten. Die Familie erwartet dich bereits sehnsüchtig.« Leila redet, als handele es sich bei seiner Abschiebung um einen Urlaubstrip und als sei Iskenderun das gewählte Reiseziel. Sie ist glücklich, dass ihr Sohn endlich an einen Ort fährt, wo es nicht die Versuchungen der deutschen Gesellschaft gibt, wo er keine Freunde hat, mit denen er die Nächte durchmachen kann. Fast ist sie beleidigt, dass Rashid nicht fröhlich einstimmt. »Du tust ja so, als würde man dich in die Hölle schicken, Rashid. Dabei ist es Deutschland, das uns alle kaputt gemacht hat. Kannst du das nicht sehen? Ich verstehe dich und deine Geschwister nicht, ihr seid auch schon wie die Deutschen.«

Als sie geht, drückt sie ihm einen Kuss auf die Wange. Rashid fühlt sich wie ein kleiner Junge dabei. Das ist ihr letztes Treffen. In der Nacht regnet es heftig. Die Tropfen schlagen im Takt an das schmale Zellenfenster und der Wind peitscht über die Baumkronen auf dem Gefängnishof. Rashid denkt an Gott und glaubt zu ahnen, wie mächtig er ist, wenn er mit Regen und Wind die Welt auf den Kopf stellen kann. Es ist seine letzte Nacht in dieser kleinen Zelle. In den 18 Monaten ist sie zu seinem Zimmer geworden. An der Wand hängen Fotos alter Familienfeste, Hochzeiten, auf denen er sich besonders herausgeputzt hat, mit Anzug und Krawatte. Er hat sich diese Bilder hingehängt, weil er nicht vergessen will, wer er ist, und weil es immer etwas ganz Besonderes für ihn war, sich fein zu machen.

Als der Wärter kommt, um ihm mitzuteilen, dass er jetzt seine Sachen packen soll, weil das Auto für den Flughafen bereitsteht, packt Rashid als Erstes die Fotos ein. So als seien sie der einzige Beweis dafür, dass er mal ein anderes Leben hatte, jenseits der Gefängnismauern. Ein Leben, in dem er ein Boss war und die Menschen Respekt vor ihm hatten.

Das zweite Mal im Leben fliegen. Wie schön es wäre, jetzt in den Urlaub zu fliegen, denkt Rashid. Vielleicht würde er irgendwann einmal wieder nach Spanien fliegen. Er hatte es sich fest vorgenommen, als sie damals den Aufenthalt an der Costa Brava vorzeitig abbrechen mussten. Da war sich Rashid noch ganz sicher gewesen, er würde eines Tages zurückkehren an diesen Ort, an dem er zum ersten Mal das Meer an seinen Füßen gespürt hatte. Und nun ist alles ganz anders gekommen.

Das Flugzeug ist komfortabel, die Polstersitze der Lufthansa sind bequemer als der Billigflieger, mit dem sie damals vom Flughafen Tegel abhoben. Von der Startbahn aus kann er noch einmal das Flughafengebäude sehen, ehe die Maschine sich in die Lüfte erhebt. Neben ihm sitzen zwei Beamte, sie begleiten ihn stumm und mit wachsamen Augen. Die blonde Stewardess heißt Nicole. Rashid hat ihren Namen aufgeschnappt, als eine Kollegin sie so rief. Sie ist groß und schlank und hat grüne Augen. Wie eine Katze, denkt Rashid. Ab und zu lächelt sie ihn an und Rashid hat das Gefühl, sie tue es aus Mitleid. Das ärgert ihn.

Das Flugzeug ist kaum belegt, die Reihen um ihn herum sind leer. Wir hätten genug Platz für die ganze Familie, denkt Rashid und versucht, sich vorzustellen, wie es sein könnte, wenn er nicht allein, sondern mit seinen Geschwistern in die Türkei fliegen würde, wenn tatsächlich, wie sein Großvater es erträumt hat, die ganze Familie um ihn herum wäre. Jetzt würde er alles darum geben, sie bei sich zu haben, sie würden sich gegenseitig Geschichten erzählen und lachen. Es ist schon so lange her, dass er so etwas erlebt hat. Vor vielen Jahren hatte sein Vater einen Neunsitzer gekauft, es war ein Schnäppchen und Fuad wollte das Auto auch gleich weiterverkaufen. Aber vorher fuhren sie mit dem Auto an den Wannsee, beladen mit Lebensmitteln, Decken und Klappstühlen, als wollten sie auswandern. Rashid schließt die Augen und ruft sich die Bilder dieses Tages ins Gedächtnis. Dann schläft er ein.

Als er wach wird, schreit ein Kind auf dem Schoß seiner Mutter. Die junge Frau wiegt das Kind in ihren Armen und läuft hektisch in dem schmalen Gang auf und ab. Als sie auf der Höhe von Rashid und den Polizeibeamten steht, packt sie das schreiende Bündel wie selbstverständlich neben Rashid auf den Sitz, lächelt ihn an, sagt etwas zu ihm, auf Türkisch. Rashid blickt sie verständnislos an und noch bevor er ihr sagen kann, dass er kein Türkisch versteht, macht einer der Polizeibeamten der jungen Mutter freundlich deutlich, doch bitte weiter zu gehen. Als die Frau bemerkt, dass Rashid von der Polizei begleitet wird, packt sie ihr Kind, blickt erschrocken um sich und verschwindet eiligst den Gang entlang.

Rashid fühlt sich erniedrigt, er ärgert sich über die Bullen, die so tun, als sei er ein gemeingefährlicher Mörder. Er lehnt seine Wange auf die Hand und versucht wieder einzuschlafen, noch mehr Erniedrigungen will er nicht hinnehmen müssen. Er öffnet die Augen erst wieder, als das Flugzeug in den Landeanflug geht.

Die fremde Familie

Die Luft ist stickig und schwül, als sie nach der Landung das Flughafengebäude betreten. Rashid wird noch vor der Passkontrolle von zwei türkischen Polizisten empfangen. Man spricht Englisch. Während die Beamten die letzten Formalitäten klären, schaut Rashid sich um. Die Luft riecht hier ganz anders als in Deutschland, denkt er und ist fasziniert vom Anblick der vielen Menschen, die sich mit Koffern und Taschen durch die Passkontrolle drängen, junge Familien mit vielen kleinen Kindern, aber auch vornehm gekleidete Männer mit Taschen aus weichem Leder unter dem Arm und glänzenden Schuhen an den Füßen. Manche sprechen Deutsch, viele Türkisch, Arabisch und Englisch. Eine Frau schaukelt ihren Yorkshire-Pinscher in ihrer Tasche wie ein Baby hin und her und Rashid hat plötzlich das Gefühl, frei zu sein.

Mit einem trockenen »Tschüs« verabschieden sich die Berliner Beamten und der türkische Polizist schleust Rashid an der Passkontrolle vorbei und zeigt ihm den Weg zum Ausgang. Die blank polierten Granitfußböden vor den großen Fließbändern spiegeln die Gesichter der ungeduldig auf ihr Gepäck wartenden Menschen. Der Atatürk-Flughafen ist groß und moderner, als Rashid es erwartet hat. Das hätte er den Türken gar nicht zugetraut und guckt sich staunend um, bevor er schließlich Richtung Ausgang weiterläuft.

Schwüle schlägt ihm entgegen, als er mit seinem kleinen Rollkoffer durch die Glastür tritt. Draußen stehen Dutzende von Männern an ihren Autos und warten bei laufenden Motoren auf die Ankömmlinge. Einigen sieht man die freudige Erwartung an, sie treten von einem Bein aufs andere, laufen auf und ab und lassen den Blick immer wieder zur Tür wandern, aus der die Reisenden nach und nach ihre vollbepackten Kofferwagen rollen.

Rashid stellt sich an die Seite und wartet. Sein Onkel, so hatte seine Mutter beim Abschied gesagt, würde ihn abholen. Rashid hat seinen Onkel Cafer noch nie gesehen und kann sich nur dunkel an ein Foto erinnern, das ihm sein Vater einst gezeigt hat, als er ihm Geschichten über die Familienangehörigen in der Türkei erzählte. Aber die Erinnerung ist zu blass. Rashid schaut um sich und studiert aufmerksam die Männer im Alter seines Onkels. Doch so sehr er sich auch anstrengt, es könnte eigentlich jeder sein.

Nach ein paar Minuten tritt ein grauhaariger hagerer Mann auf ihn zu, blickt ihm freundlich in die Augen und fragt: »Rashid?«

Wenige Minuten später besteigen Onkel und Neffe ein Taxi. Mühsam bahnt sich der Fahrer seinen Weg durch die hektisch hin und her schiebenden Menschenmengen auf dem Flughafenvorplatz. Aus allen Winkeln ertönt ein Hupen und Getöse. Istanbul ist eine sehr laute Stadt, denkt Rashid. Auf ihrem Weg über die Autobahn passieren sie große Einkaufszentren und Autohäuser aus Glas und Stahl.

Am Rückspiegel des Taxifahrers baumelt eine blaue Perlenkette mit einem Miniatur-Koran, der Fahrer raucht eine streng riechende Zigarette, plaudert munter mit Onkel Cafer und dreht sich dabei beängstigend oft nach hinten, zum Rücksitz um. Stumm und verschwitzt sitzt Rashid neben seinem Onkel, der seine abgearbeiteten Hände auf die Knie gelegt hat und bemüht ist, seinen Körper angesichts der überhöhten Geschwindigkeit und unerwarteten Bremsmanöver des Taxifahrers im Gleichgewicht zu halten. Auch Onkel Cafer scheint besorgt über den leichtsinnigen Fahrstil des Mannes, Rashid erkennt das an den knappen stockenden Antworten, die er dem Taxifahrer gibt. Als für einen Moment Schweigen herrscht, fragt Onkel Cafer Rashid auf Arabisch:

»Wie geht es deinem Vater?«

»Danke, es geht allen gut, er lässt dich grüßen«, antwortet Rashid höflich.

Onkel Cafer stellt noch weitere Fragen zu Rashids Geschwistern und den Verwandten in Deutschland. Er schaut dabei durch die Frontscheibe auf die Fahrbahn und Rashid zögert oft mit der Antwort. Sein Arabisch ist etwas anders als das seines Onkels und ohnehin ziemlich dürftig; und von dem, was der Taxifahrer brabbelt, versteht er ohnehin nichts.

»Ah, ihr seid Araber!«, murmelt der und dreht sich dabei wieder nach hinten um, als müsse er sich anhand des Aussehens seiner Fahrgäste noch einmal vergewissern, ob er mit seiner Vermutung richtig liege. »Aus Mardin?«

Als der Fahrer während dieser kleinen Konversation nur im letzten Moment noch einem langsamer fahrenden Auto ausweichen kann, überkommt Rashid Panik. Angespannt krallt er die Hände in das Sitzpolster und überlegt, wie er sich am besten vor einem harten Aufprall schützen könnte. Bilder tanzen vor seinem inneren Auge auf und ab, Filmsequenzen mit sensationellen Unfallszenarien, in denen Menschen zerquetscht oder aus Fahrzeugen geschleudert werden.

Als der Taxifahrer Rashids Angst registriert, prahlt er lachend damit, dass in seinem Auto schließlich noch keiner gestorben sei; aber wenn Allah es wolle, dann würde es so oder so geschehen, dann helfe nur noch ein Gebet und die Bitte, den Tod möglichst schnell eintreten zu lassen. »Denn wer in der Türkei in einem Fahrzeugwrack liegt, braucht auf schnelle Hilfe nicht zu hoffen. Da hat sich schon so mancher stundenlang in den Tod gequält. Sag das dem Jungen, übersetz es ihm, er soll wissen, wie es hier zugeht«, lächelt er spitzbübisch Onkel Cafer an, ohne dabei auf die Fahrbahn zu achten.

Rashid, der nichts verstanden hat von dem kleinen Geplänkel, weil er höchstens einige Brocken Türkisch kennt, würde sich am liebsten alles von Onkel Cafer übersetzen lassen, doch an dessen Gesichtsausdruck kann er erkennen, dass Nachfragen jetzt nicht angebracht sind. Onkel Cafer wirkt angespannt.

»Seid ihr aus Mardin?«, will der Taxifahrer erneut wissen.

»Nein, aus Hatay«, antwortet Onkel Cafer knapp und

trocken, doch der Fahrer bleibt völlig unbeeindruckt, schüttelt immer wieder die herunterfallende Zigarettenasche hektisch von seinem Hosenbein und plappert munter weiter.

»Ich kenne viele aus Hatay, das sind gute Leute. Meine Nachbarn sind auch Araber aus Hatay, sehr gottesfürchtig, sehr korrekte Menschen.«

Onkel Cafer nickt und schweigt wieder, er kennt diese Schmeicheleien nur zu gut, mit denen die geschwätzigen Istanbuler Taxifahrer ihre Fahrgäste gesprächig zu stimmen versuchen. Onkel Cafer ist als junger Mann selbst Taxi gefahren, so erzählt er Rashid, für ein großes Unternehmen in Iskenderun, doch nach zwei Unfällen in einem Jahr wurde er gefeuert. Seitdem sei er nie mehr selbst mit dem Auto gefahren. Ein eigenes Auto habe er sich ohnehin nie leisten können.

Als sie endlich den Busbahnhof erreichen, atmet Rashid auf. Die Menschen, die hier herumlaufen, sehen ganz anders aus als die am Flughafen, diese hier schleppen riesige Plastiktaschen mit sich herum, die voll gestopft sind bis obenhin. Frauen mit bunten Tüchern auf dem Kopf kauern in schattigen Ecken und brüllen in regelmäßigen Abständen ihre wild umhertobenden Kinder zusammen. Rashid versteht kein Wort, also muss er sich auf seine Augen verlassen und kann nur ahnen, ob der Mann, der ihn anspricht, nach Feuer fragt oder Geld will. Überwältigt von all diesen Eindrücken stolpert er mit seinem Koffer in der Hand seinem Onkel hinterher, der zu den Ticketbuden in der Bahnhofshalle eilt.

»Warte hier und geh mir ja nicht verloren! Istanbul ist berühmt dafür, dass Menschen verloren gehen!«

Onkel Cafer schiebt Rashid vor den Eingang einer Suppenbude und verschwindet in einer der Menschentrauben, die sich vor den Ticketschaltern gebildet haben. Der Geruch von gekochtem Lammfleisch steigt Rashid in die Nase. Und das bei 35 Grad im Schatten! Ihm wird schlecht, er legt seinen Koffer auf den Boden und setzt sich drauf. Den Kopf in die Hände gestützt versucht er, seine Übelkeit unter Kontrolle zu halten, und wartet geduldig. Seine Augen wandern ständig hin und her ebenso wie seine Gedanken. Bilder kommen und gehen, die sich willkürlich aneinanderreihen, und dann ist plötzlich wieder alles ganz schwarz. Ihm ist schwindelig.

Da steht Onkel Cafer schon wieder vor ihm und hält ihm eine Plastikflasche mit kaltem Wasser vor die Nase. »Hier, trink, sonst kriegst du noch einen Hitzeschlag. Das Klima hier ist anders als bei euch in Deutschland, daran wirst du dich erst gewöhnen müssen.«

Rashid nimmt einen großen Schluck Wasser zu sich und folgt seinem Onkel in Richtung Buspark. Geredet wird zwischen den beiden nur wenig. Rashid hat gleich am Flughafen gemerkt, dass Onkel Cafer kein besonders gesprächiger Mensch ist. Und da er selbst derzeit überhaupt kein Bedürfnis hat, sich jemandem mitzuteilen, ist ihm das auch ganz recht so.

»Es wird eine lange Fahrt werden«, meint der Onkel, »wenn du willst, können wir noch eine Suppe oder ein Köfte essen, wir haben noch Zeit. Hast du Hunger?«

»Nein, vielen Dank, Onkel.«

Während Rashid schon auf einem der schmalen Sitze im Bus Platz nimmt, kann er durch die Scheibe beobachten, wie Onkel Cafer sich an den Bürgersteig hockt und ein Brot mit Köfte isst. Er sieht komisch aus, wie er da so hockt in seinen braunen Pluderhosen und mit seiner grauen Schiebermütze – so hat Rashid sich immer die Menschen aus dem Dorf vorgestellt. Sie sehen einfach ärmlich aus, denkt er.

Als der Bus endlich losfährt, stellt Rashid nach wenigen Minuten bereits fest, dass auch dieser Fahrer sich weder an Geschwindigkeitsbegrenzungen noch an Verkehrsregeln hält. Und ihm selbst knurrt jetzt der Magen so laut, dass die Frau neben ihm ihn irritiert anstarrt. Nun hätte er doch gern eine Suppe gehabt, zumal an Schlaf in dem schaukelnden Bus ohnehin nicht zu denken ist.

Ein junger Mann im abgewetzten blauen Anzug geht mit einem Fläschchen Eau de Cologne langsam durch die Reihen und bietet jedem Fahrgast einige Tropfen zur Erfrischung an. Rashid starrt ihn nur verwundert an, er findet es lächerlich, dass jemand durch den Bus läuft, billiges Eau de Cologne anbietet und dabei eine Miene aufsetzt, als würde er den wichtigsten Job der Welt verrichten. Als könne der junge Mann Gedanken lesen, wartet er nicht lange ab, ob Rashid sich doch noch entschließt, das Angebot anzunehmen, sondern schüttet Onkel Cafer ein paar Tropfen in die Handfläche und zieht, Rashid noch einen verächtlichen Blick zuwerfend, weiter zu den nächsten Fahrgästen.

Sie fahren über holprige Schnellstraßen, der Bus scheint dabei immer schneller zu werden. Immer wieder tauchen am Straßenrand Stände mit üppigem Obst auf, doch bevor Rashid ausmachen kann, was angeboten wird, sind sie auch schon vorbeigerauscht. Kaum haben sie Istanbul hinter sich gelassen, erstreckt sich vor ihnen ein karges Land, auf dem nur hin und wieder ein einsames Gehöft auftaucht. Die weite Steppenlandschaft wird nur selten von kleinen Ortschaften unterbrochen, zuweilen fahren sie auch an größeren Städten vorbei, grau in grau, mit tristen Hochhäusern und nahezu menschenleer. Je tiefer es gen Osten geht, umso verlassener erscheint Rashid das Land. Er hätte sich gewünscht, irgendwo in Antalya zu landen, das kannte er wenigstens aus den Erzählungen seiner türkischen Kumpel. Aber Antalya war im Moment fast genauso weit weg wie Berlin, seine Endstation hieß Iskenderun. Nur die kleinen Dörfer, die sie durchqueren, wirken vertraut. Hier sitzen die Männer, ähnlich wie in manchen Ecken Neuköllns, vor den Teestuben und rauchen ihre Wasserpfeife. Ab und zu starrt einer aufdringlich auf den Bus, als würde er nach etwas Bestimmtem suchen. Rashid erinnert sich an seinen Onkel Fadi, der auch immer in jedes Auto starrte, das an ihm vorbeifuhr; und immer, wenn eine Frau seinen Blick traf, zwinkerte er oder warf ihr einen Luftkuss zu – das machte er selbst in Gegenwart seiner Ehefrau. Rashid empfand seinen Onkel als peinlich.

Rashid staunt über die Größe des Landes, die wechselnde Vegetation. In der Ferne zeichnen sich durch die

Nebelschwaden hindurch die Umrisse mächtiger Gebirgsketten ab – wie weit entfernt er jetzt von seiner Heimat Berlin ist! Das viele Gucken macht ihn müde. Sein Onkel schläft bereits mit offenem Mund und laut schnarchend neben ihm. Rashids eigene Anspannung ist auf einmal verschwunden. Er kickt mit dem Kopf zur Seite und schläft sofort ein. Er wird nicht einmal wach, als ihm der junge Kellner etwas später einen kleinen Kuchen auf den Schoß legt, die jedem Fahrgast zustehende Wegzehrung. Sie fahren die ganze Nacht durch und als Rashid wach wird, ist es auch schon wieder hell. Er reibt sich die Augen und schaut hinüber zu seinem Onkel, der noch genauso regungslos dasitzt wie vor Stunden. Onkel Cafer ist streng zu sich selbst und aus seiner Haltung kann man erahnen, dass er geneigt ist, diese Strenge auch von anderen einzufordern.

Als sie bei Tante Camila eintreffen, steht das Essen schon auf dem Tisch. Überall riecht es nach gekochtem Hammelfleisch. Rashids Tante hat Freudentränen in den Augen. Sie drückt den Neffen ganz fest an sich, als sei er ein lang verschollener und wiedergefundener Sohn. Dabei kennen sie sich gar nicht, Rashid sieht sie zum ersten Mal in seinem Leben und findet ihre Begrüßung ziemlich übertrieben.

»Wir tragen Trauer, dein Großvater ist vor zwei Tagen von uns gegangen, deinem Vater haben wir es noch gar nicht gesagt.« Cafers Stimme zittert, als er das sagt. Nur mühsam kann er die Tränen unterdrücken. Tante Camila hingegen bricht bei diesen Sätzen ihres Mannes, als hätte sie nur darauf gewartet, in lautes Schluchzen aus. »Er war ein so guter Mensch, dein Großvater, Gott hab ihn selig. Jetzt sind wir ohne ihn, ohne unser Oberhaupt, was sollen wir nur machen?«, jammert sie immer wieder, bis Cafer sie zornig unterbricht. »Sei ruhig, Frau, es reicht! Sei jetzt still und bereite Rashid das Bad vor, der Mann kommt von weit her.«

Das zweistöckige Haus, das der Großvater noch selbst gebaut hat, ist einfach; die Wände sind alle etwas schief geraten, der schmale Treppenaufgang ist mit unterschiedlich hohen Stufen bestückt und der Geruch von feuchtem Putz, mit dem lauter Lücken im Mauerwerk gestopft wurden, durchzieht die Räume. An den Wänden hängen vergilbte Familienfotos und Koransuren, in schwarzen Samt eingestickt und in goldene Plastikrahmen gefasst. In der Ecke steht ein alter Fernseher auf einem blau getünchten Schränkchen, das einzige Möbelstück im Raum. Sonst gibt es nur einen Stapel Decken und viele Kissen. Man sitzt auf dem Boden, wenn man sich hier aufhält. Die bequemeren Plastikstühle stehen vor dem Haus. Dumm, denkt Rashid sich, echt dumm, dass die immer noch auf dem Boden essen – wie die Tiere. Der Tod seines Großvaters ruft Erinnerungen an diesen ihm fremden Mann wach und merkwürdigerweise stimmen die ihn traurig, er spürt einen Kloß im Hals, aber weinen, das geht auch nicht, zu weit weg ist die Begegnung mit dem alten Mann, auch wenn er vor wenigen Tagen noch von ihm geträumt hat. Rashid verdrängt den Gedanken an ihn, er denkt nur daran, wie er so schnell wie möglich wieder von hier wegkommt.

»Lass dich von deiner Tante Camila in den Waschraum führen, deine Großmutter wird auch gleich eintreffen. Sie ist Tag und Nacht am Grab ihres Mannes, wir können sie nicht davon abhalten.«

Onkel Cafer ist der Chef im Haus, das hat Rashid gleich registriert. Er redet nur so viel, wie unbedingt nötig ist, an seinem Mienenspiel lässt sich kaum erkennen, was er von dem Neffen hält. Aber sein Schweigen ist bedrückend und Rashid weiß vom ersten Moment an, dass er diesen Mann nicht ausstehen kann.

»Achte darauf, dass du das kalte Wasser zunächst mit dem heißen vermischst, bevor du es zum Waschen nimmst, es ist kochend heiß. Pass gut auf und verbrenn dich nicht.«

Camila legt sich das Handtuch über die breite Schulter und knipst das Licht in einem leeren Raum an. Die Wände und der Boden sind aus Stein, in der Mitte befindet sich eine große flache Aluminiumwanne, in der ein Plastikhocker steht. Rashid wundert sich über die vielen Fliegen, die ihn umschwirren, als er den Raum betritt, und sieht rechts neben sich das Plumpsklo, das einen üblen Kotgeruch verbreitet.

Camila lächelt ihn mit ihren dicken roten Wangen an. »Hier, die zwei vollen Eimer sind für dich.« Ächzend hievt sie zwei riesige, mit Wasser gefüllte Plastikeimer in den kargen Waschraum. Das heiße Wasser verbreitet einen feinen Dunstschleier und Rashid hat für einen Moment das Gefühl, dass die Hitze ihm den Atem raubt. Er hustet. »Du kannst auch noch mehr Wasser haben, ruf mich nur, wenn es nicht reicht. Ich bin in der Nähe.« Noch bevor Rashid wirklich versteht, was er eigentlich machen soll, drückt Camila ihm ein Stück Seife in die Hand, hängt das Handtuch über einen rostigen Nagel in der Wand und zieht hinter sich die klapprige Holztür zu.

Rashid ist verzweifelt. Er läuft im Raum auf und ab und inspiziert die Waschgelegenheit. »Wie die Tiere«, murmelt er und spuckt in das heiße Badewasser. Dann gießt er mit einer Plastikschale das Wasser aus den Eimern in die Wanne, benetzt sich mit den letzten Tropfen die Haare. Er blickt in den halbblinden Spiegel und drückt die feuchten Hände an die Wangen. Die Kühle tut gut. In Berlin ist jetzt Sommer und wahrscheinlich rauschen die Jungs gerade mit ihren frisierten Motorrollern über den Platz an der »Sonne«, tyrannisieren Anwohner und spucken lässig ihre Sonnenblumenkerne in der Gegend herum, während er hier sitzt. Hier im Loch.

»Rashid, komm, das Essen wird kalt. Komm, deine Großmutter will dich sehen.« Onkel Cafers Stimme dringt durch die Ritzen der Tür.

Im schummrigen Licht einer Glühbirne sitzt eine alte Frau auf dem Boden. Sie ist von Kopf bis Fuß in buntes Tuch gehüllt und in ihren Handflächen leuchten orangefarbene Hennakreise. »Mein Kind, ich danke Gott, dass er dich uns geschickt hat.« Sie streckt ihre Hand aus und fängt an zu weinen. Onkel Cafer tritt von hinten an Rashid heran und flüstert ihm ins Ohr: »Geh schon, geh und küss ihr die Hand, sie hat euch alle sehr vermisst. Sie ist in Trauer, geh zu ihr.«

Als die Großmutter ihn an ihre Brust drückt, spürt Rashid ihre knochige Figur und hat das Gefühl, einen Kuhstall zu umarmen. Großmutter Fatima verbringt viel Zeit bei ihren Kälbern, der Geruch hat sich in ihren Kleidern festgesetzt. Sie ist mit ihren 90 Jahren immer noch gut auf den Beinen, das wusste Rashid schon, als er noch in Berlin war. Doch so richtig hat er es nie geglaubt, jetzt kann er sich persönlich von ihrer Lebendigkeit überzeugen.

Sie sitzen zu viert im Kreis um eine ausgebreitete Tischdecke. Das Essen dampft. Rashids Familie hat sich in den vielen Jahren in der Türkei gut eingelebt, zumal eine richtige arabische Gemeinde an ihrem Ort entstanden ist. Die meisten der älteren Leute haben nie ein Wort Türkisch gelernt, man spricht Arabisch und Araber will man auch als türkischer Staatsbürger bleiben. Rashid kann die Gespräche der anderen kaum verfolgen, aber immerhin versteht er, dass es um ihn dabei geht, dass er wohl für längere Zeit bleiben wird und schauen muss, wo man ihn gebrauchen kann. Seine Großmutter will ihn für die Tiere haben, Onkel Cafer ist überzeugt, dass er gut im Tourismus arbeiten könnte und Camila redet von jungen hübschen Mädchen, die bald schon ein Auge auf ihn werfen werden. Rashid ist überfordert.

So vergehen die Tage. Rashid verbringt die meiste Zeit vorm Haus. Er hat sich nicht dazu überreden lassen, den Stall auszumisten und die Tiere auf die Weide zu begleiten. Ich bin doch kein Bauer, denkt er empört. Er sitzt vor dem Haus und trinkt Tee oder raucht eine Wasserpfeife. Bekannte, Nachbarn und Verwandte kommen vorbei, um der Familie ihr Beileid zu bekunden, den ganzen Tag neue Gesichter und anstrengende Gespräche. Ein Junge aus Deutschland ist gekommen, das hat sich in der Gegend herumgesprochen. Jeder, der kommt, fragt ihn nach seinem Vater und seinen Geschwistern. Rashid fühlt sich beobachtet, immer wieder sieht er, wie die jungen Männer ihn anstarren. Wer aus Deutschland abgeschoben wird, gilt unter den Libanesen und Palästinensern, die hier leben, als Looser, für Rashid ein Grund mehr, so schnell wie möglich wieder zu verschwinden.

Der Sohn des Nachbarn

»Rashid, komm mit mir, ich fahre in die Stadt.« Ali ist der Sohn des Nachbars. Er ist zwanzig und arbeitslos, wie die meisten jungen Männer. Er trägt eine billige Jeanshose und ein abgewetztes T-Shirt. An seinen Altmänner-Schuhen hat er die Fersenpartie eingedellt, so dass er sie wie Latschen tragen kann. Rashid findet Alis Stil unmöglich, in Deutschland hätte er ihn keines Blickes gewürdigt, aber hier scheint Ali weit und breit der Einzige zu sein, mit dem sich reden lässt.

»Okay, ich rauche auf und dann können wir gehen.« Er ist heilfroh, für einige Stunden Onkel Cafers missmutigen Blicken zu entkommen. Noch hält der Onkel sich zurück, aber lange wird seine Geduld nicht mehr andauern. Für Cafer ist ein Mann, der alle Tage vor dem Haus sitzt und Shisha raucht, ein Nichtsnutz und Nichtsnutze duldet Cafer nicht in seinem Haus. »Du solltest lieber deiner Großmutter helfen, anstatt dich herumzutreiben, es gibt genug zu tun, für jeden.«

Rashid beachtet die Ermahnung seines Onkels gar nicht. Er hat ohnehin nichts mehr zu verlieren, warum soll er sich da Onkel Cafer fügen? Was soll der schon machen, schließlich sorgt Leila dafür, dass jeden Monat 300 Euro auf Cafers Konto fließen, als Unterhaltszahlung für ihren Sohn. Rashid erhält von ihr monatlich 50 Euro Taschengeld, die bekommt er auf ein eigenes

Konto. Verglichen mit seinem früheren Lebensstil findet Rashid die Summe geradezu lächerlich. Aber in der Türkei kommt eine ungelernte Arbeitskraft kaum auf 300 Euro im Monat. Ali hat ihm das erzählt und seitdem hält Rashid es für absolut unnötig, für Onkel Cafer auch nur einen Finger krumm zu machen.

Der verbeulte Opel Kadett C von Ali knattert, als er den Motor anschmeißt. »Es grenzt an ein Wunder, dass die Kiste überhaupt noch läuft. Aber der Motor ist nicht kaputt zu kriegen, die Deutschen wissen, wie man Juden tötet und Autos baut.« Alis Mutter ist Palästinenserin und ihr Sohn hasst alle Juden – das ist für Rashid nichts Besonderes, das kennt er von zu Hause, aber auf politische Diskussionen, die Ali so schätzt, hat er keine Lust. Er versteht dabei kaum, worüber die anderen reden, und findet es anstrengend, ständig über die Notwendigkeit eines Heiligen Krieges gegen alle Ungläubigen zu debattieren. Ali hat große politische Ambitionen und plappert die Botschaften der arabischen Propagandasender nach, er philosophiert gern, unterstrichen von theatralischen Gesten, über die Notwendigkeit der Islamisierung der Welt. Rashid findet das nur ermüdend und um Alis Gerede möglichst schnell ein Ende zu machen, versucht er, ihn auf andere Gedanken zu bringen.

»Ja, sie bauen ganz gute Autos, aber schöne Frauen haben sie kaum. Die sollen alle hier sein, yallah, lass uns gehen.«

Iskenderun ist auf den ersten Blick eine junge Stadt mit frischen Fassaden und geordneten Ladenstraßen.

Doch Ali und Rashid wohnen abseits des bunten Treibens der Innenstadt. Egal wo Rashid hinkommt, er hat das Gefühl, hier nicht dazuzugehören. Die Abendluft ist kühl, die Stadt riecht anders als er es kennt. Er fühlt sich wie ein Abenteurer auf einem Überlebenstrip und Iskenderun soll der Anfang sein; wenn er das hier erst einmal überstanden hat, kann es nur noch besser werden – davon ist er überzeugt.

Aus den alten Boxen des Autoradios schallt der Gesang von Um Kaltum, mal laut, mal leise, immer wieder verzerrt durch das Geruckel des Autos. Rashid gefällt die Musik, die er sonst nie hören mochte. Hier passt sie viel besser hin als nach Neukölln, denkt er.

Sein Blick gleitet während der Fahrt über die Ruinen verlassener Baracken. Auf der staubigen Straße spielen Kinder mit einem Ball und Rashid empfindet es als erniedrigend, in einer solchen Gegend zu leben, wo es doch so schöne Landstriche in der Türkei gibt. Lange wird er es hier nicht aushalten. Er stellt sich vor, wie er die Touristenhochburgen an der Ägäisküste aufsuchen wird, die Luxushotels und die gepflegten weißen Strände, an denen sich Deutsche, Holländer, Briten und der Rest der Welt zum Urlaub tummeln, dort wird er versuchen, eine Frau kennenzulernen oder vielleicht auch mehrere Frauen. Er wird sich alle Mühe geben, eine ernste Liebe vorzutäuschen, nur damit er die Chance bekommt, wieder nach Deutschland zurückzukehren.

Ali stimmt ein Lied an und reißt Rashid aus seinen Tagträumen. »Ey, Ali, pass lieber auf die Fahrbahn auf, du kannst ohnehin nicht singen, lass es lieber!« Doch Ali lässt sich nicht beirren, aus voller Kehle schmettert er »Birtanem« und Rashid ist umso fester überzeugt, dass diese Welt hier nicht seine ist. Aber Ali ist nur einer von vielen Statisten, die er schon bald wieder vergessen haben wird, wenn er Iskenderun erst einmal hinter sich gelassen hat und ein neues Leben beginnt. Doch noch braucht er Ali und sein Auto, Rashid reißt sich zusammen, er hat inzwischen gelernt, geduldiger zu sein.

»Bist du abends oft unterwegs?«, fragt er Ali, um ihn möglichst unauffällig vom Singen abzubringen.

»Früher war ich jedes Wochenende da, ich kenne dort jeden Winkel. Was glaubst du denn, du Deutschländer? Du denkst wohl, wir kennen kein Nachtleben, oder was?« Mit einem überlegenen Grinsen blickt er zu Rashid hinüber, sein linker Arm baumelt lässig aus dem Fahrerfenster, während die rechte Hand das Lenkrad schaukelt. »Wir wissen genau, was ihr da drüben von uns denkt«, fährt er mit ernster Stimme fort. »Ihr glaubt, ihr seid uns überlegen und habt ein besseres Leben. Aber ich würde nie mit einem von euch tauschen, selbst wenn ich Geld dafür bekäme, würde ich nicht in Deutschland leben wollen. Das ist doch kein Leben dort, die Menschen sind kalt und es gibt keinen Zusammenhalt. Hier kennt jeder jeden, man hilft sich gegenseitig und hier herrscht noch Ordnung und Anstand, selbst die Türken hier sind besser als eure.«

Rashid möchte keinen Streit, er hat keine Lust, Ali die Welt zu erklären, und außerdem würde der ihn sowieso nie verstehen, zu verschieden sind ihre Lebensvorstellungen. »Stimmt, du hast vollkommen recht, in Deutschland ist kein Leben. Jeder ist für sich und wenn man eine Familie hat, die für einen da ist, kann man sich glücklich schätzen. Die Deutschen kennen so etwas nicht. Aber wir haben auch gar nicht viel mit den Deutschen zu tun.«

Ali wundert sich über das Eingeständnis, er hatte erwartet, dass Rashid kontern würde, dass er ihm widersprechen und sie sich gar streiten würden, so wie er es von anderen kennt, die aus Deutschland kommen.

»Na ja«, lenkt Ali ein, »hat ja auch seine guten Seiten, wenn man in so einem Land lebt. Der Staat zahlt, wenn man kein Geld hat. Wo gibt es das schon? Und auch bei den Deutschen gibt es gute und schlechte, oder nicht?«

»Ja, genau so ist es.« Rashid merkt, wie leicht er Ali beeinflussen kann, und so schmeichelt er Alis Ohren mit jeder Antwort und fühlt sich dabei überlegen.

Sie erreichen die Uferpromenade. Kleine Laternen beleuchten den Teegarten, dessen großes Schrägdach aus der Ferne wie aus dem Meer herauszustreben scheint. »Hier ist es wunderschön, warum wohnen unsere Familien nicht hier in der Nähe?«

»Schon wieder so eine typische Deutschländer-Frage! Weil das Leben hier teurer ist, das kann sich nicht jeder leisten.«

»Wenn ich in Iskenderun leben würde, dann würde ich hier leben. Muss man eben mehr Geld ranschaffen, geht doch.«

Ali lächelt über Rashids Naivität, steckt die Hände in die Taschen und guckt bedächtig aufs Meer. »Warum sagst du ›wenn‹? Du lebst doch jetzt in Iskenderun, also schaff Geld ran – ich werde dich dann in deiner Stadtvilla besuchen kommen.« Er lacht ihn aus und fährt dann wieder in ernstem Ton fort: »Wenn du viel Geld verdienen willst, Rashid, dann versuch es im Tourismus. Du sprichst Deutsch, vielleicht ja auch ein bisschen Englisch, oder? Ihr lernt das doch in der Schule!«

»Ja, ja, das ist richtig«, antwortet Rashid, ohne zugeben zu wollen, dass er kaum ein englisches Wort versteht.

»Na also, dann zieh dich morgen ordentlich an und stell dich in einem der Hotels vor. Jetzt beginnt bald die Urlaubszeit, da brauchen sie immer Leute, die mit den Touristen umgehen können.«

Rashid nickt zustimmend, gleich morgen wird er nach einem Job suchen. Die neue Herausforderung gefällt ihm. Der Spaziergang auf der Küstenstraße muntert ihn auf, die Menschen sind hier freundlicher als in Berlin. Verhüllte Frauen mit prallen Einkaufstüten kommen schwatzend vom Markt, Großfamilien mit lachenden und kreischenden Kindern kreuzen ihren Weg ebenso wie braungebrannte Touristen. Der Geruch von Sonnenlotion liegt in der Luft, wie damals in Spanien. Hier fühlt Rashid sich wohl, jetzt erscheint ihm das Leben wieder erträglich. Am liebsten würde er sich in eines der netten Cafés setzten, sich einen Tee bestellen und die Menschen beobachten. Aber Ali hat anderes vor: »Der Tee hier ist sowieso nicht so gut wie zu Hause. Komm, wir gehen ins

Internet-Café, essen können wir später zu Hause. Deine Tante Camila ist eine gute Köchin.«

Doch kein Nachtleben, denkt Rashid enttäuscht. Dieser Idiot tut so, als wäre er ein Partykönig, dabei hat der doch in seinem ganzen Leben noch keine Disco von innen gesehen.

Im Internet-Café ist es verqualmt und stickig. In den kleinen Kabinen sitzen Männer auf abgewetzten Bürostühlen dicht aneinandergedrängt und starren auf flackernde Bildschirme. Ein kleiner Junge am ersten Computer spielt »Counterstrike« und wirkt dabei wie hypnotisiert. Rashid beobachtet, wie der Junge mit seinen dünnen Fingern flink und ohne hinzuschauen auf die Tastatur eindrischt, um seine Waffe in der virtuellen Welt immer wieder auf neue Gegner zu richten und abzudrücken. Die Zeichen auf der Tastatur sind fast schon verblasst. Alle anderen Cafébesucher sind am Chatten. Die jungen Männer haben die Haare gegelt und tragen schmal geschnittene Jeanshosen, die älteren schlecht sitzende Anzughosen und die Zigarette im Mundwinkel.

»Was willst du denn hier?«, fragt Rashid Ali verzweifelt.

»Das wirst du gleich sehen, ich hab hier eine Süße aus Istanbul kennengelernt, noch ein paar Gespräche und ich sitze bei ihren Eltern im Wohnzimmer und halte um ihre Hand an. Ja, mein Junge, Ali zeigt dir, wie so etwas geht.«

Rashid kauft sich eine Schachtel Zigaretten und ein Bier. Er lässt Ali allein am Rechner zurück und setzt sich auf die Stufen vor dem Café. Er ist noch nicht einmal einen Monat hier, in diesem fremden Land, und schon jetzt weiß er, dass das Leben ihm hier nicht viel zu bieten hat.

Wenige Stunden später fällt ihm im kargen Zimmer von Onkel Cafers Haus wieder die Decke auf den Kopf. Ein Tag vergeht wie der andere und auch die Pläne, sich in einem der teuren Hotels vorzustellen, erscheinen im tristen Licht einer Neonlampe wie halb vergessene Wunschträume. Ich kann kein Englisch und kellnern kann ich auch nicht, sinniert Rashid vor sich hin und streicht dabei mit den Fingern über die bunte Blumentapete an der Wandseite seines Bettes. Manchmal liegt er einfach auf seinem Bett und beobachtet, wie die Fliegen im Zickzackkurs über seinen Kopf sausen oder er drückt sich die Augäpfel mit den Fäusten ein, bis er lauter bunte Sterne sieht. Das hat er sich als Kind angewöhnt, wenn er das Bedürfnis hatte, aus seiner Haut zu fahren.

»Rashid, komm essen, ich habe heute etwas ganz Besonderes für dich gekocht.« Tante Camila ist glücklich, jemanden umsorgen zu können. Sie hat keine Kinder und so ist Rashid ihr wie ein Sohn, ob er will oder nicht. Die beiden Frauen sitzen in der Küche auf selbst gezimmerten groben Holzstühlen, ein kleiner Lichtstrahl fällt durch die schachbrettgroße Luke über der Spüle. »Dein Onkel wird heute nicht kommen, er ist zu einem Verwandten gefahren. Sie schlachten morgen für das Opferfest. Dein Vater, Gott möge es ihm hoch anrechnen, hat Geld geschickt für eine ganze Kuh.«

Camilas Hände sind aufgeweicht vom Spülmittel. Rasch schüttelt sie sich das Wasser von den Fingern und knotet ihr Kopftuch neu, bevor sie einen Teller aus dem schmalen Regal an der Wand nimmt. Großmutter hat wieder Tränen in den Augen, ihr Blick ist stumm auf die karierte Plastiktischdecke gerichtet. Mit dem Zeigefinger pickt sie behutsam die Krümel vom Tisch, als gelte es, keinen einzigen Krümel zu vergeuden. Sie wirkt verzweifelt.

»Ich werde morgen eine Arbeit suchen gehen«, sagt Rashid, »dann kann ich auch etwas Geld abgeben und muss euch nicht den ganzen Tag mit meiner Anwesenheit auf die Nerven gehen.«

»Gott bewahre, nie würdest du uns auf die Nerven gehen, mein Sohn, wir sind glücklich, dich hier zu haben. Um Gottesliebe willen, so darfst du nicht denken, Junge«, sagt Camila bestürzt. Jetzt weint die Großmutter wieder. Sie wimmert in ihre Schürze hinein, wie jeden Tag. Seit Rashid da ist, vergeht kein Tag, an dem seine Großmutter nicht Tränen vergießt.

»Jetzt hast du auch noch deine Großmutter traurig gemacht«, schimpft Camila, während sie mit einer verbeulten Kelle Suppe aus dem kochenden Topf auf Rashids Teller schöpft. »Hier, gute Fleischbrühe. Du musst nicht warten, bis dein Onkel mit dem Rind kommt, ich habe dir heute extra das Beste vom Fleischer besorgt.«

Rashid weiß, dass es nicht das Beste ist. Es sind die

fettigen Reste und ein paar fleischlose Knochen, die seine Tante alle zwei Tage günstig vom Fleischer bekommt. Er findet es beschämend, dass sie ihm jedes Mal so dreist etwas vormacht. Aber er sagt nichts und verzieht auch keine Miene. Stattdessen setzt er sich zu seiner Großmutter an den Tisch, stippt das watteweiche Brot in die Brühe, bis es sich mit dem gelblichen Saft vollsaugt und stopft sich die großen Stücke viel zu schnell in den Mund.

»Wo wirst du denn nach Arbeit fragen, mein Junge?«, möchte Camila wissen. »Ich kann dir ein Hemd bügeln.«

»Ich geh in die Hotels und frage, ob sie Leute brauchen, die Deutsch sprechen können, für die Touristen.«

Tante Camila ist entzückt von der Idee und drückt Rashid einen feuchten Kuss auf die Wange. »Ich seh schon, mein Junge, du wirst noch die ganze Familie ernähren. Wir sind schon alt und nicht mehr so gut auf den Beinen. Gott hat dich uns geschickt, wenn wir dann noch eine gute Braut für dich gefunden haben, dann kehrt hier wieder Leben ein in dieses verwaiste Haus.«

Rashid läuft es kalt den Rücken hinunter. Ein Leben in dieser Einöde, mit Großmutter, Onkel, Tante und Frau? Schon die bloße Vorstellung ist wie Knast. Dann doch lieber ein einfaches Leben in Berlin, mit einem kleinen Job oder einem eigenen Imbiss auf der Sonnenallee, so wie es die meisten machen, die nicht auf die schiefe Bahn geraten und auch nicht von Sozialhilfe leben wollen. Wie oft hat er sich über diese jungen Männer lustig gemacht, wenn er vor ihren kleinen Falafelbuden stand mit seinem dicken Auto und einem Bündel Geldscheinen in der Hosentasche. Er hätte eine schöne saubere Neubauwohnung beziehen können, vielleicht sogar mit Bea, einfach so, ohne zu fragen, auch gegen den Willen seiner Eltern. Aber jetzt ist es dafür ohnehin zu spät. Er muss hier raus, gleich morgen muss er sich eine Arbeit suchen.

Die Sonne geht gerade unter, als Rashid sich eine letzte Wasserpfeife vor der Haustür anzündet. »Du bist ein nachdenklicher Mensch, mein Sohn, ein ernster Mensch. Das ist gut, ernste Menschen machen keine Dummheiten. Dein Großvater war auch ein ernster Mensch.«

Zum ersten Mal bemerkt Rashid, dass seine Großmutter ihn beobachtet. Er schaut in ihre Augen und ist beruhigt, keine Träne zu sehen. Langsam schreitet sie zu einem Baumstumpf, der sich wenige Schritte entfernt von der Haustür befindet, und nimmt behutsam Platz.

»Wir haben ein ganzes Leben zusammen verbracht, dein Großvater und ich. Er war ein starker Mann, immer an meiner Seite. Er hat deinen Vater sehr geliebt, es war schwer für ihn, so weit weg von euch zu sein, wir hier und ihr schon seit Jahren in der Fremde, das hat ihn zermürbt. An dem Tag, als er sterben sollte, hatte ich ein schlechtes Gefühl, als wüsste ich, was kommt. Ich verspürte einen Druck auf der Brust, den ganzen Tag lang, als ob mir jemand das Herz zuschnürt.« Sie fasst sich dabei mit der einen Hand an den Brustkorb und klopft mit der anderen dagegen, so dass es ein dumpfes Klopfgeräusch gibt. »Hier, genau hier an meinem Herzen. Zunächst glaubte ich noch, es sei eine leichte Herzattacke.

So etwas bekommt man im Alter und ich wollte niemanden erschrecken. Deshalb behielt ich es lieber für mich und bin wie sonst aufs Feld gegangen, ich wollte doch das Pferd reinholen. Heute weiß ich, dass es einer der Vorboten Gottes war, der mir ein Zeichen geben wollte. Ein Zeichen, damit ich rechtzeitig bei ihm sein konnte, um ihm die Hand zu halten. Ein letztes Mal, mein Junge.«

»Und? Hast du es rechtzeitig geschafft, warst du bei ihm?« Die Art, wie sie ihre Geschichte erzählt, hat Rashid in den Bann gezogen, er kann sich die Frage nicht verkneifen. Die Großmutter lächelt, es gefällt ihr, von ihrem Enkel gefragt zu werden, denn seit seiner Ankunft vor einigen Wochen hat er kaum ein Wort mit ihr gewechselt.

»Ja, ich war bei ihm, er starb in meinen Armen, Gott hab ihn selig. Wer möchte nicht in den Armen des liebsten Menschen sterben? Gott hat ihm einen schönen Tod vergönnt, denn er war ein guter Mensch.«

Dann verstummt sie und blickt verträumt den Rauchwolken hinterher, die Rashid aus seiner Shisha in den Abendhimmel aufsteigen lässt – als seien ihre Augen schon auf dem Weg dorthin, wohin ihr Körper noch folgen sollte.

Fluchtpläne

In den letzten Wochen hat Rashid sogar schon etwas Türkisch gelernt. Nicht viel, aber das Nötigste, um sich auch allein, unabhängig von Ali, in Iskenderun zu bewegen. Ali hat ihn in die Männergesellschaft eingeführt, in die Teestuben und Cafés und jeden Freitag in die Moschee. Damit er auch mit den Türken im Ort kommunizieren kann, hat Ali ihm immer wieder ein paar Worte beigebracht. Die neue Sprache ist für Rashid eine willkommene Herausforderung, denn das Leben in Iskenderun ist recht eintönig, immer dieselben Menschen, immer die gleichen Gespräche.

Nun steht er hier im Hotelfoyer und sieht im blanken Boden sein Spiegelbild. Er kommt sich vor wie Falschgeld, unsicher und unbeholfen, wie er so dasteht und nicht recht weiß, was er tun soll.

»Kann ich Ihnen helfen?«, fragt ihn der junge Mann am Empfang.

»Ich suche Arbeit. Haben Sie vielleicht Arbeit?«

»Im Moment haben wir, glaube ich, keine Arbeit zu vergeben. Für diese Saison ist alles besetzt, vielleicht im nächsten Jahr. Haben Sie schon mal im Tourismus gearbeitet?«

»Nein, aber ich spreche gut Deutsch.« Der junge Mann muss über die Antwort lächeln. Rashid bemerkt das und würde am liebsten vor Scham im Erdboden verschwinden. Mit einem knappen Abschiedsgruß verschwindet er schnell wieder durch die Drehtür, ohne sich noch einmal umzudrehen.

Er hat sich extra fein gemacht für diesen Tag. Die einzige Leinenhose, die er noch besitzt, ist frisch gebügelt, sein eng sitzendes T-Shirt ist schneeweiß und dazu trägt er seine braunen Espandrillos. In diesem Outfit ist er im Sommer nachts in Berlin um die Häuser gezogen, er fand sich darin immer besonders gut aussehend und die Blicke der Mädchen bestätigten das. »Ich darf jetzt nicht aufgeben«, denkt er, »es gibt hier noch mehr Plätze, bei denen ich fragen kann.«

Am Ende der Küstenstraße liegt ein Bootsverleih direkt an einem schmalen Sandstrand. Ein junger drahtiger Mann ist gerade damit beschäftigt, die Tretboote mit einem Lappen blank zu wischen. Die kleinen gelben Boote wirken fast verloren auf dem weiten Meer mit den glitzernden Yachten im Hintergrund, die sanft im Takt der Wellen schaukeln.

»Entschuldigung, brauchen Sie Hilfe?«

Der junge Mann lässt für einen Moment verdutzt den Lappen in seiner Hand ruhen und blickt sich erstaunt um. »Hilfe? Hilfe können wir immer gebrauchen«, antwortet er trocken. Dann dreht er sich um und wendet sich wieder seiner Arbeit zu, ohne Rashid noch eines weiteren Blickes zu würdigen.

Rashid setzt sich auf einen der kleinen Felsvorsprünge, die den Strand begrenzen, und schaut auf das funkelnde Meer. Die Sonne brennt. Noch nie hat er sich so einsam gefühlt, nicht einmal im Gefängnis. Dort konnte er mit anderen Menschen reden, bei Meister Heinz arbeiten, sich abends in der Zelle mit Murat austauschen. Auch wenn ihm viele der anderen Insassen nicht gefielen, so waren sie doch Teil einer ihm vertrauten Welt. Hier aber fühlt er sich fremd, total fremd, und alle Bemühungen, das zu ändern, sind bisher gescheitert. In diesem Land wird einer wie er nie akzeptiert werden.

In seine trüben Gedanken versunken hat Rashid nicht bemerkt, dass der junge Mann vom Bootsverleih inzwischen die Felsen erklommen hat und direkt neben ihm steht.

»Ich heiße Madjid. Zahlen kann ich dir nicht viel, aber wenn du wirklich arbeiten willst, können wir es ja mal versuchen. Hier, nimm den Lappen und putz gleich weiter, die Boote stehen da drüben. Und pass auf, dass du sie nicht aus Versehen von der Leine löst – dafür habe ich deinen Vorgänger fast vermöbelt.«

Rashid kann das Angebot kaum fassen, wie in Trance nimmt er Eimer und Lappen und macht sich an die Arbeit. Früher hätte er jeden verprügelt, der ihm wie Madjid droht; jetzt ist er froh, überhaupt eine Beschäftigung zu haben, hier an diesem schönen Strand.

Madjid taut im Laufe der nächsten Stunden immer mehr auf. Er sieht alles und ist ein Mann mit einem ausgeprägten Geschäftssinn. »Hier, Junge, nimm einen Schluck Wasser. Du arbeitest gut, wenn es morgen auch so gut läuft, stell ich dich ein. Wie heißt du eigentlich?«

»Rashid«, antwortet dieser kurz. Er nimmt die Wasserflasche aus Madjids Hand und trinkt sie in einem Zug aus.

»Wenn du Hunger hast, nimm dir was vom Tisch. Und dann kannst du Feierabend machen. Komm morgen früh um sieben und zieh dir passende Kleidung für die Arbeit an, wir sind hier nicht auf einer Modenschau.«

Als Rashid nach Hause kommt, steht Onkel Cafer vor der Tür. »Du siehst ganz mitgenommen aus, hast wohl den ganzen Tag in der Sonne rumgehangen, was? Wir haben das Fleisch schon zubereitet, du hättest dabei helfen können, aber vermutlich wäre das ohnehin keine Arbeit für deine zarten Hände gewesen, nicht wahr?«

Rashid wirft ihm einen zornigen Blick zu und verschwindet in seinem Zimmer. Er ist wütend auf seine Familie, auf seinen Vater, der es ihm zumutet, hier in diesem fremden Land, in dieser fremden Familie zu leben. Am Ende haben ihn alle verraten, niemand außer seiner Mutter ruft ihn an. Selbst seine Geschwister scheinen ihn abgeschrieben zu haben. Vermutlich laufen Hussein und Yusuf gerade in seinen Klamotten herum, die er zurücklassen musste, weil er nur mit schmalem Gepäck reisen durfte. Am liebsten würde er jetzt duschen, aber den Waschraum in diesem Haus zu betreten, kostet ihn jedes Mal Überwindung. Alles ist viel komplizierter als zu Hause, denkt Rashid und ist fast froh, dass er in wenigen Stunden wieder die Boote für Madjid klarmachen darf. Hungrig und verschwitzt schläft er ein.

Noch bevor die Sonne aufgeht, erwacht er aus einem wirren Traum. So sehr er sich auch anstrengt, er kann sich nicht erinnern, wovon er geträumt hat. Aber was es auch war, es lässt eine grundlose Angst in ihm aufsteigen. Es ist nicht sein erster Albtraum, seit er in der Türkei ist. Immer wieder wird er verfolgt von den Bildern seiner jüngsten Vergangenheit, immer wieder tauchen die Jungs aus Berlin in seinen Träumen auf und jedes Mal erwacht er schweißgebadet. Manchmal sind es auch schöne Träume, die ihn heimsuchen, dann sieht er sich in einem Auto die Straßen Berlins entlanggleiten, langsam und lässig, damit jeder ihn erkennt. In diesen Träumen ist er ganz der Alte, der immer Geld in der Tasche hat und vor dem alle Respekt haben. Das sind die Träume, aus denen er am liebsten nie erwachen möchte. Aber so krampfhaft er dann auch bemüht ist, die Augen geschlossen und den Traum festzuhalten, es gelingt nicht.

»Wach auf, Rashid, sonst verpasst du noch den Bus!«

Von fern dringt Alis Stimme an sein Ohr. Ali steht fast jeden Morgen vor seinem Bett, es nervt Rashid und macht ihn doch gleichzeitig auch stolz, denn offensichtlich buhlt Ali um seine Gunst. Rashid spürt das.

»Woher weißt du schon wieder alles?« Rashid hat nicht einmal Ali von dem neuen Job erzählt. Wie schnell sich Neuigkeiten in diesem Nest verbreiten, denkt er, schlimmer als in seinem Neuköllner Kiez. »Ihr habt wohl den ganzen Tag nichts anderes zu tun, als über andere zu reden, oder? Was seid ihr bloß für Menschen!« Mürrisch steigt er in voller Montur aus dem Bett und trottet zum

Badezimmer, seine ungekämmten Haare umschließen seine obere Gesichtspartie wie ein schwarzes Vogelnest. Der Anblick löst bei Ali Gelächter aus.

»Du bist ja ein Penner! Man zieht sich aus und wäscht sich, bevor man schlafen geht! Deine Tante achtet doch nicht umsonst auf so saubere Bettwäsche.«

Rashid beachtet sein Gerede gar nicht, er ist vollauf damit beschäftigt, seinen allmorgendlichen Ärger zu unterdrücken, dass er hier nie für sich sein kann. In Berlin fand er selbst dann einen Ort, wo er ungestört war, wenn die Wohnung seiner Eltern vor Besuchern fast aus allen Nähten platzte. Dann ging er in den Hausflur und setzte sich auf die Treppen oder er verschwand im Keller. Hier aber ist das alles nicht möglich, es gibt keinen Hausflur, keinen Keller und vor der Tür trifft man immer jemanden.

»Rashid, deine Tante hat mir gesagt, dass du Arbeit gefunden hast, bei diesem Bootsverleih, diesem Hundesohn Madjid, stimmt das?« Onkel Cafer scheint nur darauf gelauert zu haben, dass Rashid auf der Bildfläche erscheint. Tante Camila wacht über seinen Schlaf und gestattet niemandem aus der Familie, Rashids Zimmer allzu früh zu betreten.

»Ja, ich arbeite bei Madjid.«

»Mach uns ja keinen Ärger! Nicht dass ich dich eines Tages bei der Polizei abholen muss! Dieser Madjid macht nur dreckige Geschäfte.«

Ohne zu antworten setzt sich Rashid zu Ali auf den Boden und lässt sich von Camila heißen Tee eingießen.

»Tu nicht so, als ob du mich nicht hörst, ich sage dir, diese Arbeit bringt nur Ärger. Wenn ich höre, dass du dich herumtreibst und dir etwas zuschulden kommen lässt, dann bringe ich dich persönlich ins Gefängnis! Und unsere Polizei ist garantiert nicht so zahm wie eure in Deutschland.« Mit stampfenden Schritten läuft Onkel Cafer hinaus und schlägt mit einem gewaltigen Knall die Tür hinter sich zu.

Ali lacht und verschluckt sich dabei fast an einem Stück Brot. »Sein Lieblingsneffe scheinst du nicht zu sein, was?«

»Dieser Penner soll sich verpissen! Und du hältst besser deine Fresse! Iss dein Frühstück oder ich stopf dir das Maul!« Rashids Hand zittert vor Zorn, so wütend ist er lange nicht mehr gewesen. Der heiße Tee schwappt aus der Tasse über seine Finger, doch er setzt das Glas nicht ab. Er wartet, wie Ali auf seine Worte reagieren wird, bereit, ihm jederzeit den heißen Tee ins Gesicht zu schütten und sich anschließend auf ihn zu werfen und erbarmungslos zuzuschlagen. Ali spürt Rashids Anspannung und bleibt ruhig. Er legt das Brot aus der Hand, steht auf und geht, ohne ein Wort.

Wieder so eine Situation, wie Rashid sie hasst. Wieder grundlos Stress und dann diese Kopfschmerzen, die ihn immer befallen, wenn ihm das Blut ins Gehirn schießt. Die Hälfte des Tees ist verschüttet, als er sein Glas endlich mit zitternder Hand abstellt. Tante Camila steht im Türrahmen und blickt ihn mitleidsvoll an.

»Rashid, dein Onkel ist ein älterer Mann, er versteht

nichts von solchen Arbeiten. Lass ihn nur reden, kümmer dich nicht darum. Eigentlich mag er dich, er will doch nur dein Bestes.«

Diese blöde Kuh, denkt Rashid, die immer nach Schweiß riecht und ständig etwas zu allem zu sagen hat. Rashid kann ihr Gerede nicht ertragen, er stellt sich wieder vor, ein schwarzer Panther zu sein, der Tante Camila genüsslich die Kehle durchbeißt, erst ihr und dann ihrem Mann, um anschließend ihrem Todeskampf zuzuschauen. Wenn er hier in der Baracke seines Onkels bleibt, dreht er durch. Er nimmt sich ein Brot, stopft mit den Fingern etwas Käse hinein und verschwindet in sein Zimmer, um seine Sachen zu holen. Er wird nicht mehr zurückkommen in dieses Haus, das schwört er. Zu Madjid wird er auch nicht mehr gehen, er will raus aus Iskenderun. Damit niemand von seinen Plänen erfährt, erzählt er allen, er habe frei.

Es ist Freitag kurz nach zwölf. Gemeinsam mit Ali besucht er die kleine Moschee, wo sich türkische und arabischstämmige Muslime zum gemeinsamen Gebet versammeln. Der kleine Flachbau ist türkisfarben gestrichen und leuchtet den Gläubigen schon von weitem entgegen. Auf dem Innenhof herrscht ein hektisches Treiben. Ein Mitglied der Gemeinde ist gestorben, man zelebriert gerade den religiösen Leichenschmaus.

»Rashid, begreif doch endlich, hier muss man manchmal auf die Älteren hören, das ist eben so. Mach doch kein Problem daraus, du kannst doch trotzdem machen, was du willst«, redet Ali ihm gut zu. Offensichtlich sieht er Rashid an, dass den die morgendliche Begegnung mit seinem Onkel aus der Bahn geworfen hat. Wütend scheucht Rashid einen kleinen Jungen weg, der mit seinem Dreirad auf dem Hof seine Kreise zieht und dabei nur knapp an Rashids Bein vorbeischrammt.

»Verschwinde, du kleiner Scheißbengel!«, faucht Rashid ihn auf Deutsch an. Die anderen Kinder lachen und rennen weg.

»Warum lachen die? Haben die gar keinen Respekt vor Größeren?«, fragt er Ali.

»Doch, vor Größeren schon, aber du bist für sie ein Deutscher und sie lachen, weil du dauernd Deutsch redest.«

Auf einer schmalen Treppe taucht der Imam auf, ein junger Mann mit gepflegtem Vollbart, auf dessen schwarzen Locken ein weißer Turban thront. Er begrüßt Rashid und Ali mit einer religiösen Floskel und verschwindet dann im Gebetsraum, in der sich die Gemeindemitglieder bereits versammelt haben. Kurz danach ertönt aus den Lautsprechern das Gebet im Innenhof.

»Warum geht ihr nicht beten?« Ein alter Mann stupst mit seinem Krückstock die beiden an, die noch immer auf dem Hof stehen und die Kinder beim Fangenspiel beobachten. »Weil wir uns noch keiner religiösen Waschung unterzogen haben, noch kein Abdes genommen haben, Onkel«, erwidert Ali devot. Der alte Mann schüttelt empört den Kopf und geht. Als Rashid wissen will, was gerade gesprochen wurde, meint Ali: »Ach, nichts

Besonderes, das verstehst du sowieso nicht. Komm lass uns ins Internet gehen.«

Ali erzählt Rashid immer nur das, was er für nötig hält, und das ist nicht viel. Manchmal reden sie über Mädchen, über die Tochter des Nachbarn beispielsweise, die oft auf den Balkon tritt, um sich von den jungen Männern bewundern zu lassen – für Ali ein klares Zeichen, dass sie kein gutes Mädchen ist. Oder Rashid muss sich anhören, wie schlimm es in der Türkei um den Islam steht, wie sehr sich die türkische Politik an den Westen anpasst, wenn Ali wieder einmal einen seiner langen Monologe über die Unmoral der Türken und ihr gutes Verhältnis zu Israel und Amerika hält. All das interessiert Rashid nicht, er will lieber mehr über das Land wissen, um herauszufinden, wie er hier weitermachen muss. Ali hat ihm von den großen Touristenzentren im Südwesten der Türkei erzählt, von den Hotel und Bars, die immer auf der Suche nach billigen Arbeitskräften sind und in der Hauptsaison jeden jungen Mann nehmen würden, der als Kellner oder Küchenhilfe einspringen kann. Ali hat ihm sogar eine Visitenkarte gegeben, eine Anschrift ohne Telefonnummer: »Baja Beach Club Marmaris« steht da in grellen orangefarbenen Lettern, verziert mit der Silhouette einer Palme. Für Rashid klingt der Name nach Sonne, Strand und Freiheit. Er trägt sie immer bei sich, als sei die Karte sein Ticket in ein neues Leben.

Er vermisst Deutschland. So sehr, dass er über alle Möglichkeiten nachdenkt, wieder dorthin zu gelangen.

Immer wieder phantasiert er sich die abenteuerlichsten Fluchtaktionen zurecht, beispielsweise sich einfach in einem Lkw zu verstecken, der ihn quer durch Europa mitnimmt, um dann irgendwo auf einer deutschen Autobahnraststätte nach anstrengender Reise endlich wieder den Boden der Heimat unter den Füßen zu spüren. Bei solchen Phantasien kriegt er eine Gänsehaut und Aufregung macht sich in seinem Magen breit.

Mit jedem Tag in der Türkei wird seine Sehnsucht größer und sogar die Gegenwart eines deutschen Polizisten wäre ihm jetzt lieber als die sinnlosen Gespräche mit Ali, der für ihn eigentlich nur ein Dorftrottel ist. Was hat er, Rashid, hier verloren, an diesem Ort, an dem die Menschen so anders sind als in Deutschland? Soll er etwa wie alle anderen mit der Familie seines Onkels zu Hause vor dem Fernseher sitzen? Oder als einzige Abwechslung ab und zu in die Moschee gehen, wo man mit lauter alten Männern an einem Tisch hockt, Tee trinkt und sich den ganzen Tag deren Moralpredigten und Lebensweisheiten anhören muss? Oder Verwandte besuchen, die er doch gar nicht kennt? Ein Nachtleben gibt es in Iskenderun nicht und Mädchen, die sich mit Jungen treffen, sind so rar wie Frauen bei der Freitagspredigt. Der einzige kleine Lichtblick ist das Internet-Café.

$$Arabgangster44$$, so nennt sich Rashid, wenn er sich in den Chatroom einloggt. Neben den immer seltener werdenden Telefonaten mit seiner Mutter ist das für ihn die einzige Verbindung nach Berlin. Aber die schwache

Leistung des Servers treibt ihn regelmäßig zur Weißglut; immer wenn es spannend wird, fliegt er aus dem Netz und manchmal dauert es eine Viertelstunde, bis er endlich wieder online ist – zu lang, um ein Mädchen bei Laune zu halten. Und so passiert es immer wieder, dass Rashid gerade ein Mädchen im Chat an der Angel hat, seinen Charme aber ganz umsonst versprüht, weil einen Moment später die Verbindung reißt. Das Chatten ist für ihn harte Arbeit, denn er braucht lange, um einen Satz zu tippen, aber das nimmt er in Kauf, weil es die einzige Möglichkeit ist, mit Mädchen zu kommunizieren.

<$$Arabgangster44$$>: »Hey Leute, jemand aus Neukölln da?«

<Sugarbabe14>: »Wer bist du und woher kommst du?«

<$$Arabgangster44$$>: »Aus Neukölln und heiße Rashid und du, mein Sugarbabe?«

<Sugarbabe14>: »Ich heiße Lajal und bin 14, wie alt bist du?«

<$$Arabgangster44$$>: »Ich bin 16. Hast du Foto, kannst du mir schicken?«

<Sugarbabe14>: »Ich schick doch nicht jedem mein Foto, schick du doch zuerst.«

<$$Arabgangster44$$>. »Bist ein gutes Mädchen, aber kannst mir echt vertrauen. Ich bin auch arabisch.«

<Sugarbabe14>: »Alle sagen, ich sehe aus wie die Sängerin Beyonce, bin nur nicht so dunkel. Sag mal wo aus Neukölln? Vielleicht kenn ich dich ja?«

<$$Arabgangster44$$>: »Ich bin 1,80 und hab einen

durchtrainierten Körper. Mache gerade Urlaub in der Türkei, aber sonst bin ich meistens im ›Miami Sonnenstudio‹ auf Karl-Marx-Str., kennst Du?«

<Sugarbabe14>: »Ja, kenn ich, wo in der Türkei machst du Urlaub?«

<$$Arabgangster44$$>: »In Iskenderun im 5-Sterne-Hotel. Is voll geil hier, kennst du die Türkei?«

<Sugarbabe14>: »Mein Bruder lebt in Iskenderun, die haben ihn abgeschoben!«

<$$Arabgangster44$$>: »Schick mir mal bitte ein Foto von dir, kannst mir vertrauen, yallah.«

<Sugarbabe14>: »Erst musst du eins schicken.«

<$$Arabgangster44$$>: »Yallah, ich hab gerade keins, aber morgen schick ich dir eins. Los, schick mir mal eins.«

<Sugarbabe14>: »Also gut, ich schick dir eins, wo mehrere Mädchen drauf sind, und du musst raten, wer ich bin, aber …«

Bevor Sugarbabe den letzten Satz beenden kann, ist die Verbindung unterbrochen.

»Verdammte Scheiße, dieses Drecksteil!« Mit voller Wucht tritt Rashid gegen den Rechner. »Sag diesem türkischen Hurensohn, er soll endlich seine Scheißleitung in Ordnung bringen!«, faucht er Ali an. Der Ladenbetreiber eilt herbei, ein kleiner stämmiger Mann, der Rashid am Kragen packt und ihn zur Tür schleift. Im nächsten Moment taumelt Rashid die Stufen hinunter und kann sich gerade noch an einem parkenden Auto abstützen.

»Ali, sag diesem Bastard aus Deutschland, er kommt

hier nicht mehr rein! Solche Idioten kennen wir zur Genüge, große Klappe und keine Lira in der Tasche, und sag seinem Onkel, er muss mir einen neuen Computer bezahlen!« Ali, der bei dem Geschrei des Ladenbesitzers nur stumm mit dem Kopf genickt hat, als könne er damit die Wut des Mannes besänftigen, folgt Rashid vor die Tür. Die Straße ist dunkel und menschenleer. Ein Hund läuft winselnd vorbei, als habe er Schmerzen und wisse nicht, wohin mit sich.

»Rashid! Rashid! Wo bist du?«

Ein Zigarettenstummel leuchtet im Dunkeln auf. »Rashid, was ist los mit dir? Warum drehst du so durch? Jetzt hast du dem Kerl auch noch den Computer kaputt gemacht, warum bist du so?«

»Verschwinde und lass mich in Ruhe. Kannst diesem Penner sagen, ich kauf ihm einen neuen Computer, er soll nicht heulen. Und du, nerv mich nicht länger!«

Ali verkneift sich eine Antwort, er beißt sich auf die Zunge und geht. Er hat von Rashid die Schnauze voll, diese Deutschländer haben einfach keinen Anstand. Verwöhnte Stadtkinder sind das, die sofort kaputtgehen, wenn sie sich dem Leben stellen müssen. Ein falsches Wort, ein schiefer Blick oder einfach nur mieses Wetter und sie drehen durch. Wie Rashid. Es reicht Ali.

Rashid bleibt noch eine Weile sitzen. Er zieht an seiner Zigarette und lauscht Alis Schritten, die durch die Gasse hallen und immer leiser werden. »Scheißleben«, murmelt er dumpf vor sich hin. In der Ferne ist noch das Winseln des Hundes zu hören.

Es ist Rashids letzter Abend in Iskenderun. Noch bevor die Sonne aufgeht, nimmt er den ersten Bus nach Marmaris. Der »Baja Beach Club« – das ist seine letzte Hoffnung.

Fahrt in die Freiheit

»Marmaris! Otobüs, Marmaris, kac Para?«, stottert Rashid am Ticketschalter. Nur eine Tüte, mehr hat er nicht mitgenommen, mit einer frisch gewaschenen Jeans, zwei T-Shirts und ein paar Böreks, die er heimlich aus dem Kühlschrank entwendet hat. Niemand hat bemerkt, dass er geht. Er hat noch 100 Euro in der Tasche und seine goldene Kette, die er im Notfall verkaufen kann, aber so weit wird es nicht kommen, hofft er. Sein größtes Problem ist, dass er nur wenig Türkisch spricht. Er hat in den letzten Wochen ein paar Wörter und Wendungen gelernt, aber einen längeren Satz bekommt er, ohne zu stottern und sich zu verhaspeln, noch lange nicht zustande. Immer wieder trifft Rashid auf Türken, die Deutsch können. Dann fühlt er sich gleich besser, fast ein bisschen wie zu Hause. Mit seinem Ticket in der Hand schlägt er sich durch das Gewirr von Menschen und versucht herauszufinden, welchen Bus er nehmen muss. »Marmaris?«, fragt er die Vorbeilaufenden mit verzweifeltem Gesichtsausdruck und zeigt auf einen der Busse, bis ihm ein älterer Herr mit Schiebermütze den richtigen Bus zeigt:

»Dort, Junge, du musst gehen zu diese Bus. Du von Deutschland?«

»Ja, aus Deutschland«, antwortet Rashid erleichtert.

»Ich auch bin leben in Deutschland, schon lange, lange in Stuttgart, du kennst?«

»Ja, kenn ich. Ich muss jetzt los, sonst verpass ich noch den Bus.«

Der Alte nickt verständnisvoll: »Hayirli yolculuk und Grüße an Alamanya.«

Und wieder ist es eine lange Fahrt, der Bus schaukelt und klappert und die Polsterbezüge sind dreckig, Rashid hat das billigste Ticket genommen, das er kriegen konnte. Und trotzdem ist er zufrieden. Jeder Meter, den er zwischen sich und Iskenderun legen kann, ist für ihn eine Erlösung.

Marmaris ist schön. Auf den sauberen Bürgersteigen füllen sich die Straßencafés mit englischen und holländischen Touristen. Die Sonne scheint und selbst die Autobahn ist von blühenden Palmen gesäumt. Ab und zu spricht einer der urlaubenden Menschen, die an ihm vorbeiziehen, sogar Deutsch. Rashid atmet auf, hier kann er sich vorstellen, länger zu bleiben.

Zwischen dem Baja Beach Club und dem Meer liegt eine schmale Strandpromenade. Der Sand ist kaum zu sehen, so dicht stehen hier die Strandstühle mit Sonnenschirmen. Hasan, der Besitzer des Clubs, ist Türke. Er war als junger Mann in Deutschland, ist aber mit seinem ersten ersparten Geld wieder zurück in die Heimat gegangen und hat sich nach und nach eine stattliche Existenz aufgebaut. Er spricht Deutsch, gebrochen zwar, aber ausreichend, um sich mit Rashid zu verständigen. In Deutschland hatte Hasan bei VW gearbeitet und mit den ersten zusammengesparten zehntausend Mark ein Grundstück an der türkischen Ägäisküste erworben, damals noch ein unbedeutender Fleck Erde. Doch Hasan hatte den richtigen Riecher und binnen weniger Jahre verzehnfachte sich der Grundstückspreis in dieser Gegend. Hasan ging sorgfältig mit seinem Geld um, nie hatte er sich und seiner Familie etwas Besonderes gegönnt, alles hatten sie sich vom Mund abgespart. Zwanzig Jahre lebte er mit seiner Frau und deren Eltern in einer Zweizimmerwohnung mit Ofenheizung und ohne Dusche in Wolfsburg. Und als später noch ein Sohn und eine Tochter dazukam, wurde die Wohnung auch nicht gewechselt – bis Hasan den Entschluss fasste, für immer in die Türkei zurückzukehren. In den ersten Jahren war er dort der Mann der Zahlen, der die richtigen Grundstücke im richtigen Moment kaufte und verkaufte. Jetzt hat er genug Geld, um sich manchen Luxus zu leisten – eine Villa am Meer zum Beispiel und einen eigenen Club in der Touristenmetropole. Und er möchte nachholen, worauf er so viele Jahre verzichtet hat.

Aber so sehr Hasan sich auch anstrengt, er hat Schwierigkeiten mit dem Tourismus-Geschäft. Als Diskothekenbetreiber ist er eine Null, er hat die schlechtesten DJs weit und breit. Er selbst kennt nicht einmal den Unterschied zwischen Pop und Rock. Sein größtes Problem aber ist die englische Sprache. »Hello, how are you?« – das ist alles, was er in dieser fremden Sprache sagen kann. Die Kommunikation mit seinen Gästen beschränkt sich denn auch auf ein Lächeln, das er ihnen schenkt, wenn er zuweilen die Terrasse betritt, oder ein

Kopfnicken. Ansonsten ist Hasan dankbar, wenn der Laden läuft.

Rashid kann auch gleich als Hilfskellner anfangen, mit der Aussicht auf einen richtigen Kellner-Job. Als Hilfskellner muss er den ganzen Laden reinigen, die Klos putzen, die Gläser am Tresen polieren und ab und zu ein Bier zu einem Gast tragen. Der Monatslohn soll 200 Euro betragen. Rashid ist einverstanden. Die Unterkunft wird von Hasan gestellt, es ist ein schummriges Zimmer über dem Club, voller Ungeziefer, eine Holzbaracke, notdürftig zusammengenagelt. In dem schmalen Raum riecht es nach abgestandenem Zigarettenqualm und nach Haschisch. In zwei Reihen sind sechs Betten übereinandergestellt, die Bettwäsche ist abgenutzt und fleckig.

»Hier du schlafen!«, teilt ihm Hasan mit und zeigt dabei auf das letzte Bett hinten in der Ecke. Eine Kakerlake huscht über den Dielenboden. Rashid bekommt vor Ekel eine Gänsehaut.

»Jetzt komm, ich zeigen Arbeit.« Rashid folgt Hasan in die Küche, wo zwei Männer mit weißen Schürzen gerade eine Lebensmittellieferung im Kühlzimmer verstauen. Hasan spricht mit ihnen zwei, drei Sätze auf Türkisch, dann wendet er sich wieder Rashid zu: »Die Kollegen zeigen dir, wo Putzeimer, du Terrasse wischen, okay!« Er klopft Rashid aufmunternd auf die Schulter und geht.

Die beiden Männer kichern, als der Chef aus der Küche verschwunden ist, sie blicken Rashid an und sagen etwas auf Türkisch. Rashid zuckt nur mit den Schultern.

»Melis«, stellt sich der Größere von beiden vor und

reicht Rashid die Hand. »Rashid«, erwidert der schüchtern.

Melis ist der Chefkoch und Berkan seine Küchenhilfe. Sie bieten Rashid einen Tee an, bevor sie ihm mit einem vollen Wischeimer und einem riesigen Mopp den Weg zur Terrasse zeigen. Rashid wischt den mit Bier und Cocktailresten verklebten Steinboden wie in Zeitlupe. Die Sonne knallt ihm auf den Kopf und sein Magen knurrt immer lauter. Melis stellt ihm ein Glas Tee und einen Sesamring auf den Tisch, lächelt ihn an und verschwindet wieder in der Küche. Und obwohl Rashid eigentlich keine Türken mag, tut ihm Melis' Freundlichkeit doch gut.

»Alle arbeiten für Familie, für Geschwister, Eltern, für wen du arbeitest?« Hasan sitzt schon eine Zeit lang in einem Liegestuhl neben der Bar, Rashid hat gar nicht bemerkt, dass sein Chef ihn schon eine ganze Weile beobachtet.

»Meine Familie lebt in Deutschland, ich arbeite für mich allein.«

»Warum du bist nicht in Deutschland? Gibt's Problem?«

Die Frage erwischt Rashid unvorbereitet, er zögert mit der Antwort, bis er schließlich sagt: »Ich wollte ein bisschen Abstand haben, mal für mich allein sein. Und die Türkei ist doch schön, oder?« Er greift nach seinem Teeglas und grinst Hasan an.

»Weißt du, Junge, wer lügt, verbrennt sein Zunge. Wenn du korrekt arbeiten und keine falschen Sachen machen, hab ich keine Problem.« Hasan rückt seinen Hemdkragen zurecht und geht.

Am frühen Nachmittag trudeln auch die anderen Angestellten des Baja Clubs ein. Die meisten von ihnen sind Kurden und kommen aus Dörfern im Osten der Türkei. Sie sind dünn, fast knochig und tragen ihre Hemden offen, sodass man die braungebrannte frisch rasierte Brust sehen kann. Als einer von ihnen, ein großgewachsener Junge von höchstens 16 Jahren, Rashid auf Türkisch anspricht und dieser nicht antwortet, sondern nur verzweifelt die Schultern zuckt, brechen alle in schallendes Gelächter aus.

»Ihr seid doch alles Hurensöhne!«, faucht Rashid, wirft den Mopp auf den Boden, kramt aus seiner Hosentasche ein paar Münzen zusammen und marschiert in Richtung Telefonzelle.

»Hallo, wer ist da?«

»Ich bin's, Rashid. Ey, Hussein, erkennst mich nicht mehr oder was?«

»Ey Rashid! Na, wie geht's, was machst du so?«

Rashid weiß, dass Husseins Fragen nach seinem Befinden nur Floskeln sind, eigentlich interessiert sich außer Leila niemand aus der Familie für ihn. Das macht ihn traurig, er kann nicht einmal richtig wütend darüber werden, so sehr macht es ihn traurig.

»Alles okay hier, was machen die anderen? Hast du was von Sami gehört?«

»Yallah, keine Ahnung, hab gehört, der ist im Knast oder so, aber weiß auch nicht genau.«

»Gib mal bitte Mama.«

»Die ist grad einkaufen, musst du später noch mal versuchen, so in einer Stunde etwa. Ich muss jetzt los, geh gleich ins Kino, die Jungs warten schon unten im Auto. Lass mal wieder von dir hören, also yallah, Bruderherz, bis bald.« Noch bevor Rashid etwas sagen kann, hat Hussein schon wieder aufgelegt.

Der Sand unter seinen Füßen brennt. Hüpfend und mit langen Schritten bewegt sich Rashid von Sonnenschirm-Schatten zu Sonnenschirm-Schatten. Noch eine Stunde schlafen, wünscht er sich, dann kann es weitergehen mit diesen Hurensöhnen vom Baja Beach Club. Immerhin ist die Atmosphäre hier schon mal besser als in Iskenderun, stellt er fest, als er sein Handtuch auf einem Fleckchen feuchtem Sand unmittelbar am Wasser ausbreitet und eine rot verbrannte Engländerin sich lächelnd neben ihn setzt. Er schaut noch eine Weile aufs Meer, auf die vielen kleinen Motorboote, die in sicherem Abstand zum Strand an ihm vorbeibrausen, dann schläft er ein.

Nach einer Woche hat Rashid sich eingelebt. Die Jungs vom Baja bringen ihm Türkisch bei, jeden Tag ein bisschen. Rashid ist zwar immer noch für das Putzen der Terrasse und der Toiletten zuständig, darf jetzt aber auch schon mal ein Tablett zum Tisch tragen. Und wenn deutsche Gäste da sind, nimmt er die Bestellungen auf. Abends hilft er Melis, das Fleisch für den Döner am nächsten Tag auf einen großen Spieß zu schichten; und nachts, wenn die meisten Gäste bereits angetrunken sind und der Chef sich zu seiner Familie zurückgezogen hat, kifft man gemeinsam mit jungen Engländerinnen am Strand.

Geld hat Rashid noch keins bekommen, obwohl Hasan ihm einen wöchentlichen Abschlag versprochen hat. Ganze 10 Euro hat er noch in der Tasche. Den Kontakt zu seiner Mutter hat er nach dem letzten Telefongespräch abgebrochen, er will sich nicht mehr sagen lassen, was er zu tun hat. Leila hat ihm Vorwürfe gemacht, dass er von seinem Onkel abgehauen ist, und findet es überhaupt nicht richtig, dass er jetzt auf eigene Faust losgezogen ist.

Auch seine Mutter scheint sich damit abgefunden zu haben, dass er auf längere Zeit in Iskenderun bleibt. Alle haben sich damit abgefunden. Alle außer Rashid. Und daran wird sich trotz Sonne, Strand und Meer, trotz vieler hübscher Mädchen und heißer Party-Nächte nichts ändern, zumal er blank ist und keine Möglichkeit sieht, auch nur annähernd an soviel Geld zu kommen, wie er es damals hatte, als er noch der King in Neukölln war.

Jeden Abend gibt es eine Tanz-Show im Baja, eine Einlage für die weiblichen Gäste. Dafür extra Tänzer zu engagieren, scheint Hasan zu kostspielig zu sein. Er findet es überhaupt kein Problem, seine Angestellten 16 Stunden am Tag für sich arbeiten zu lassen. Das ist nun mal so üblich. Und er sieht auch kein Problem darin, seine Angestellten tagsüber Tänze einstudieren zu lassen, die sie nächtens vor dem weiblichen Publikum zur Darbietung bringen. Rashid findet diese Showeinlagen entwürdigend, er macht nicht mit und redet sich immer wieder damit heraus, dass er nun wirklich überhaupt nicht tanzen könne. Mit nacktem Oberkörper und bunt bemalten Gesichtern springen seine Kollegen jeden Abend auf die selbst gebaute Bühne, schütteln und verrenken sich zu elektronischen Beats und werden unter Beifall ausgelacht. Einfach nur peinlich, findet Rashid das. Nie, so schwört er, wird er sich zu so etwas hergeben, sich zum Affen machen lassen.

An diesem Abend ist der Club wieder brechend voll, als die Tanzshow startet und Rashid beschließt, sich heimlich aus dem Staub zu machen, um für ein oder zwei Stunden am Strand entlangzuspazieren und einen Blick in die anderen Clubs zu werfen. Eine Zigarette lässig im Mund schlendert er die Hafenpromenade entlang. Vom vielen Arbeiten in der Sonne ist er braungebrannt, trägt eine weiße Stoffhose und hat das Gefühl, sich in nichts von den Touristen zu unterscheiden. Aber in seinem Kopf kreisen die Gedanken ständig nur um das eine Thema: Wie kann er an Geld kommen? Seine Arbeitskollegen lassen sich von älteren Engländerinnen und Holländerinnen aushalten, deutsche Touristen sind in Marmaris eher selten. Nachts, nach der Arbeit, verschwinden die anderen mit den Touristinnen ins Hotelzimmer und schlafen mit Frauen, die ihre Mütter sein könnten, nur damit sie am nächsten Tag etwas Taschengeld oder Geschenke bekommen. Rashid will kein Gigolo sein, er will nicht anschaffen gehen wie eine Nutte, das ist nicht sein Ding. Auch kleinere Diebstähle sind für ihn keine Alternative, er hat schon oft gehört, dass die türkische Polizei mit Dieben nicht gerade zimperlich umgeht. Für ein paar Euro oder eine Goldkette geht Rashid das Risiko nicht ein. Es muss sich schon richtig lohnen, wenn er dafür riskiert, in den türkischen Knast zu kommen.

Vor den Clubs feiern die Menschen ausgelassen, junge Mädchen in kurzen Röcken tanzen auf den Tischen und lassen sich von ihren Begleitern bunte Cocktails hochreichen. Die Bässe der Musik dröhnen ungehemmt durch die Nacht, während einheimische Familien, die Nüsse knackend mit ihren Kinderwagen an den lauten Touristen vorbeischieben, empört über solche Zügellosigkeit den Kopf schütteln. Sie ärgern sich über die Ausgelassenheit und Freizügigkeit der Ausländer und können doch den Blick nicht wenden von dieser ihnen so fremden Welt. Rashid kennt das von seinen Eltern, die sich auch immer wieder über das deutsche Fernsehen aufregten, aber wenn es Talkshows gab, in denen Mütter erzählten, wie sie ihrer Tochter die Pille besorgten oder Väter vorgestellt wurden, die ihre Töchter zu »Deutschland sucht den Superstar« schleppten, dann stöhnten sie zwar, wie schlimm diese Deutschen doch seien, verfolgten aber doch aufmerksam solche Sendungen.

»Schlimm, diese Engländer«, hört Rashid auch hier, wenn er an den Einheimischen vorbeiläuft. Gegen Ende der kilometerlangen Promenade wird es ruhiger, die Lichter verblassen und nur wenige Menschen sind noch am Strand zu finden. Dort, wo es keine Clubs gibt, haben sich kleinere Gewerbe niedergelassen, ein paar Dönerbuden und ein Suppenladen, in dem Rashid fast täglich eine Hühnersuppe zu sich nimmt. Überhaupt scheint sein Leben im Baja Beach Club ritualisiert. Jeder Tag beginnt und endet ähnlich und zwischendrin laufen die immer gleichen Arbeitsgänge ab, werden die gleichen Gespräche geführt, dröhnt nachts dieselbe Musik aus den Lautsprechern wie am Vortag, Rashid kennt die Charts bereits auswendig und hat dadurch sogar schon etwas mehr Englisch lernen können.

Ganz am Ende der Promenade, nach einer kleinen Anhöhe, ragt plötzlich die bunte Lichterkette einer schwankenden Schiffsschaukel in den dunklen Himmel. Rashid muss an die Neuköllner Maientage denken, als er noch klein war und seine Familie zuweilen auf den kleinen Rummel zog, der jedes Jahr im Mai im großen Hasenheide-Park aufgebaut wurde. Das war immer ein besonderes Erlebnis, seine Geschwister und er quengelten so lange, bis die Eltern nachgaben und an einem Mittwochabend mit Kinderwagen, Broten und Getränken zur Hasenheide spazierten. Mittwochs kosteten alle Fahrten nur den halben Preis und für Kinder gab es dazu noch kandierte Äpfel für 1 DM. Rashid liebte die so sehr, dass er sich an solchen Abenden für 5 DM den Bauch vollschlug und ihm nachts so übel wurde, dass er nicht schlafen konnte. Seinen Eltern sagte er nichts davon, es hätte ihm doch nur Ohrfeigen eingetragen. Also litt und schwieg er. Der Rummel war für ihn voller Magie, ein Ort, wo Unmögliches möglich wurde, wo Menschen sich in großen Maschinen über Kopf drehen konnten, ohne dabei herauszufallen; wo bunte Automaten gefüllt mit lauter Spielzeug nur darauf warteten, dass jemand ein paar Groschen einwarf und sich durch geschicktes Manöver eines Roboterarms das nahm, was ihm gefiel. Wenn er vorm Riesenrad stand und in die Höhe starrte, wo die Gondeln ganz klein erschienen und beängstigend im Abendwind schaukelten, als würden sie von der nächsten Bö mit fortgerissen, dann war er so aufgeregt, dass er ständig pinkeln musste. Nie hat er sich getraut, das Riesenrad zu besteigen, bis heute nicht. Jetzt muss er lächeln, wenn er sich an diese Abende erinnert, jetzt ist das alles so weit weg.

Er läuft über den heruntergekommenen Vergnügungspark. Was von weitem noch bunt leuchtete, sieht, aus der Nähe betrachtet, schäbig aus. Die Farben des Kettenkarussells sind verblasst, an einigen Stellen sieht man Rostflecken. Die Schiffsschaukel quietscht müde im Takt des Auf und Ab und die jungen Kerle, die die Maschinen des Parks bedienen, scheinen Nächte lang nicht geschlafen zu haben. Mit dicken Augenrändern starren sie gelangweilt in die Gegend, weil kaum ein Besucher es wagt, sich in eins der wackligen Fahrzeuge zu setzen. Nur der Zuckerwatten-Stand ist gut besucht, Große und Kleine drängeln sich um den türkische Schlager trällernden Verkäufer, der fröhlich den Holzstab wieder und wieder in sein pinkfarbenes Zuckerzeug dreht.

Rashid kratzt seine letzten Lira zusammen und kauft sich eine Zuckerwatte. Schnell schmelzen die dünnen

Fäden auf der Zunge, der Geschmack lässt die Kindheit zurückkehren. Er kämpft mit den Tränen, er will jetzt nicht weinen wie ein kleiner Junge, es ist ihm peinlich. Er wirft die Zuckerwatte weg und geht weiter. Er hat ein Ziel vor Augen, die Anlegestelle, dort ist ihm gestern ein kleines Motorboot aufgefallen, ähnlich dem, das er vor Jahren einmal über den Tegeler See in Berlin gesteuert hat. Zusammen mit Daniel hatten Sami und er das Boot geklaut, einfach nur, um ein bisschen herumzufahren. Rashid war ganz stolz gewesen, weil es ihm gelungen war, das Boot zu bedienen, obwohl er vorher noch nie eins gefahren hatte.

Das Boot von gestern steht noch da, »Orchidee« prangt in geschwungenen roten Lettern am Bug. Es ist kaum gesichert. Die Schlinge von einem dicken Tau liegt locker über einem Holzpflock am Steg. Ein Boot kurzschließen ist auch nicht schwerer als ein Auto anzuwerfen, ein paar schnelle Handgriffe und das Ding springt an. Rashid kann es kaum fassen, er hat es geschafft, auch ohne Daniel, dessen Spezialität es war, Roller und Autos kurzzuschließen. Im Bootshaus brennt kein Licht, niemand scheint ihn zu bemerken. Das laute Rattern des Motors macht ihn dennoch unsicher, schnell will er weg vom Ufer, bevor ihn jemand entdeckt.

Kühle Meeresluft weht ihm ins Gesicht, er genießt den Fahrtwind und hat das Gefühl, unendlich frei zu sein. Vielleicht komme ich mit der Tankfüllung bis nach Griechenland, schießt es ihm in den Kopf, hier irgendwo soll doch Griechenland sein oder wenigstens eine griechische

Insel. Je weiter er sich vom Ufer entfernt, desto dunkler wird die Nacht, die ihn umhüllt. Rashid geht vom Gas und zündet sich eine Zigarette an.

Über das Wasser tanzt ein flackernder Lichtschein, ein Motorengeräusch nähert sich. Als Rashid sich umblickt, sieht er ein Schnellboot auf sich zukommen, ein blaues Blinklicht kreist geräuschlos auf dem Dach. Die Hafenpolizei! Sie müssen ihn bemerkt haben! Vielleicht hat der Besitzer sein Boot vermisst, vielleicht ist Rashid zu schnell gefahren, tausend Gedanken fallen über ihn her. Hektisch wirft er die Zigarette über Bord. Der Motor heult auf und Rashid brettert mit Vollgas über den glatten Meeresspiegel, immer weiter hinaus, nur der Mond spendet ein dürftiges Licht. Die Sirenen der Hafenpolizei heulen auf, jetzt ist er sich sicher: Sie sind hinter ihm her.

Panik packt ihn – nur nicht den türkischen Bullen in die Hände fallen. Doch die haben ihn längst eingeholt, mehr noch, er ist von drei Booten umzingelt. Über Megaphon spricht eine Stimme zu ihm, erst auf Türkisch, dann auf Englisch. Rashid versteht nichts. Wie gebannt starrt er auf die kleine Lücke zwischen zwei Booten – vielleicht gibt es doch noch eine Möglichkeit, ihnen zu entkommen. Er gibt Gas, der Wind schießt ihm in die Augen und füllt sie mit Tränen. Er kann kaum noch etwas sehen, trotzdem hält er nicht an.

Als die Polizisten seinen Körper zwischen den Wrackteilen entdecken und aus dem Wasser ziehen, haben sich seine Lungen bereits mit Wasser gefüllt. Zuerst mussten sie den Polizeibeamten bergen, der über Bord geflogen ist, als Rashid frontal gegen das Polizeiboot donnerte. Der Beamte war nur leicht verletzt.

Die Polizisten ziehen den leblosen Körper von Rashid an Bord und bringen ihn zum Strand. Schaulustige haben sich dort bereits versammelt, die die blauen Lichter auf dem Wasser gesehen haben. Einer von ihnen, ein junger Engländer, versucht, Rashid wiederzubeleben. Immer wieder presst er mit aller Kraft die Hände auf Rashids Brust.

»Kennt ihn jemand, gehört er zu jemandem?«, fragt einer der Beamten erst auf Türkisch, dann auf Englisch in die Runde.

»Ich glaube, er ist Kellner vom Baja Beach Club«, antwortet eine Touristin, »ja, ich glaube, ich habe ihn heute Morgen dort gesehen, er hat dort sauber gemacht.«